UN COMISARIO EN EL CONSEJO

RECUERDOS EN LA BRUMA DEL OLVIDO

Serie: DERECHO, 63

Gil-Robles y Gil-Delgado, Álvaro, (1944-)

Un comisario en el Consejo : recuerdos en la bruma del olvido / Álvaro
Gil-Robles y Gil-Delgado. – Valladolid : Ediciones Universidad de Valladolid :
Instituto de Estudios Europeos, 2024

254 p. ; 24 cm. – (Derecho ; 63)
ISBN 978-84-1320-306-5

1. Gil-Robles y Gil-Delgado, Álvaro, (1944-) 2. Consejo de Europa 3. Países de
la Unión Europea – Historia I. Gil-Robles y Gil-Delgado, Álvaro, (1944-) aut.
II. Universidad de Valladolid. Instituto de Estudios Europeos, ed. III. Universidad de Valladolid, ed. IV. Serie

341.176(4-67UE)
929Gil-Robles y Gil-Delgado, Álvaro

Álvaro Gil-Robles y Gil-Delgado

UN COMISARIO EN EL CONSEJO

RECUERDOS EN LA BRUMA DEL OLVIDO

ÍNDICE

SEGUNDA PARTE
EMPEZANDO A CAMBIAR

TERCERA PARTE
ENFRENTANDO LAS SITUACIONES DE CRISIS

CUARTA PARTE
EN LO COTIDIANO

ANEXO
RELACIÓN DE ACTIVIDADES DE LA OFICINA DEL COMISARIO DURANTE EL PERIODO 16/10/1999 a 30/4/2006

En tanto Director del Instituto de Estudios Europeos de la Universidad de Valladolid, es para mí un honor y una satisfacción que Álvaro Gil-Robles y Gil-Delgado me haya encargado la redacción de este prólogo. Como el lector comprobará a lo largo de la lectura de este excelente relato sobre su mandato como primer comisario de Derechos Humanos del Consejo de Europa, tanto desde el punto de vista técnico jurídico, como desde la perspectiva política e institucional, voces mucho más autorizadas que la mía y de primer nivel político e institucional, podrían haber hecho mucho mejor esta encomienda.

Entiendo que Álvaro Gil-Robles, aparte de la amistad con la que me honra, ha querido que la Universidad de Valladolid, a través de su Campus en Segovia con el que tan profundamente está relacionado, sea el recipiendario de su biblioteca particular y participe en esta obra que, como Instituto de Estudios Europeos, creo tiene una relevancia particular para cualquier estudioso de la construcción de un espacio paneuropeo de respeto, protección y promoción de una cultura y acción pública en materia de Derechos Humanos y de defensa de la democracia.

Por eso he recogido este guante, como portavoz de una Universidad orgullosa de su tradición y de su apuesta por Europa, apuesta materializada en el Instituto de Estudios Europeos, el cual, con vocación multidisciplinar, lleva más de 25 años investigando, publicando y difundiendo el fenómeno de la integración europea.

Si a esto le añaden ustedes que he tenido el honor de compartir con Álvaro Gil-Robles momentos de su trayectoria en Estrasburgo, en la Academia y en el mundo de la sociedad civil organizada, en particular en sus funciones incansable de promoción de los valores democráticos en los centros de enseñanza y educativos, comprenderán que su generosa oferta de solicitarme esta presentación, fuera como en la famosa escena de "El Padrino" de Francis Coppola: «una oferta que no podía rechazar».

Álvaro, lectores ¡si este prólogo no se correspondiera con sus expectativas, tengan en cuenta que está hecho, en mi descargo, desde la admiración y el cariño!

Álvaro Gil-Robles y Gil-Delgado, el hombre

Detrás de toda persona siempre hay una historia que influye en su trayectoria y, en el caso de Álvaro Gil-Robles, su entorno le predestinaba a ser un servidor público al más alto nivel, lo que en la tradición administrativa y política francesa a la que Álvaro tanto admira, se conoce como *un commis d'État.*

Nacido en Lisboa el 9 de septiembre de 1944, donde su padre José María Gil-Robles, quien había sido durante la segunda República española el líder de la derecha democrática y ministro de la guerra, residía en tanto persona de confianza del heredero de la corona Don Juan.

Álvaro aprendió desde niño todos los matices del gris en política y es un ejemplo perfecto de que todos los españoles perdimos la infausta guerra civil que nos asoló, con un padre que, por ejemplo, tuvo que renunciar en 1948 a participar en el Congreso de La Haya, piedra fundacional del proceso de integración europea tras la segunda guerra mundial y donde por primera vez se reunieron representantes demócratas españoles convocados por Salvador de Madariaga, ante la amenaza de no ser readmitido en Portugal por el régimen de Salazar si se desplazaba a dicho Congreso.

En cualquier caso, los hermanos Gil-Robles, Álvaro y José María, desde su regreso a estudiar a España en su adolescencia, entendieron que el futuro de la democracia y la reconciliación en España pasaba por Europa; uno, José María, desde las filas de la democracia cristina y nuestro protagonista, Álvaro, desde posiciones social demócratas. Y ambos llegaron a alcanzar altas responsabilidades en Bruselas y en Estrasburgo.

Licenciado y Doctor en Derecho por la Universidad Complutense de Madrid, la transición democrática encuentra en el joven profesor Gil-Robles un activista comprometido con las ideas y los valores social demócratas desde su independencia, y donde su perfil académico le llevó a ser en 1981 el redactor del proyecto de ley que reguló las competencias el Defensor del Pueblo español, del que fue su primer adjunto entre 1983 y 1985 bajo las órdenes de Joaquín Ruiz Giménez, siendo nombrado en 1988 defensor del Pueblo, cargo que ejerció hasta 1993.

Como bien explica el autor en el libro, fue tras su mandato como Defensor del Pueblo español cuando se embarcó en su área de especialización en la aventura europea. Primero compitiendo con fundadas esperanzas para el puesto de primer *ombudsman* de la Unión Europea en 1995, donde, como cuenta el propio autor, su candidatura fue "frenada" por el Gobierno de José María Aznar en 1997, aunque más adelante, en 1999, este "freno" fuera desactivado, como el propio autor reconoce en su texto y así Álvaro Gil-Robles pudo convertirse en el primer Comisario europeo de Derechos Humanos el Consejo de Europa. Dejo al lector que descubra todo este proceso a través del relato del autor, pero en el mismo se devela ya el talante conciliador y no dogmático de Álvaro Gil-Robles, clave para el éxito de su andadura en el Consejo de Europa a partir de 1999.

Hoy Álvaro Gil-Robles, tras su jubilación como profesor Titular de Derecho Administrativo de la Universidad Complutense en el año 2014, desde su retiro segoviano en Sotosalbos, podría haber decidido disfrutar de su *cursus honorum* cual *beatus ille*. Pero, lejos de ello y con la complicidad de su inseparable Marianne, Álvaro ha seguido muy activo en los círculos de la sociedad civil organizada española, con su defensa de una sociedad basada en la igualdad y la tolerancia, como demuestra su presidencia de honor de la Fundación "Secretariado Gitano"; y con su incansable cruzada en la promoción y defensa de los valores democráticos, comenzando por los colegios y centros de educación en tanto formadores de ciudadanos responsables y empoderados, como diariamente hace en sus tareas de Presidente del Centro de Estudios de la Fundación Valsaín.

Soy consciente que Álvaro considerará todo esto como un elogio inmerecido, pero me parece que la sociedad española se merece conocer la trayectoria de alguien como él que representa, más allá de sus afinidades políticas y personales y de las de los lectores de esta obra, la imagen de esa generación de españoles que construyeron esta democracia y esta sociedad española que es la mejor que nunca hemos tenido.

Una pequeña lección política e institucional sobre cómo sobrevivir en un "bridge over troubled water"

> *Pensando en los terceros que se quedan sobre el terreno cuando tú te vas en el helicóptero de retorno a tu casa; pensando en los que ya no la tienen y han perdido a tantos de los suyos y están sufriendo verdaderas atrocidades todo los días; en ocasiones tienes que renunciar a declaraciones de prensa brillantes que te permitan gozar de un titular aparentemente ensalzador de tu misión, para afianzar en la discreción de unas negociaciones en ocasiones muy duras, medidas concretas que ayuden a detener o al menos moderar aquellas atrocidades y devuelvan a una población sufriente algo de paz y respeto a su dignidad de seres humanos.*

Se podrían decir muchas cosas sobre los desafíos, los logros y los avatares de Álvaro Gil-Robles en sus casi 6 años de mandato como Comisario de Derechos Humanos en Estrasburgo, pero me parece que esta frase que cito y que aparece en la página 111 del libro, describiendo sus sentimientos a la vuelta de uno de sus arriesgados viajes en Chechenia, explica a la perfección tanto la personalidad humana, como el certero análisis del autor sobre como sobrevivir como un puente bajo aguas turbulentas, tarea en la que estoy seguro esta canción de Simon & Garfunkel le pudo ser de utilidad.

Porque turbulentas fueron, en efecto, las aguas en las que tuvo que moverse, tendiendo puentes entre bandos irreconciliables, moviéndose entre sátrapas y poderes políticos autoritarios e intentando siempre, en el centro de su acción, ayudar a las personas a la deriva en estos choques de fuerzas. El lector se sorprenderá de cómo, con escasa logística e infraestructura, pero ofreciéndose siempre como mediador dispuesto a acudir allí donde sus buenos oficios abrían una oportunidad a la esperanza, Álvaro fue capaz de tejer contactos al más alto nivel, incluyendo con el entonces recién Presidente de Rusia Vladimir Putin. De quien, por cierto, nos ofrece un retrato mucho más matizado y complejo de lo que su imagen actual nos indica. Y todo ello, sin morderse la lengua o tratar de justificar el imperialismo de Moscú.

Y, por cierto, Álvaro Gil-Robles, entendiendo que su labor de promoción y de protección de los derechos humanos no podía limitarse a las zonas de conflicto entre países del Consejo de Europa, como en el caso de Rusia o Georgia, mantuvo el rumbo también en su labor de evaluación de la situación de los derechos humanos en todos los países miembros del Consejo de Europa; incluyendo aquéllos que entendieron mal por qué un Comisario Europeo tenía que efectuar inspecciones en sus países, tan orgullosos de su democracia, de sus instituciones y de su "proverbial" respeto al Estado de Derecho. Dejo al lector que descubra su análisis irónico con respecto a las suspicacias que sus misiones causaron en alguna de esas "democracias consolidadas", en particular en el Reino Unido y en España.

En resumen, como el príncipe Hamlet, Álvaro nunca dudó en denunciar que "algo olía a podrido en Dinamarca" aunque ello le llevara a confrontaciones que casan mal con su talante de natural conciliador.

Mi pequeña contribución al debate "tu quoque fili mi"

En el capítulo segundo de la segunda parte el autor se dedica a explicar su punto de vista sobre sus relaciones con las instituciones europeas o, sobre la tan aireada convivencia complicada entre el Consejo de Europa, "la casa común de la democracia europea" y la Unión Europea, el hijo que ha evolucionado y avanzado mucho más en la integración política y económica, aunque a veces ello entre en competencia con las actividades del Consejo de Europa.

He de confesar que nunca percibí la relación entre la Unión y el Consejo como de prepotencia por parte de la Unión, o que la Unión fuera el Bruto que contribuye al asesinato de Julio César. Y la mejor prueba es que cuando conocí a Álvaro en el año 2003, cuando estábamos empezando a negociar el Reglamento creador de la Agencia de Derechos Fundamentales de la Unión (FRA), nos acercamos a él convencidos que para su éxito y para evitar dobles empleos, nos parecía esencial que el Consejo de Europa participara en el Consejo de Administración de dicha Agencia y en su Comité Ejecutivo, como así se consagró en el Reglamento 168/2007 por el que se creó la FRA.

Y el apoyo de Álvaro Gil Robles fue muy importante, junto con el de la entonces Secretaria General Adjunta del Consejo de Europa, Maud de Boer-Buquicchio, para alcanzar ese resultado pionero que "bajando de las musas al teatro" garantiza una cooperación real entre el Consejo y la Unión.

Cierto es que el autor describe de manera objetiva como, en esta relación "edípica", el secretariado general del Consejo tampoco supo ver las ventajas de una colaboración efectiva y no elude la crítica al entonces Secretario General del Consejo de Europa. Lo que sí quiero concluir, sin negar que en el libro se encuentra una muy coherente explicación de lo ocurrido desde el punto de vista del Consejo de Europa, es que para la Unión Europea el dotarse de un mecanismo propio de protección de los Derechos Fundamentales era y es una cuestión esencial para asegurar su propia legitimidad y credibilidad políticas de una Unión "cada vez más estrecha entre sus pueblos", como reza el artículo 1 del Tratado de la Unión Europea.

Por eso, y creo que en esto coincidimos los dos, es esencial que la Unión y el Consejo concluyan rápidamente las negociaciones para permitir que la Unión adhiera al Convenio de Roma de 1950. Las reticencias de ciertos Estados miembros al control posible de las acciones de la Política Exterior y de Seguridad de la Unión por parte del Tribunal de Estrasburgo frente a las limitaciones que el Tratado establece para el Tribunal de Luxemburgo, son un ejercicio de contención que la propia racionalidad jurídica y democrática hará caer, y que el propio Tribunal de Justicia de la Unión reclama.

Conclusión: "O Captain my Captain"

Este prólogo ha tratado de demostrar, más allá de la admiración y el respeto intelectual y humano que tengo por Álvaro Gil-Robles, que estas memorias constituyen una pieza de trabajo muy importante para juristas, politólogos e historiadores, al desvelarnos la cara visible y la cara oculta del trabajo en las instancias europeas en lo que es el centro de nuestras sociedades democráticas: el respeto por los derechos fundamentales, su promoción y el control activo de los poderes públicos en defensa de la persona humana.

Es hora de dejar al lector que saque sus propias conclusiones, pero no me resisto a considerar que este libro constituye también una manera de reivindicar a aquella generación de españoles, del exilio y del interior, de derechas o de izquierdas, que a riesgo de perjudicar sus intereses personales, profesionales y familiares, pusieron en marcha esta España moderna, democrática, tolerante y desarrollada que es tan admirable y admirada y que nos ha vuelto a llevar al corazón de Europa, del cual no hubiéramos tenido que apartarnos nunca.

Por ello, como en el poema de Walt Whitman:

O Captain! My Captain our fearful trip is done,
The ship has weather'd every rack, the prize we sought is won,
The port is near, the bells I hear, the people all exulting

¡Gracias Álvaro!

Francisco Fonseca Morillo
Valladolid, junio de 2024

PRÓLOGO

En agosto de 1999, un mes antes de que Álvaro Gil Robles fuera elegido Comisario de Derechos Humanos del Consejo de Europa (CE), el Cáucaso volvió a ser escenario de una guerra en la que la maquinaria bélica del Estado ruso se enfrentaba con los rebeldes secesionistas chechenos. Vladímir Putin acababa de ser nombrado primer ministro de la Federación Rusa y la dureza con la que reprimió la incursión de los islamistas radicales en el territorio de Daguestán y combatió al régimen separatista de Grozni fue su tarjeta de visita ante sus conciudadanos, quienes pocos meses después le eligieron presidente del país.

Chechenia fue el telón de fondo de la complicada misión asumida por Gil Robles para defender los derechos humanos en los países miembros del CE. Aquella misión respondía a una fórmula que, con todos sus problemas y desafíos, parecía posible a fines del siglo XX, cuando los efectos positivos del fin de la Guerra Fría no se habían disipado aún. Por entonces, la cooperación internacional y el desarme se consideraban un legado firme, -aunque a veces resultaran de dificultosa puesta en práctica-, para los países considerados como democracias consolidadas y para los que aspiraban a convertirse en tales.

Chechenia no fue el único conflicto con el que el comisario Gil Robles tuvo que lidiar en el desempeño de sus funciones, pero sí fue el más envenenado y también el que, como quedó claro mucho más tarde, contenía claves y patrones de comportamiento ruso que se impondrían en la invasión de Ucrania, lo que supuso la total destrucción del legado de los años ochenta. En la época en que Gil Robles viajó por los Estados del Consejo de Europa imperaban unos enfoques y un vocabulario que parecen inimaginables hoy. "Colaboración", "ayuda" o "responsabilidad", los términos y argumentos que guiaban la labor del comisario, han sido eclipsados por otros como "sanciones", "restricciones "o "bloqueo". Constatar estos cambios invita a reflexionar sobre la degradación de las relaciones internacionales.

Este es un libro importante para todos los que se interesen en los enfoques y las prácticas de protección de derechos humanos por parte de las instituciones internacionales europeas y de sus Estados miembros. Esta obra trata de los conceptos, la organización y la práctica de un nuevo enfoque para ayudar a los gobiernos y a los ciudadanos de los países del Consejo de Europa a defender y mejorar la defensa de los derechos humanos. Al moverse en estas tres vertientes, a partir de su propia experiencia personal, Gil Robles nos presenta un documento concreto muy valioso.

Comisario de Derechos Humanos en el Consejo de Europa (CE) desde octubre de 1999 a abril de 2006, Álvaro Gil Robles, estaba en situación privilegiada para abordar una misión a la que aportaba su experiencia como Defensor del Pueblo del Estado Español. La creación de la oficina del Comisario en Estrasburgo respondía a la necesidad de tomar el pulso a los países miembros en lo que al respeto a los derechos humanos se refiere. La tarea era abordada ya desde distintos ángulos y por diversas instituciones, tanto dentro de la Unión Europea (UE) como dentro del mismo CE, pero-- y esa fue una de las novedades de la oficina del Comisario--, faltaba un enfoque de trabajo con criterio propio y directo, que actuara sobre el terreno y en colaboración con las autoridades locales en los países escrutados.

Gil Robles ejerció su mandato "con la mirada del político que enfrentaba un reto apasionante, como era el hacer realidad la creación virtual del Comisario para los Derechos Humanos, en el Consejo de Europa". De entrada, la figura del Comisario debía apostar por la confianza y la cooperación de los gobiernos, pues se esperaba que las autoridades cuya gestión iba a inspeccionarse colaborarían de buen grado para aliviar o resolver los problemas que aquejaban a sus ciudadanos.

De una forma inicialmente discreta, Gil Robles daba a los dirigentes de los Estados afectados una oportunidad de corregir voluntariamente las deficiencias. En su trabajo, tal como él lo interpretaba, la persuasión tenía lugar central. A los gobiernos que descuidaban los derechos de sus ciudadanos el comisario les daba siempre la oportunidad (y el protagonismo) de corregir, pues se suponía que aquellos gobiernos eran los primeros interesados en ello. Los mecanismos de denuncia beligerantes y sin apelaciones no correspondían al Comisario.

La tarea que Gil Robles abordó se fue definiendo sobre la marcha. Concepto y práctica se complementaron e interaccionaron entre sí enriqueciéndose mutuamente a lo largo de todo su mandato. La oficina del Comisario había nacido con una vocación de servicio, pero, como nos cuenta el autor de este libro, tuvo que enfrentarse a las inercias, la burocracia, la incomprensión y las intrigas y juegos políticos entre las instituciones europeas en Estrasburgo y en Bruselas. El Comisario relata cómo tuvo que abrir un hueco en aquel entorno en gran parte osificado para disponer de un número mínimo de colaboradores, acomodarse en un espacio modesto y lograr los recursos para financiar sus periplos de reconocimiento sobre el terreno. Gil Robles nos cuenta también cómo tuvo que andarse con pies de plomo para no provocar resquemores en las relaciones jerárquicas dentro del Consejo, para no herir las susceptibilidades de la Asamblea Consultiva, del Tribunal de Derechos Humanos de Estrasburgo, del Secretario General y de las organizaciones implicadas en el marco de la Organización de las Naciones Unidas.

En aquel territorio sembrado de minas administrativas y políticas, el comisario acabó por encontrar su encaje. Sus misiones de reconocimiento le llevaron a Kósovo, Georgia, Moldavia, entre otros países. En los estados del Báltico el comisario redactó informes que cuestionaban la actitud "políticamente correcta" de las nuevas élites nacionales en relación a sus minorías ruso parlantes.

De las misiones del Comisario sobre el terreno, destacan las que le llevaron a Chechenia. Su toma de posesión, prevista inicialmente para enero de 2000, se adelantó precisamente debido al cariz que había adquirido el conflicto en aquel territorio del Cáucaso.

En 1999, Gil Robles visitó por primera vez aquella república martirizada por la segunda guerra entre secesionistas y las tropas estatales rusas enviadas desde Moscú. El comisario volvió a Chechenia en otras cinco ocasiones como mínimo. En calidad de corresponsal, yo tuve la suerte de poder participar en algunos de aquellos viajes, lo que fue una experiencia muy aleccionadora para mí.

Las misiones del Comisario en Chechenia constituyen una valiosa parte de este libro y aportan clarificadoras pistas sobre la magnitud de las penurias de sus habitantes, atrapados entre la violencia de los representantes militares y de Seguridad de las autoridades centrales del Estado, por una parte, y de la guerrilla local independentista e islamista radical, por la otra.

Asesinatos, ejecuciones y encarcelamientos extrajudiciales, desapariciones, secuestros, chantajes, operaciones de limpieza étnica e incursiones terroristas, eran parte de la realidad cotidiana que el comisario conoció en Chechenia, cuando esta era aún un entorno arrasado, poblado por gentes que malvivían entre ruinas o en campos de refugiados.

La cuestión chechena permitió al comisario conocer directamente algunos mecanismos de funcionamiento del sistema político ruso y también estudiar los rasgos de la personalidad y el estilo de sus dirigentes, incluido el presidente Vladímir Putin, con el que Gil Robles se entrevistó en varias ocasiones.

A juzgar por el relato del autor, Putin afrontaba la contienda en Chechenia con frialdad y pragmatismo. Aquel posicionamiento, que el comisario conoció de primera mano, nos lleva a reflexionar sobre la forma de actuar del líder ruso muchos años después, cuando éste inició en Ucrania una guerra sin precedentes en nuestro continente desde la Segunda Guerra Mundial.

Pero en aquellos años en los que Gil Robles fue comisario, el presidente ruso (sinceramente o no) todavía quería integrar su país en Europa, todavía quería formar parte del club de países civilizados y ello le llevaba a hacer algunas concesiones para regular el poder del Ejército y los cuerpos de seguridad que actuaban en Chechenia. ¡Quién sabe si aquellas concesiones, a menudo cosméticas, engañosas o mínimas, hubieran podido ampliarse y consolidarse de haberse encontrado la fórmula para ello!

Acompañado de un pequeño y eficaz equipo, el comisario consiguió que Vladimir Putin creara una representación personal en Chechenia, lo que resultaba un desarrollo de la idea del comisario de "una oficina de quejas" para quienes consideraban conculcados sus derechos. En un decreto firmado en febrero de 2000, Putin designó un representante especial para la defensa de los derechos y libertades de los ciudadanos en la República de Chechenia.

El decreto en el que Putin nombró a su primer representante fomentaba la coordinación con los "medios internacionales, las ONG´s y las organizaciones extranjeras, a fin de elaborar una visión concertada". La apertura a la colaboración internacional choca con las realidades de la Rusia actual, donde las ONG´s y las instituciones internacionales de derechos humanos han sido vetadas o expulsadas con etiquetas como "agente extranjero" o "indeseable" y donde el término "occidental", se ha convertido en sinónimo de "enemigo de Rusia".

Gil Robles consiguió el permiso ruso para crear un laboratorio forense destinado a identificar las víctimas de la guerra, una iniciativa que se inspiraba en otra semejante realizada en Kósovo, pero, como explica, la fría y burocrática indiferencia y el deseo de no comprometerse más por parte del Consejo de Europa, hizo que la iniciativa no se materializara.

El Comisario se manejaba muy bien y con mucha mano izquierda en el arte de combinar la inspección independiente y la colaboración con los dirigentes de los territorios inspeccionados. Simultaneando la apertura informativa con la confidencialidad, Gil Robles subrayaba que él no era ni el representante de una ONG, ni un instrumento de penalización y castigo, sino una entidad política, moral y también pedagógica.

Muy respetuoso con los representantes rusos, Gil Robles jugaba con las cartas sobre la mesa, lo cual a algunos les parecía inútil o ingenuo. El comisario trataba de sacar lo mejor de cada uno de sus interlocutores y, tras despertar en ellos aquellas cualidades que les hacían sentirse satisfechos de sí mismos, abría la sala de negociaciones y anunciaba a los medios de comunicación que el dirigente de turno le había expuesto una "excelente idea" y que el Comisario y su equipo le ayudarían a plasmarla en la práctica.

Durante nuestras visitas a Chechenia, junto con los miembros del equipo del Comisario, acuñamos la expresión "el método Gil Robles" para calificar, bromeando, su manera de actuar. El "método" consistía en realidad en encerronas perpetradas con toda alevosía contra quienes se sentían "buenos" por un momento y, gracias a la exposición mediática, ya no podían "desdecirse de sus bondades", por lo menos públicamente. Aquellos dirigentes a menudo primitivos no querían que les leyeran la cartilla en público, o por lo menos no querían que se las leyeran de una manera que ellos, desde sus estereotipos y complejos, consideraran humillante. Hoy cabe preguntarse si se llegó a explorar suficiente aquel camino y si, con paciencia y el tratamiento adecuado, hubiera sido posible consolidar y desarrollar un espacio de confianza.

La experiencia del comisario nació con mucha ilusión, pero tuvo que acomodarse a realidades prosaicas, políticas, burocráticas y financieras, que le cortaron las alas. En el caso de Rusia, las causas por las que aquella cooperación acabó por disiparse son múltiples y no solo responsabilidad de Moscú.

Gil Robles nos habla de la miopía europea, de los reproches y acusaciones sin pedagogía formuladas desde la prepotencia occidental. Frente a los escépticos que a priori daban por fracasada la misión del Comisario en Rusia, él nos habla de una oportunidad perdida.

Hace poco, releyendo mis notas de viaje, encontré una frase que el Comisario pronunció en septiembre 2004, durante un seminario en Grozni, la capital de Chechenia. Si entendí bien, se trataba de un comentario informal al margen de aquel evento. Lo apunté porque me parecía revelador de su forma de trabajar.

«Habrá que aprovechar que entreabren las puertas para meter la mano, aún a riesgo de pillársela, e intentar abrirlas del todo. Puedo fracasar en el intento, pero por lo menos lo habré intentado y no me habré quedado en Estrasburgo contemplando el canal», afirmaba el comisario.

Lo intentó y este libro es la prueba de ello.

Pilar Bonet, Ibiza, 1 de febrero de 2024

INTRODUCCIÓN

Ha pasado un largo tiempo desde que dejé de ejercer las funciones de Comisario para los Derechos Humanos del Consejo de Europa. Creo que es más que razonable que empiece a ordenar mis recuerdos y experiencias de aquella época, que hoy en buena parte ya flotan en la niebla espesa del olvido. También creo que es un buen momento, porque ya no me condiciona ni interfiere en mi relato, al menos espero que no de una manera decisiva, la intensidad e incluso diría la pasión, que en no pocas ocasiones acompaña a una tarea como esta.

El tiempo es un sabio tamiz para cualquier sentimiento excesivo. A la subjetividad, por el contrario, nadie escapa plenamente, se diga lo que se diga. Por eso normalmente el autor es el peor juez de su propia memoria. Afortunadamente hay aún otros actores y testigos que pueden matizar, reafirmar o contradecir su propia visión. En este caso, la mía.

En su momento, cuando empecé a escribir estas páginas, solo buscaba plasmar sobre el papel mis recuerdos más significativos, los que me marcaron, las vivencias de aquellos años, la experiencia de volver a poner en marcha una institución nueva.

Ahora, con la perspectiva del tiempo transcurrido y desde un enfoque informal y con cierta dosis de humor, me parece divertido emprender esta tarea. No sólo con el enfoque del jurista, del investigador académico, sumergido en el análisis del mar de tratados, normas y disposiciones de todo tipo, de donde había emergido la institución del Comisario, sino también con la mirada del político que enfrentaba un reto apasionante, como era el hacer realidad la creación virtual del Comisario para los Derechos Humanos, en el Consejo de Europa.

Cuando dejé mis funciones y cerré por última vez la puerta de mi piso en el 13 de la Rue des Juifs, habían transcurrido algo más de seis años desde que en el otoño de 1999 llegué a Estrasburgo. La mayor parte de ellos fueron vividos a un ritmo muy intenso, una experiencia única en donde no faltaron los retos y las dificultades de todo tipo. Momentos de irritación y tristeza. También, justo es decirlo, alguno de satisfacción y alegría. La experiencia fue dura, pero también apasionante y magnifica y en lo personal cerraba un capítulo de mi paso por la política, que había abierto años atrás con la aventura del Defensor del Pueblo en España y un intento frustrado por ser elegido el primer Ombudsman de la Unión Europea.

Terminado el mandato de Comisario, ampliado en unos meses, había llegado el momento de descansar, mental y físicamente. Nada mejor para ello que el retorno a mi actividad académica en la Universidad Complutense de Madrid y retomar el contacto con los estudiantes, siempre tan estimulante. Hasta la jubilación. La idea de escribir en caliente sobre la experiencia pasada no me parecía buena, unido al hecho de que nunca me han entusiasmado las autobiografías.

Pero como ya he dicho al inicio de estas líneas, han pasado los años y reordenando mis papeles y archivos sobre mi experiencia en el Defensor del Pueblo, con destino a una donación a la Universidad de Valladolid, me he reencontrado con los que se correspondían con el periodo de Comisario. Son datos y elementos, testimonios de una experiencia que, ahora sí, pienso que puede ser útil que se conozca, para mejor comprender lo que supuso poner en marcha una institución de esta naturaleza. Los retos que hubo que afrontar, las dificultades, pero también el estímulo y apoyo de diferentes países y sobre todo el esfuerzo y la generosa entrega de los amigos que me acompañaron a lo largo de aquella experiencia.

Aunque a lo largo de las páginas que siguen, mi relato se ceñirá a la creación y puesta en funcionamiento del Comisario para los Derechos Humanos, me parece imprescindible tener claro que esta institución nace en el seno de una organización interregional europea, surgida del trauma de la Segunda Guerra Mundial y que, a lo largo de sus más de setenta años de existencia, no ha cesado de trabajar para consolidar y defender la democracia como forma de gobierno en toda Europa, sus valores y por encima de todo la defensa de los Derechos Humanos.

Recientemente hemos celebrado el setenta aniversario del Convenio Europeo de Derechos Humanos, que ha sido y sigue siendo la pieza clave, sobre la que se sustenta toda una ingente labor de la reconstrucción democrática de la Europa de post guerra; y el derrumbe de las viejas dictaduras comunistas o fascistas, ha facilitado su integración en este mismo proyecto de democracia y libertad. Y es el mejor garante de que el tiempo y la molicie política, como las termitas, no carcoman y destruyan esta misma obra que, en sí misma y con los valores que encarna, es la identidad de Europa.

Una obra de enorme magnitud que hoy es muy ignorada por la gran mayoría de la ciudadanía europea. De hecho, si preguntásemos en la calle que es el Consejo de Europa y que la Unión Europea, es seguro que muy pocos sabrían responder a nuestra pregunta. La razón es sencilla, sobre la Unión Europea se vuelca toda la información mediática, por la propia naturaleza de lo que ella significa política y económicamente. Sin embargo, una institución como el Consejo de Europa, sin la que sería difícil entender la Europa democrática que hoy conocemos, en la que se integran los países que conforman la Unión Europea, y muy pronto ella misma, es una gran desconocida.

Un fenómeno inquietante en la Europa de nuestros días, donde precisamente los valores democráticos y el respeto de los derechos humanos son abiertamente vulnerados por algunos países y una parte de la ciudadanía parece haberlos olvidado, dando paso al surgimiento de organizaciones políticas con un ideario racista, xenófobo, de extrema derecha o populista de todo tipo y pelaje, y con una significativa presencia de movimientos nacionalistas y antieuropeos. Algo impensable hace una veintena de años. Estamos ante el retorno de los fantasmas que deberíamos haber superado plenamente a estas alturas de nuestra historia. Posiblemente porque durante demasiado tiempo y con demasiada intensidad, hemos puesto el foco sobre los objetivos de desarrollo económico que impregnan en exceso los de la Unión Europea y hemos marginado la propagación y defensa de los valores que identifican a la democracia y son el armazón moral y ético de un verdadero ciudadano europeo y de una sociedad libre. Esta crisis de valores esta igualmente presente en nuestro país, alcanzando proporciones inquietantes y poniendo a prueba la fortaleza y credibilidad de las instituciones.

La verdad es que, a lo largo de los años de mi actividad como Comisario para los Derechos Humanos, pude detectar algunos de los síntomas de lo que hoy es una enfermedad declarada, y de ello dan testimonio los diferentes informes presentados al conocimiento del Comité de Ministros y la Asamblea Parlamentaria, con sus correspondientes recomendaciones.

Pero nunca ha sido más cierto aquel viejo refrán que dice que «no hay peor ciego que el que no quiere ver, ni mayor sordo que el que no quiere oír».

En todo caso, solo pretendo relatar lo que fue para mí una experiencia extraordinaria, así como las diferentes vicisitudes por las que hubo que pasar y sobrepasar. Cuando me senté en la mesa para empezar a escribir creí que iba a ser una tarea fácil, pero lo cierto es que no ha sido así y el trabajo lo he interrumpido durante semanas y meses, con la duda de si finalmente esto iba a tener interés para alguien o era simplemente un ejercicio de autosatisfacción, divertimento o incluso de arreglo de algunas cuentas pendientes de saldar. Es posible que haya un poco de todo. Por qué no. El lector dirá.

Escribiéndolo me han venido a la memoria, muchos recuerdos y anécdotas, que obviamente no transcribiré en su totalidad, para evitar un texto plúmbeo, y he vuelto a reencontrarme con documentos y notas que transcribían el contenido de entrevistas que, por su propia naturaleza, carecen de interés para el lector o simplemente es mejor que sigan durmiendo, hasta que un investigador les dé mejor uso.

Como es natural, a lo largo de los meses, años, que han transcurrido desde que inicié esa tarea, han ido ocurriendo diferentes hechos que me parece que no puedo ignorar y entre ellos la invasión de Ucrania por la Federación de Rusia, provocando el inicio de una cruenta guerra, totalmente desigual entre los que defienden su patria y su libertad y quienes enfermos de nacionalismo imperialista pretenden arrebatársela sin justificación alguna.

Esta agresión, que está teniendo tremendas consecuencias no sólo para las víctimas de la violencia armada que acompaña a toda guerra, sino también por los crímenes atroces cometidos en el fragor de la guerra, me interpela y nos debe hacer reflexionar sobre ella y sus responsables más directos.

También creo que el lector podrá encontrar a lo largo del relato de mis relaciones con la Federación de Rusia en plena transición y en especial con el presidente Vladimir Putin, algunas de las claves que ayudarán a comprender la deriva que ha llevado al desastre actual. Y también creo que hoy más que nunca se impone el buscar fórmulas que den paso a la paz, la reconciliación, y la justicia para las víctimas. En aquellas circunstancias que me tocó vivir, eso es lo que procuré hacer.

Hoy, día en el que celebramos el 45 aniversario de nuestra Constitución y los años de paz, libertad, democracia y respeto de las reglas del Estado de Derecho que nos ha permitido vivir, pongo ya punto final a este trabajo de memoria, con la esperanza de que no olvidemos las lecciones aprendidas con tanto dolor y sufrimiento colectivo.

Sin olvidar mi agradecimiento a la Universidad de Valladolid y a su Instituto de Estudios Europeos, en la persona de su Director Francisco Fonseca Morillo y la inestimable ayuda de Gema Sousa López, que han hecho posible que este libro vea la luz.

PRIMERA PARTE

CAPÍTULO PRIMERO

1. UN COMISARIO EN EL CONSEJO DE EUROPA

1. 1. Por qué

La pregunta no es ociosa, es más, parece lógica si queremos entender por qué se crea una nueva institución de protección de los derechos humanos en el seno del Consejo de Europa cuya principal misión, desde hace más de setenta años, es promover y defender los derechos humanos, la democracia y el Estado de derecho. ¿Qué aporta esta nueva institución?

La búsqueda de la respuesta pasa necesariamente por recordar algunos rasgos esenciales del Consejo de Europa. Procuraré hacerlo de la forma más sencilla posible.

La historia del Consejo de Europa, es la historia de una gran esperanza, surgida de un desastre colectivo y una angustia por alcanzar la consolidación de la paz en la Europa de post guerra. Y también la historia de una organización que, con el tiempo, ha entrado en una paulatina decadencia, fruto del olvido de algunos valores que dan sentido a su existencia. Un fenómeno causado por el espejismo de un progreso económico indiscutible y un aparente triunfo de la democracia sobre las dictaduras. La desaparición de las dictaduras fascistas del sur de Europa, el hundimiento del comunismo y la caída del muro de Berlín, fueron interpretados como la consagración irreversible de este proceso.

Tenga en cuenta el lector, y aquí me dirijo a los no especialistas, que la creación del Consejo de Europa se vincula al término de la Segunda Guerra Mundial, como un intento de sentar las bases para que nunca más se volviera a producir una confrontación armada de tal magnitud, ni una violación de los derechos humanos tan inmensa y despiadada.

Si en Zurich en 1946, Winston Churchill ya pedía que se construyesen los estados unidos de Europa, no fue hasta tres años más tarde, en Londres, el 5 de mayo de 1949, cuando un pequeño grupo de países, ocho a los que luego se sumarían dos más, recogieron el reto del Premier inglés, y decidieron «*constituir un Consejo de Europa que incluya un Comité de representantes de los Gobiernos y una Asamblea Consultativa (Parlamentaria)…*», según el tenor literal del texto del Tratado.

El Estatuto dibujaba unos objetivos muy ambiciosos, por los que era necesario trabajar si se quería evitar los desastres del pasado.

Su artículo primero, los definía así:

«*La finalidad del Consejo de Europa consiste en realizar una unión más estrecha entre sus miembros para salvaguardar y promover los ideales y los principios que constituyen su patrimonio común y favorecer su progreso económico y social*»

Pero, en los fundamentos de su creación, está también el germen de su decadencia. Efectivamente, en la naturaleza de esta doble finalidad podemos advertir la complejidad de cumplir ambas. Se le pedía salvaguardar y promover los ideales y los principios que son patrimonio común, así como favorecer el progreso económico y social de los países promotores de esta iniciativa.

No obstante, con el tiempo el cumplimiento de estos objetivos no se hará desde una sola organización, sino que discurrirá por vías paralelas. Con organizaciones internacionales diferenciadas. De hecho, los países promotores del Consejo de Europa, casi al mismo tiempo que lo crean, ponen en marcha una estructura paralela cuyo objetivo principal será precisamente incidir en la consecución del progreso económico y social de Europa.

Y si el Consejo de Europa se crea en 1949, la Comunidad Económica del Carbón y el Acero (CECA) lo será apenas dos años después en 1951 y la CEE en 1957. En apenas ocho años queda claro que los países fundadores han decidido encomendar el cumplimiento del objetivo de *favorecer el progreso económico y social* de Europa a esta nueva y poderosa estructura internacional. La gestión y el ejercicio del verdadero poder económico, político y social que conlleva la construcción de Europa, seguirá otras vías que no son las del Consejo de Europa.

Un año después de su creación, una docena de países firmarían el Convenio Europeo de Derechos Humanos (Roma 1950) que entraría en vigor tres años después.

En su exposición de motivos, es donde mejor se puede apreciar este "reajuste" en cuanto a las finalidades que se le encomiendan, al centrarlas en: «*realizar una unión más estrecha entre sus miembros y uno de los medios para alcanzar ese objetivo es la salvaguarda y desarrollo de los derechos humanos y las libertades fundamentales*».

Pese a ello, no me cansaré de repetir que la creación del Consejo de Europa no es el resultado de un capricho circunstancial de las naciones ganadoras de la Segunda Guerra Mundial, sino la consecuencia inevitable de la necesidad de construir, consolidar y defender un modelo de sociedad basada en la aceptación de unos valores compartidos, el respeto de los derechos humanos y el Estado de Derecho, y la democracia como forma de gobierno. Estos habrían de ser los cimientos sobre los que se construyera la casa común europea. Un conjunto de principios y valores que actuasen como un auténtico corta fuegos, al objeto de impedir el retorno a lo que fue el horror del nacismo y el fascismo, construyendo y consolidando un *modelo alternativo* a todo tipo de dictaduras y regímenes autoritarios, incluido el régimen comunista imperante en la Unión Soviética y países por ella dominados.

El Consejo de Europa es, por tanto, el mayor referente que hayamos podido conocer en nuestro Continente en cuanto a la defensa de los derechos humanos. Sus cimientos no son solo las normas que lo crean, sino también las que sucesivamente han ido ampliando el marco de derechos reconocidos. Su "gobierno" se encomienda a un Comité de ministros de asuntos exteriores y su gestión a un Secretario General. Una Asamblea parlamentaria completa el edificio institucional, el cual se culmina con el Tribunal Europeo de Derechos Humanos. De esta forma, el Consejo de Europa se convierte en el organismo al que aspiran pertenecer todos aquellos países del espacio europeo, que quieren ser reconocidos como democráticos y de la que estuvieron ausentes durante muchos años todos los que tuvieron que soportar una dictadura, fuese esta comunista o fascista. Es la antesala imprescindible para poder ser admitido en la Unión Europea.

Pero lo cierto es que este mandato orientado al cumplimiento de las finalidades fijadas en el Convenio Europeo de Derechos Humanos, le ha ido convirtiendo en el imaginario de los europeos, en una organización secundaria, casi marginal en la vida política de lo que hoy conocemos como Unión Europea. Este proceso de paulatina pérdida de protagonismo no es sólo atribuible al aumento de los estándares democráticos y el respeto a las garantías del Estado de derecho en los países europeos (cuestión sobre la que aún podríamos introducir matices importantes), sino al desplazamiento del protagonismo en el ámbito de la opinión pública hacia la gestión de quien dispone de poder político y económico y por tanto social, que en este caso es la Unión Europea.

Incluso el papel de ser la conciencia democrática de Europa, el impulsor del respeto a los valores democráticos y los derechos humanos, ha tenido que soportar la competencia de la propia Unión Europea, ávida de ocupar todos los espacios y que no ha dudado en crear una estructura propia en este terreno.

Es cierto que en los tratados comunitarios se recogen todos los compromisos fundamentales en materia de derechos humanos y libertades públicas, incluso más modernizados en algunos de sus puntos. Pero velar por su cumplimiento no ha sido su objetivo fundamental.

De hecho, ni la Comisión ni el Consejo han reaccionado con suficiente rapidez y energía ante flagrantes violaciones de estos mismos derechos y libertades por parte de alguno de sus miembros, hasta que ha sido escandalosamente visible su menosprecio de los valores, principios y rasgos que identifican a una verdadera democracia. Es el caso de importantes reformas legislativas y actitudes políticas de los gobiernos de Hungría y Polonia, por solo poner un par de ejemplos. Y ya se vislumbran otros posibles casos.

No hacerlo hubiese afectado a la coherencia de todo el proyecto europeo, a su identidad propia. Pero a la hora de escribir estas líneas, aún no sabemos si la batalla será ganada por los demócratas o por los irredentos autócratas, herederos de los tics y formas de hacer de la dictadura comunista en la que se formaron, y que tuvieron que soportar ellos mismos y sus compatriotas. Aún pueden crearnos problemas graves, pues está claro que estos gobernantes no comparten los mismos valores que los países fundadores de lo que hoy es la Unión Europea, valores que todos los que la conformamos hemos aceptado voluntariamente.

Y posiblemente no se encuentren tan alejados algunos otros gobiernos, que hoy guardan cauteloso silencio y no condenan tales desmanes con la firmeza que hubiese sido de desear, o se deslizan hacia posiciones no tan lejanas. Los últimos procesos electorales en nuestro continente nos muestran ese peligroso escorar hacia posiciones ideológicas de extrema derecha, y los partidos que la representan están en claro auge, como lo demuestra la reciente coalición en Finlandia, que hace muy poco tiempo nos hubiera parecido inconcebible. Tal vez sea España el primer país europeo en el que se haya empezado a frenar ese aparente progreso de los partidos de ultraderecha y antieuropeos, de la mano de unas elecciones generales (23/7/23).

Esta *vis atractiva* de la atención ciudadana y de los medios de comunicación, que supone el ejercicio de este enorme poder político, económico y social por parte de la Unión Europea, es en gran parte la causante de que el Consejo de Europa siga siendo un gran desconocido de la ciudadanía europea. En las raras ocasiones en que los medios se hacen eco de él, normalmente es a causa de una sentencia del Tribunal Europeo de Derechos Humanos, los conflictos con Rusia y poco más. He podido comprobar que es más conocido en los medios académicos de América Latina, que entre nosotros los europeos, con la excepción de aquellos países que aún no se han incorporado a la Unión Europea.

¿Quién sabe hoy o se acuerda que la bandera azul con las estrellas amarillas fue adoptada en 1955 por la Asamblea Parlamentaria del Consejo de Europa, y que la Unión Europea la asumió como suya en 1986? O que el himno de Europa lo propone en 1971 la Asamblea Parlamentaria del Consejo de Europa como himno de la organización y más tarde, las Comunidades Europeas lo hacen suyo también en 1986.

¿Quién en la Europa de nuestros días, al ver o escuchar ambos símbolos, los identifica con el Consejo de Europa? Posiblemente nadie.

Así como "Bruselas" está en la boca de millones de ciudadanos europeos, como sinónimo de pujanza política, el Consejo de Europa es víctima de un continuo confusionismo, cuando no de ignorancia pura y dura por parte de esa misma ciudadanía. Se añade a ello, el desinterés de los medios de comunicación por lo que hace o lo que significa, y ello no es el resultado solo de una simple ignorancia, sino también de una desastrosa política de comunicación del propio Consejo, a lo largo de decenas de años. No ha habido voluntad política de los países miembros de potenciar al Consejo de Europa. Es más, no han dudado en congelar su presupuesto durante años, condenándole casi a la inanición. Soy testigo de lo que supuso de desastroso la aplicación de esta política cuando decidieron crear y poner en marcha la institución del Comisario para los Derechos Humanos.

Lo cierto es que, cuando coloquialmente nos referimos a "Europa", lo que casi todos tenemos en la cabeza es la Unión Europea, la que conformaban 28 países, y ahora menos después de la salida de su seno del Reino Unido. La otra Europa, la de los 47 países que integran el Consejo de Europa (hoy 46 tras la salida de la Federación de Rusia), es una gran desconocida y la organización con sede en Estrasburgo, la garante del progreso y consolidación de la democracia, las libertades y el Estado de Derecho, con una gigantesca labor realizada durante decenas de años, vive en un segundo plano.

Este fenómeno, aún se entiende menos si contemplamos la crisis de valores democráticos que barre Europa y ante la que debiera haber sido una barrera decisiva la acción del Consejo de Europa, si se le hubiese dotado de los medios y la dirección política adecuada. En este contexto, parece lógico preguntarse qué fue lo que condujo al Consejo de Europa a plantearse la necesidad de crear la institución del Comisario para los Derechos Humanos.

La respuesta ha de enmarcarse en varias y complejas causas, pero si tuviera que sintetizar la razón o razones que condujeron al Comité de Ministros a dar luz verde a la puesta en marcha del Comisario, en suma, responder a la pregunta del por qué de su creación, yo lo resumiría en el deseo de recuperar protagonismo para la organización y salir del marasmo en que se encontraba.

La circunstancia de conmemorarse el cincuenta aniversario de su constitución fue el trampolín perfecto para el alumbramiento de la nueva institución en la reunión solemne de Budapest en 1999. Y pienso que sus promotores no se equivocaron.

1.2. Un proceso creativo complejo

No obstante, la decisión de dar este paso, venía fraguándose desde hacía varios años. La voluntad política de crear la institución del Comisario para los Derechos Humanos se había concretado dos años antes, en la reunión de Jefes de Estado y de Gobierno del 10 y 11 de octubre de 1997 en Estrasburgo, al incluir en el Plan de Acción de su Declaración Final, el reconocimiento de que «*los Jefes de Estado y de Gobierno acogen con satisfacción la propuesta de crear un puesto de Comisario de los Derechos Humanos para promover el respeto de los derechos humanos en los Estados miembros y encargan al Comité de Ministros examinar las modalidades de su constitución, respetando las competencias de la Corte Única*».

Fue el pistoletazo formal de salida para iniciar el proceso de elaboración de la norma que se aprobaría dos años más tarde en Budapest. Pero lo cierto es que la idea de crearlo ya estaba sobre la mesa de los diferentes gobiernos y el propio Consejo de Europa, desde bastante antes. No obstante, como ocurre con la adopción de casi todas sus decisiones significativas, el Consejo de Europa tiene su propio ritmo y medida del tiempo. En este caso adoptar la decisión solo le llevo 27 años.

En efecto, en enero de 1972 la Asamblea Consultiva formuló una Recomendación (doc.3092) sobre «*la necesidad de nombrar un Comisario para los Derechos Humanos o solución equivalente a nivel europeo*». Un cuarto de siglo después, el 24 de enero de 1996, el presidente de Finlandia recoge esta sugerencia y en su discurso ante la Asamblea Parlamentaria, relanza la idea de crear un Ombudsman en el Consejo de Europa, que trabaje en conexión con los ya existentes. Y el 7 de enero de 1996, la señora Halonen, ministra de asuntos exteriores, formaliza la proposición del presidente, sobre las bases de unas competencias bastantes confusas y abiertas.

Efectivamente, la Sra. Halonen, que más tarde sería presidenta de su país, concibe a esta institución que ya bautiza como *Comisario para los derechos humanos*, como complemento de las ya existentes en el Consejo y para realizar una labor de información a los futuros demandantes ante el Tribunal Europeo de Derechos Humanos; o a los rechazados por la entonces Comisión de derechos Humanos, asesorándoles sobre la mejor defensa de sus derechos, examinando quejas que a él se dirijan por los ciudadanos de los países miembros del Consejo de Europa, utilizando para ello un sistema más informal, e incluso actuando como *amicus curiae* ante el Tribunal. Todo ello se discutirá en un seminario celebrado en junio de 1997.

Resultado de ese largo debate interno de la organización fue la Resolución (99)50 del Comité de Ministros, creando la institución del Comisario, respondiendo de esta forma al impulso político de un grupo de países, firmemente convencidos de su necesidad y oportunidad siguiendo el ejemplo de Naciones Unidas; y con un mandato que le reconoce competencias más amplias de lo que en un primer momento quisieron atribuirle sus impulsores y perfectamente diferenciadas de la misión de un Ombudsman (Defensor del Pueblo). Pero pese a todo ese trabajo previo de debate y estudio, cuando finalmente se aprobó su creación, quedaron flotando en el aire un conjunto de suspicacias y reservas institucionales. Solo el tiempo y la trayectoria de la propia institución ayudarían a despejarlas poco a poco. Dos palabras para que se entienda el porqué de la resistencia a crear otro Ombudsman a escala europea.

La idea de crear una figura de esta naturaleza en el seno del Consejo de Europa, suscitaba algunas reticencias por parte de los Ombudsman nacionales, que no veían claro cómo iba a articularse esa relación institucional entre el escalón nacional y el supranacional, puesto que no estábamos dispuestos a admitir jerarquía alguna y menos revisión de decisiones de un Ombudsman nacional por uno del Consejo de Europa. Añadiéndose toda la complejidad y peligro de un doble tratamiento de la misma cuestión.

En el caso español, la cuestión era aún más compleja. El Defensor del Pueblo en España, recuperó las competencias esenciales de un verdadero Ombudsman escandinavo, ocupándose de quejas no solo por razón de puro mal funcionamiento de las Administraciones públicas (*maladministration* para los anglosajones), sino también por violación de derechos humanos (derechos fundamentales del Título Primero de nuestra Constitución) de las que estas fueren responsables. No parecía muy razonable que una queja sobre la que ya ha actuado o está actuando con plena autoridad el Defensor del Pueblo, que incluso ha acudido ante la jurisdicción ordinaria o la constitucional, tuviera que convivir con otra tramitación paralela por parte de un Ombudsman del Consejo de Europa, con todo lo que ello pudiera conllevar de disfunciones y conflictos.

Pero esta misma dificultad, o similar, se planteaba a escala europea, y las suspicacias eran comunes. He repasado las actas de algunas de las mesas redondas organizadas por el Consejo de Europa con los Ombudsman de nuestro continente. En la quinta, la celebrada en Chipre bajo el sugestivo título de *Derechos Humanos y democracia*, no se habla una palabra, o al menos no hay constancia en las actas, sobre la propuesta ya presentada en el mes de enero de ese año por la Sra. Halonen. Curiosamente, Pierre-Henri Imbert, a la sazón titular de la Dirección de Derechos Humanos, no consideró útil ni necesario hacer referencia a esa propuesta oficial.

Ni siquiera abordó esta cuestión mi buen amigo Willyam Reid, Ombudsman de Reino Unido en sus conclusiones finales. Aparente desinterés por el tema. Por el contrario, la cuestión será abordada expresamente en la sexta mesa redonda, en Malta, en el año 1998, a solicitud de los propios Ombudsman, para obtener información directa, y cuando ya el proyecto del Consejo de Europa estaba en la recta final y solo faltaban meses para el visto bueno definitivo del Comité de Ministros.

A este poco entusiasmo de los Ombudsman nacionales, se unía otro factor de notable importancia, como eran las suspicacias internas del aparato administrativo del propio Consejo y el hecho de la enorme complejidad, por no decir imposibilidad, de gestionar con eficacia una institución que habría de estar abierta a recibir las quejas de cualquier ciudadano o persona habitando uno de los países miembros (posibilidad abierta a unos 800 millones de seres humanos), sin necesidad de filtros de abogados o agotar vías judiciales internas y en un procedimiento además gratuito, que esa es la esencia de un Ombudsman. En suma, que si ya el Tribunal Europeo de Derechos Humanos, con todos los filtros existentes que han de superarse para llegar hasta el, estaba bloqueado por la acumulación de demandas, la creación de un Ombudsman que respondiese a su verdadera naturaleza no solo no descargaría al Tribunal de trabajo, sino que crearía en el seno del Consejo un verdadero monstruo en cuanto a necesidades de personal y coste.

Añadamos a las anteriores consideraciones, el hecho de que en el seno de la Unión Europea ya venía funcionando desde 1995 un Ombudsman, contemplado en el artículo 228 del Tratado de Funcionamiento de la Unión Europea y cuyas funciones ejercía entonces Jacob Söderman. Parecía cuanto menos complejo crear otro Ombudsman, en este caso para el conjunto de los países miembros del Consejo, entre los cuales se encontraban todos los de la Unión Europea. Es evidente que, sin entrar en más detalles técnicos, esta iniciativa no se presentaba como la alternativa más aconsejable, ni parecía posible que llegase a reunir el consenso imprescindible.

Por todas estas razones, y seguro que algunas otras no tan manifiestas, en la Cumbre de Jefes de Estado y de Gobierno del 13 de enero de 1997, deciden recoger en su "Proyecto de Acción" la propuesta finlandesa reorientada y debidamente matizada, como ya hemos visto.

La decisión política por fin estaba tomada. Ahora solo quedaba resolver los detalles. Y como todos sabemos, es en la redacción de los detalles donde se dan las batallas decisivas. Aquellas que buscan neutralizar una iniciativa que desazonaba a no pocos gobiernos y parte del aparato administrativo y político del Consejo, entra en natural conflicto con la opinión de aquellos otros que por el contrario alumbran la esperanza de conformar operativamente una institución que responda a la voluntad política de sus creadores.

Esa batalla se libraría a lo largo de los dos años y cuatro meses que habrían de transcurrir hasta que definitivamente se aprobase en mayo de 1999 el Estatuto del Comisario. Pero, desde el primer momento, se manifiestan las reticencias y dudas.

Por ejemplo, en las actas de trabajo y los informes del Comité Director para los Derechos Humanos (CDDH) se aprecia la preocupación de que la futura institución no duplique los campos de actuación de otras instituciones del Consejo de Europa y sobre todo de la Dirección de Derechos Humanos. Y menos aún que se aproxime bajo cualquier pretexto al Tribunal. Ambos organismos dejan saber al Comité de Ministros en otro momento del procedimiento qué, sobre todo, la creación del Comisario no suponga una merma de sus respectivos presupuestos. En todo caso el CDDH lo ve como una institución que facilite información y sensibilización, lo que precisamente hacía ya el Consejo, sobre todo a través de la Dirección de Derechos Humanos. Lo que obviamente no dice el CDDH es como han de hacer lo mismo ambos organismos, sin entorpecerse o duplicar esfuerzos.

Para no extenderme, uno de los puntos sobre los que insiste el CDDH es sobre la necesidad de que los informes del Comisario sean públicos. Tanto los enviados al Comité de Ministros, como los que remita a la Asamblea. Sobre este punto incidirá también el informe de la Asamblea Parlamentaria (febrero de 1999), además de sugerir que pueda asumir casos individuales ante el Tribunal, tener un límite de edad (70 años) y no ser reelegible.

Finalmente, el Comité de Ministros cortará por lo sano y dejará claro que los informes que le remita el Comisario solo se publicarán si así lo autorizasen ellos. La razón era respetar la posibilidad de que el Comisario pudiese hacer "una diplomacia silenciosa", recogiendo así la aseveración del CDDH en su informe sobre la actividad eminentemente política del Comisario.

La clarificación definitiva sobre este punto se plasmó en la nota del Secretariado del Consejo, explicativa del Estatuto del Comisario, aprobada también en Budapest, y que aclara que «*el art.8.2 solo se aplica a las Recomendaciones, Avis, e Informes dirigidos exclusivamente al Comité de Ministros y no a las recomendaciones, avis e informes dirigidos al Comité de Ministros y a la Asamblea parlamentaria, dado que los documentos enviados a la Asamblea en general son públicos*».

También abortó el Comité de Ministros un intento de Turquía de introducir en el Estatuto la prohibición de que el Comisario recibiese a terroristas o información de organizaciones terroristas. Como es obvio, solo lo votaron ellos.

1.3. Y para qué

Este largo proceso que precedió al alumbrar de la institución, vendría a responder al para qué se la creaba y, al tiempo, ponía de manifiesto todas las dificultades a resolver sobre su ámbito de competencias y la forma de ejercerlas. Responder a esta cuestión no es tan sencillo como pudiera parecer en un primer momento, porque analizando la documentación de que dispongo, se puede observar que en las tomas de decisiones de los distintos órganos del Consejo que intervienen en el proceso, se van manifestando y entremezclando muchas posiciones, no todas ellas coincidentes en la necesidad de crearlo.

Yo no he seguido desde el interior del Consejo el proceso de elaboración de su Estatuto. Por tanto, para hacerme una idea lo más exacta posible de aquellos debates, reflejo de los intereses en juego, he de seguir el trabajo de la Asamblea Parlamentaria, del Comité Director de Derechos Humanos (con una amplia representación de los diferentes gobiernos), del TEDH y del propio Comité de Delegados. De su estudio se desprende que esos dos años de debates fueron muy intensos y no exentos de tensión.

Siendo su creación una decisión de los gobiernos netamente política, no es de extrañar que suscitase en el seno del secretariado algún recelo. Dada la total independencia que se pretendía otorgar a esta nueva institución, su encaje en una estructura muy jerarquizada y bajo la dirección del Secretario General, podría generar ciertos problemas. Sobre todo, si tenemos en cuenta que el propio Secretario General también era un político, que en esas fechas aún era elegido de entre los jefes de los grupos parlamentario de forma rotatoria, según un pacto no escrito acordado entre ellos. Así que en la estructura orgánica se iba a incrustar otro político, igualmente elegido con criterios políticos como el Secretario General y no sometido a su autoridad. Y para colmo teniendo que dotarle con un presupuesto propio a detraer del de los demás, pues regía el acuerdo de los gobiernos de aumento presupuestario cero.

No obstante, y como veremos más adelante, esta independencia habría de verse sometida a múltiples filtros y condicionamientos administrativos, en especial en cuanto a la dotación de personal, presupuesto y designación del director de su oficina, donde evidentemente los sectores más reticentes establecieron sus trincheras de resistencia.

Con este panorama por delante, el Comité Director de derechos Humanos (CDDH) a la hora de elaborar el proyecto inicial de Estatuto, tuvo muy en cuenta el requerimiento hecho tanto por la Dirección de Derechos Humanos, como por el Tribunal, de que la creación del nuevo puesto de Comisario y su oficina, no se hiciese a costa de sus competencias o disminuyendo sus correspondientes partidas presupuestarias. El Tribunal insistió también en que el Comisario debería ser ajeno a toda función o competencia en el campo jurisdiccional. Y tenía su razón. En un tribunal ya saturado, introducir un actor más y además cualificado, podría ser muy desestabilizador para el ordenado ritmo de trabajo del alto órgano jurisdiccional.

Por cierto, que este recelo hacia el Comisario saltaría en pedazos años después, cuando el propio Tribunal decide impulsar una modificación del Convenio (Protocolo 14) para atribuirle la legitimación activa, que en ese momento fundacional se esforzaba por negarle. Criterio original con el que personalmente estaba plenamente de acuerdo y en razón al cual manifesté mi desacuerdo con respecto a esa modificación cuando fui consultado. Pero a ello me referiré más adelante.

En todo caso, el Estatuto resolvería esta inicial inquietud dejando bien claro en su art. 1º. 1 que *"el Comisario es una instancia no judicial";* y en el punto segundo de este mismo precepto respondería a las suspicacias de las direcciones generales y otros órganos del Consejo, al afirmar que *«el Comisario respeta las competencias de los órganos de control en funcionamiento en el marco del Convenio europeo de Derechos Humanos u otros instrumentos del Consejo de Europa relativos a derechos humanos y ejerce funciones diferentes a las que ejercen estos últimos»*. Una fórmula alambicada que solo buscaba dar salida formal a la citada suspicacia y recelos que conocemos. Pero pretender someter al Comisario a un perpetuo ejercicio de diplomacia interna y equilibrismo competencial, para conseguir educar y sensibilizar en derechos humanos de forma distinta a como venía haciéndolo todo el Consejo de Europa desde hacía décadas, no parecía muy realista. Una regla que, si se hubiera pretendido aplicar a rajatabla hubiera conducido inevitablemente a la inacción o inoperancia de la nueva institución. Ese fue precisamente el reto al que me vi enfrentado desde el momento mismo de mi elección. Era necesario construir ese espacio propio con tanta diplomacia como firmeza, dejando claro desde un principio que un político electo no se va a dejar manipular por los altos funcionarios inquietos con la ocurrencia del Comité de Ministros; pero que tampoco era mi intención actuar desde el primer día "como un elefante en una cacharrería", que diría el refrán.

Para mí, la llave para resolver este intrincado reto estaba en la última palabra de ese punto 1º del art 1º del Estatuto, cuando no solo afirma que deberá promover la educación y sensibilización en derechos humanos, sino también *"su respeto"*. Más adelante intentaré aclararlo.

En cuanto al temor de algunos Estados de no crear otro Ombudsman clásico, la cuestión quedó resuelta cuando se dice textualmente en dicho precepto que el Comisario no acepta quejas individuales.

Por su parte la Asamblea en un primer momento, concibe al Comisario como una institución útil para desempeñar un papel importante de auxilio al Tribunal, porque, *«es más importante que nunca que el Tribunal europeo de derechos humanos sea lo que siempre ha querido ser : un órgano judicial subsidiario, que no interviene más que en caso de mal funcionamiento de los sistemas jurídicos nacionales»* y continua, *«desde esta óptica, la institución del Comisario para los derechos humanos puede ser una ayuda si llega a tener éxito en la misión que se propone atribuirle, que será una misión de prevención»*. Esa idea de prevención o de trabajar para combatir las causas que generan la mayoría de los recursos ante el Tribunal, evidentemente era positiva. El problema radicaba en cómo realizar esa labor preventiva, sin inmiscuirse o hacer "doble empleo" con todo lo que ya venían haciendo las diferentes direcciones generales.

No obstante, la Asamblea también intenta reforzar algunas de las competencias del Comisario, entre otras la de poder *«ocuparse de casos individuales a condición de que no estén ya sometidos al conocimiento del Tribunal europeo de derechos humanos o que puedan ser susceptibles de una demanda ante el Tribunal»*; y desde luego la posibilidad de enviar Informes al Comité de Ministros o a la Asamblea Parlamentaria diferenciadamente. Sugiere rechazar algunas limitaciones, como la propuesta de no poder tener contacto con grupos terroristas, o la de recibir información de los parlamentos nacionales. En total unas 18 sugerencias, de las que prácticamente solo son aceptadas por el Comité de Delegados una media docena. Tiene, sin embargo, especial importancia su acertada sugerencia de reforzar el papel de guardián del respeto "efectivo" de los derechos humanos por parte de los Estados miembros, incluyendo tal referencia ya en el artículo segundo, que luego será primero.

Perfiladas, como hemos visto, las posiciones de los distintos organismos del Consejo, la definición de la verdadera naturaleza del Comisario se remitía a lo que dispusiese el Estatuto, cuya elaboración definitiva era responsabilidad última del Comité de Ministros, es decir del enfoque que adoptase cada una de las diferentes Cancillerías. De ese debate podría surgir un mero gestor de programas educativos y de promoción en materia de derechos humanos, al uso tradicional, e integrado en el organigrama del Secretariado, u otra cosa distinta.

Lo cierto es que, finalmente y después de los debates internos a que he hecho referencia, la Resolución 99(50), despeja esta incógnita y deja clara una decidida voluntad política de dar vida a una institución nueva, diferente, e independiente. Independencia que se proclama no sólo frente al Secretario General, sino también con respecto al propio Comité de Ministros y la Asamblea Parlamentaria

En su carta de 15 de junio de 1999 a la Asamblea Parlamentaria, el presidente del Comité de Delegados informa que algunas de sus sugerencias han sido rechazadas porque, por ejemplo, «*la actual redacción del artículo 2, parágrafo 1º, es el resultado de negociaciones difíciles al objeto de encontrar un compromiso entre los gobiernos que son favorables a un papel intervencionista del Comisario y aquellos otros que no lo son. Según los redactores, la redacción existente, entendido en el conjunto del texto, da una imagen equilibrada de la misión del Comisario, mientras que la redacción propuesta por la Asamblea, más "intervencionista", habría perturbado dicho equilibrio*».

En lo que se refiere a la propuesta de atribuir al Comisario competencia para presentar casos individuales ante el Tribunal, la respuesta es también negativa, pues «*los redactores han dado prioridad absoluta a la regla según la cual el Comisario no debe inmiscuirse en la jurisdicción del Tribunal europeo de derechos humanos. Consultado el Tribunal, ha insistido igualmente con toda firmeza sobre este punto*». Queda pues claro que el Comité de Ministros buscó establecer las bases para una institución equilibrada, situándola entre la posibilidad de una acción interventora, para promover un respeto efectivo de los derechos humanos en el seno de los diferentes Estados miembros, y también una significativa función de promoción de estos últimos. Dos planos competenciales, con identidad propia cada uno de ellos, pero a la vez plenamente complementarios.

Esta posición última y definitiva del Comité de Ministros cierra los debates y fija el contenido de la norma tal como hoy la conocemos.

2. SUS RASGOS ESENCIALES

Para mejor identificarlos centrémonos en lo que dispone el Estatuto.

En primer lugar, me parece significativo observar cómo el mandato previsto en el acuerdo de 1997 de promover el respeto de los derechos humanos en los Estados miembros, se pretende orientar prioritariamente hacia la labor de educación y sensibilización (art.1°.1), aunque también se hace una referencia clara y terminante al deber de promover su respeto. Lo contrario habría sido vaciar de contenido el mandato original del Comité de Ministros. Sin duda, éste es el resultado de ese delicado equilibrio a que hacía referencia su presidente en la carta de la Asamblea Parlamentaria.

Y también es un punto esencial, porque en torno a él se irá construyendo la verdadera naturaleza de la institución, centrada en la tarea de promover ese respeto a los derechos humanos, pero no solo a través de la labor educativa y de seminarios, como a algunos les hubiera gustado.

Este mandato, se refuerza en el artículo 3°, b al disponer que «*contribuye al respeto efectivo y pleno goce de los derechos humanos en los Estados miembros*» y para cumplir tal misión «*identifica eventuales insuficiencias en el derecho y en la práctica de los Estados miembros*» y «*anima la efectiva puesta en práctica de estas normas (*las del Consejo de Europa) *por los Estados miembros y les ayuda, con su consentimiento, en sus esfuerzos para remediar tales insuficiencias (apart. c)*».

Este enfoque, en mi opinión, abría la puerta a una institución que debería ser eminentemente práctica y operativa, interviniendo de manera prioritaria sobre el terreno, para detectar dónde, cuándo y cómo se están produciendo violaciones del CEDH o sus protocolos, y recomendar a los gobiernos afectados y proponer las medidas oportunas para corregir esa situación, al tiempo que velar por que se cumplan.

Esta será para mí su tarea prioritaria y su rasgo distintivo en el conjunto de instituciones del Consejo, sin que ello haya de ser obstáculo para que complete esta tarea principal con otro tipo de actividades, como la formación y promoción de los derechos humanos, utilizando para ello toda la experiencia y actividad del conjunto de la organización. De esta forma el Comisario no habría de ser una institución inevitablemente competitiva con el resto de organismos del Consejo de Europa, como temían algunos, sino muy por el contrario esencialmente complementaria.

En segundo lugar, al no admitir demandas o quejas individuales, se distingue definitivamente de un Ombudsman tradicional. Lo que no impide que pueda actuar sobre la base de toda información pertinente que reciba. El criterio del legislador en cuanto a las vías por las que le llegue tal información, es de una generosidad absoluta, incluida la decisión de actuar por propia iniciativa. Tampoco se le reconoce ninguna función jurisdiccional ni en ese momento, legitimación activa ante el Tribunal Europeo de Derechos Humanos, o cualquier otra jurisdicción nacional o internacional, como posible demandante o *amicus curiae*.

En consecuencia, se le atribuye un procedimiento de actuación que se califica de informal, lo que es lógico puesto que no es un órgano jurisdiccional, ni concede o niega ningún derecho, sino solo emite recomendaciones u opiniones. Por esa razón no ha de someterse a un procedimiento de actuación codificado y tampoco sus resoluciones serán impugnables ante ningún tribunal. Será la práctica y la prudencia diplomática del propio Comisario los que irán configurando los rasgos esenciales de su forma de actuar, así como la experiencia derivada de sus intervenciones y resoluciones. De todas formas, la Resolución 99(50) dejaría muchos espacios abiertos, necesitados de su interpretación según el discurrir de la práctica. Digámoslo en términos más coloquiales. El Comité de Ministros había aprobado la "ley", pero al Comisario correspondería necesariamente elaborar ese "reglamento" de desarrollo no escrito.

El Comité de Ministros fue extremadamente respetuoso con la independencia que se atribuía al Comisario, no solo como una de sus características fundamentales, sino también como un instrumento indispensable para que pudiese llevar a cabo su mandato con plena eficacia y responsabilidad. Consecuencia lógica de ello es que, para intervenir en cualquier país miembro de la organización, puede tomar contacto directamente con su Gobierno sin pasar por las vías del orden jerárquico interno.

Es significativa la redacción del art. 4º en el que escuetamente se dice que el Comisario "tomará en cuenta" las opiniones expresadas por el Comité de Ministros y la Asamblea parlamentaria. No dice cumplirá o ejecutará, lo que hubiese terminado con su independencia. Se refuerza este espacio de independencia política excepcional al establecerse en ese mismo precepto, que cuando haya de responder a los requerimientos o solicitudes de información que le hagan el Comité de Ministros o la Asamblea parlamentaria, lo hará «de la manera que juzgue apropiada».

De nuevo se abre un espacio de delicado equilibrio político interinstitucional, que no puede ser ignorado por ninguna de las partes. La independencia se refuerza con la decisión de que su mandato sea único de seis años. No reelegible.

Reforzando la idea de facilitar al máximo la eficacia de su gestión, los Estados están obligados a prestarle ayuda en sus desplazamientos, así como toda la información que se les requiera, y ello en tiempo real. El Comisario queda pues fuera formalmente de la estructura administrativa en cuanto a establecer su plan de trabajo y la toma de decisiones operativas y política institucional. Pero este principio básico de independencia se quiebra en lo que afecta a la organización de su oficina, tanto desde el punto de vista material como de personal, así como en la elaboración de su presupuesto, para lo que si depende del Secretario General.

Esta circunstancia es sin duda un factor que, a la larga limita esa independencia oficial y permite al Secretario General ejercer de facto un poder de control sobre las posibilidades reales de operatividad de la oficina del Comisario, limitando o potenciando sus medios personales, materiales y financieros para ejecutar con eficacia un programa propio. De hecho, esta anomalía solo se puede superar si entre el Secretario General y el propio Comisario se llega a un "acuerdo entre caballeros", por el que aquel acepte respetar el margen de independencia operativa que el estatuto otorga al

Comisario, dotándole para ello de los medios suficientes. Lógicamente este compromiso debe reflejarse en los presupuestos de la organización que elabora el propio Secretario General y ha de aprobar el Comité de Ministros.

En mi caso, venía mal acostumbrado, pues el Defensor del Pueblo en España goza de un presupuesto propio, que él mismo elabora y presenta a la aprobación del Parlamento. Una vez aprobado, forma parte del presupuesto del Parlamento y no puede intervenir el Ejecutivo. Nombra y cesa su personal libremente.

El Comité de Ministros no quiso llevar al extremo su audacia de crear una institución totalmente independiente, "extra muros" del organigrama tradicional y entregó esta competencia organizativa al Secretario General, lo que de facto puede llegar a convertirse en un medio para paralizar o neutralizar a un Comisario excesivamente fogoso, o que irrite al "aparato" de la Casa. De hecho, esta circunstancia fue la causante de que prácticamente desde su inicio y durante varios años, la oficina del Comisario no contase con medios suficientes en materia de personal y menos aún en cuanto a un presupuesto suficiente, que le permitiese realmente actuar con plena eficacia.

A ello me referí en mi Informe de final de mandato, el 29 de marzo de 2006, recalcando que

> *en la medida en que el Comisario no tenga los medios necesarios, tanto humanos como presupuestarios o no pueda beneficiarse de la posibilidad de seleccionar su personal, empezando por el director de su Oficina, es difícil poder afirmar que en tales condiciones se respeta el principio de su independencia política.*

Me satisface haber comprobado que con posterioridad la cuestión del personal, en cuanto a su número, ha sido positivamente resuelto.

He destacado el reconocimiento de su independencia de actuación y lo que de positivo ello tiene para el buen funcionamiento de esta institución, pero quedaría coja esta valoración si no pusiese también en primer plano otra característica que el "legislador" dispuso junto con la independencia. Me refiero al deber de imparcialidad que se le impone y que ha de ser una garantía para todos los Estados. Esta obligación de imparcialidad sitúa al Comisario no solo fuera del juego político partidario, sino que también le impone la obligación de actuar tratando por igual a todos los países, incluido el suyo propio. Naturalmente, el cumplimiento de este mandato no siempre fue bien comprendido por quienes deseaban e impulsaban una toma de posición más ideológica o alineada con posiciones de geopolítica integradas en el mundo de aquellos que nunca dieron por superada la guerra fría.

Soy muy consciente de que mi decisión de no alinearme por sistema, con el grupo de países o delegaciones parlamentarias que, desde el primer momento del estallido de la guerra de Chechenia, adoptaron una postura virulentamente anti rusa, tuvo su coste. Incluso la formulación de la acusación soterrada de perdida de imparcialidad y amistad encubierta con el gobierno ruso. Lo que dijeran mis sucesivos informes, les importaba bien poco. Bien es cierto que esta posición también fue compartida por parte de la prensa europea, a quien solo parecía interesarle la parte más negativa y condenatoria para el gobierno ruso y que no tuvo gran interés en saber directamente cual era mi opinión sobre el conflicto. Pero como es obvio todo esto forma parte del juego político, y a estas alturas y también entonces, no iba sentirme especialmente afectado por tales conductas.

Quisiera destacar una última característica del mandato del Comisario, que me parece relevante para entender en su globalidad el verdadero sentido de esta institución. En concreto es necesario remachar una realidad que costaba ser aceptada en el seno del secretariado, como es el asumir que el Comisario es una figura política, es un político en el seno del Consejo.

El propio método de designación, que exige una doble intervención institucional, primero del Comité de Ministros que elabora una lista de tres candidatos que respondan a las características del art. 9, y posteriormente la elección por la Asamblea Parlamentaria, introduce de lleno criterios políticos en esta selección y sitúan al Comisario en el mismo plano que el Secretario General o los magistrados del Tribunal, designados siguiendo el mismo procedimiento.

Esta posición políticamente privilegiada del Comisario, se refuerza con un hecho que me parece sorprendente y también preocupante, y es que en su Estatuto regulador no existe previsión alguna para provocar su cese si concurriesen circunstancias que lo exigiesen, sean estas políticas, de enfermedad o incapacidad física o mental para ejercer sus funciones. El cese en sus funciones del Comisario dependerá o bien de su propia voluntad renunciando al cargo o por el transcurso del tiempo de su mandato. Incluso en el plano político, no está previsto un procedimiento de suspensión de sus funciones por un voto de censura en el Comité de Ministros o la Asamblea. Hasta el presente que yo sepa, no se ha producido ninguna situación de este tipo y esperemos que nunca se produzca, pero llegado el caso será interesante comprobar que mecanismos se ponen en marcha para superar una crisis de esta naturaleza.

CAPÍTULO SEGUNDO
EN BUSCA DE UN COMISARIO

Aprobado el Estatuto, se puso en marcha el mecanismo de selección del futuro Comisario. Estaba prevista una doble prueba, a realizar en primer lugar por el Comité de Delegados, que habría de seleccionar una terna de candidatos de entre todas las candidaturas presentadas.

Y, una vez hecha esta primera selección, tendría que pronunciarse la Asamblea parlamentaria, mediante un voto en plenario para elegir uno de entre los tres candidatos o candidatas propuestos por el Comité de Delegados. Quien de entre ellos eligiese la Asamblea, sería finalmente el Comisario/a para los Derechos Humanos del Consejo de Europa.

1. SELECCIÓN. SE ABRE EL PLAZO DE PRESENTACIÓN DE CANDIDATURAS

Permítanme que aborde el tratamiento de estas sucesivas fases del procedimiento de selección y otras más, desde mi exclusiva experiencia personal.

Unos días después de la apertura del plazo para la presentación de candidaturas, me encontraba en Estrasburgo con motivo de una reunión del equipo de expertos que veníamos trabajando para la Comisión de Venecia, sobre distintos proyectos, entre otros, crear un Ombudsman en diferentes países de Europa Central. Curiosamente en ese mismo equipo coincidí y trabaje durante meses con Grett Haller que más tarde sería mi contrincante en el proceso de selección del puesto de Comisario, a propuesta de Suiza.

El entonces embajador de España ante el Consejo, Guillermo Kirkpatrick, tuvo la amabilidad de invitarme a una cena en su residencia, en la que me habló de esa convocatoria y del interés que presentaba el poner en marcha una institución nueva, en torno a la cual había muchas expectativas. Teniendo en cuenta que en principio se suponía que eran los Estados los que podrían proponer candidatos, él estaría encantado de presentar mi candidatura.

La propuesta de Kirpatrick me pilló por sorpresa, pues si bien es cierto que había seguido los trabajos preparatorios desde mi época de Defensor del Pueblo, la verdad es que no se me pasó por la cabeza vislumbrar la posibilidad de ser candidato al puesto, visto lo ocurrido con la candidatura a Defensor del Pueblo europeo y siendo aún presidente del Gobierno José María Aznar, que tan duramente se opuso entonces a ella. Pero he de reconocer que la propuesta del embajador, a más de sorprenderme, me agradó mucho. No obstante, vistos los antecedentes citados, le dije que, aun sintiéndome muy honrado por su propuesta, me parecía de difícil éxito dado el veto político al que estaba sometido por parte del entonces presidente del gobierno y que por tanto no pensaba presentar ninguna candidatura en tales circunstancias. El Embajador me contestó que le extrañaría mucho que subsistiese tal veto y que si yo no tenía nada en contra, pensaba hacer una gestión en el Ministerio de Asuntos Exteriores para comprobarlo y que me llamaría con el resultado. Le dije que era muy libre de hacer las prospecciones que considerase oportunas y que se lo agradecía de verdad. Y así nos despedimos muy cordialmente.

2. LA TRISTE EXPERIENCIA DE LA ELECCIÓN DEL PRIMER DEFENSOR DEL PUEBLO DE LA UNIÓN EUROPEA

Me permitirá el lector que haga aquí una pequeña digresión en el relato y en el tiempo, para explicar por qué manifesté al Embajador mi escepticismo sobre su generosa propuesta.

El hecho es que, cuando se aprobó en el seno de la Unión Europea la creación de un Ombudsman, yo decidí presentar mi candidatura a tal puesto. Cándidamente pensé que al fin y al cabo tenía cierta experiencia por mi anterior condición de Defensor del Pueblo en España (Ombudsman), y haber colaborado en la redacción de los borradores del artículo del Tratado de Mastricht por el que se creaba esta figura, que se debió a una iniciativa española bajo el Gobierno del presidente Felipe González. También contaba con el apoyo decidido de los Ombudsman de aquellos países de la Unión Europea que consulté, y que nos conocíamos desde hacía años. Todos me animaron a presentar la candidatura y ninguno dio el paso al frente para competir conmigo. Es un gesto que les agradezco profundamente. Además, conociendo cómo funcionan las organizaciones internacionales hablé con mi hermano José María, en ese momento parlamentario europeo por el Partido Popular y como era conocido de todos, futuro candidato a la presidencia del Parlamento cuando en 1997 se produjese el correspondiente relevo al frente del mismo. Quería confirmar si mi candidatura podría ser un obstáculo a la suya, en cuyo caso no me presentaría. Pero en seguida y con enorme generosidad me dijo que una cosa no tenía nada que ver con la otra y que en ningún caso debería ser un obstáculo.

Naturalmente informé de mi decisión al Gobierno español y a los responsables de los grupos parlamentarios españoles en el Parlamento Europeo, que era la institución que habría de realizar la elección, y pedí su apoyo. También solicité audiencia al entonces presidente del Partido Popular José María Aznar para explicarle esta iniciativa y pedir su apoyo, pero nunca me la concedió. Unos días antes de empezar las audiciones en el Parlamento Europeo, Gerardo Galeote, europarlamentario por el PP, me dijo que Aznar no solo no quería recibirme, sino que tampoco apoyaba mi candidatura, sino la del candidato alemán Siegbert Alber, diputado de la CDU en el Parlamento Europeo y miembro del Partido Popular Europeo.

Con independencia del disparate institucional que suponía el que pudiese ser elegido Ombudsman un parlamentario en activo en la misma Cámara que habría de realizar el proceso de elección, puesto que se supone que esta figura ha de ser alguien absolutamente independiente, comprendí rápidamente que esa actitud se debía a mi decisión cuando era Defensor del Pueblo de no haber accedido a la petición de su partido de recurrir ante el Tribunal Constitucional la Ley de Seguridad ciudadana. Y es conocido que Aznar no perdonaba decisiones como estas. En todo caso la candidatura ya estaba presentada y allá cada uno con sus fobias y rencores.

Según el procedimiento, los candidatos deberíamos ser escuchados por la Comisión de Peticiones y posteriormente ésta elevaría al Pleno del Parlamento el nombre del que hubiese obtenido más votos, para ser ratificado por este. El pacto establecido era que el Pleno haría suya la decisión de la Comisión. Se efectuaron las audiciones y se fijaron las fechas de votación para el 3 y 9 de noviembre de 1994.

En la votación del día 3, se produjo un empate a 12 votos. Votaron al candidato alemán los parlamentarios europeos del PP, incluidos los españoles miembros de la Comisión. El de Izquierda Unida, Antonio Gutiérrez se abstuvo, o se salió de la sala para no votar, no lo recuerdo con exactitud y creo que otro tanto hizo el representante del PNV. La verdad es que, si todos los diputados españoles me hubiesen votado el día 3 de noviembre de 1994, España hubiese conseguido el puesto de primer Defensor del Pueblo Europeo por amplia mayoría. Pero eran los tiempos de la "pinza" en España, y aunque parezca mentira, en este caso se unieron el agua y el aceite, "para impedir que el gobierno de Felipe González obtuviese un éxito internacional" según me insinuaron y de paso, cobrarse una deuda. En el caso de PNV no tengo muy claro las causas, aunque supongo que tendrían que ver con alguno de mis informes de la época de Defensor del Pueblo que no les habría gustado.

En todo caso, mi relación posterior con Josu Jon Imaz siendo ya Comisario fue excelente y pudimos hablar largo y tendido sobre muchos problemas nacionales y europeos, en un agradable encuentro en Paris, siendo el presidente del Partido Nacionalista Vasco. Es muy de agradecer el trabajo siempre delicado de Manu Lecertúa, para facilitar el despeje de malentendidos. Nunca es tarde, cuando el resultado es bueno. De todas formas, como la situación parecía aberrante, hice una serie de gestiones para intentar reconducirla. La principal de ellas y única que citaré, porque me parece muy significativa, fue pedir una entrevista con Marcelino Oreja, a la sazón Comisario europeo y naturalmente hombre del Partido Popular. Cuando hablé con él ya estaba consternado con lo que había ocurrido, puesto que era inaudito que los diputados de un país se opusiesen a la elección de uno de sus nacionales para un puesto relevante en el seno de la Unión Europea. Me adelantó que haría las pertinentes gestiones con Aznar para cambiar esta decisión incomprensible. Al tiempo me llegó la información de que la diputada Ana Palacio, del PP, no estaba dispuesta a volver a pasar por el papelón de no votar a un candidato español.

Con Izquierda Unida no hice gestión alguna porque sabía perfectamente que su diputado seguía instrucciones de Madrid de apoyar la decisión del Partido Popular y además cobrar también una doble deuda. Por una parte, no haber interpuesto el recurso de inconstitucionalidad contra la Ley de Seguridad Ciudadana que también me pidieron en su día y de otra el haber sido un candidato alternativo a Joaquín Ruiz

Jiménez, cuya reelección como Defensor del Pueblo habían defendido con tenacidad. El hecho de que tal reelección no se produjese y en lugar de ello el Parlamento español me eligiese a mí, no lo perdonaron. Así es la política en algunas ocasiones y sobre todo practicada por algunas personas. Con el PNV no hice gestión alguna, pues me conocían muy bien y si habían adoptado esa actitud, era evidente que por mucho que rogase no iban a cambiar, y tampoco estaba dispuesto a rogar.

Muy consciente de todas estas dificultades, afronté la siguiente convocatoria de la Comisión de peticiones con la tranquilidad de que, en el peor de los casos, la posición de Ana Palacio resolvería el tema favorablemente. Craso error por mi parte. La votación volvió a repetirse y a gran sorpresa de todos, el resultado volvió a ser el mismo, empate a 12 votos. ¿Qué había ocurrido en los días precedentes para que el previsible voto de Ana Palacio, que resolvería a mi favor el empate, no se hubiese producido? Yo no puedo esclarecer esta nebulosa por un conocimiento directo de los hechos, pero ateniéndome a lo que me dijeron diputados amigos que estaban en esa votación, la situación fue bastante bochornosa. Ana Palacio que esa mañana al parecer había tomado con urgencia un avión para Madrid fue sustituida por Gerardo Galeote que, aun no perteneciendo a esa Comisión, en su papel de fiel servidor del amo acudió a sustituir a Ana Palacio y al momento de la votación lo hizo con su voto abierto y bien visible a favor del candidato alemán, al efecto de dejar claras las lealtades de partido.

Por su parte Izquierda Unida siguió siendo leal al pacto con el Partido Popular y de nuevo se abstuvo, o discretamente se ausentó de la sala, al igual que el PNV. Con respecto a este último, me dijeron que se saltó las instrucciones de votarme, pero no tengo constancia de ello. Más tarde leí en la prensa que fue el presidente del Partido Popular Europeo, el ex primer ministro belga Wilfried Martens el que había maniobrado para que Ana Palacio dejase su puesto en la Comisión de Peticiones a Galeote, que era considerado de toda confianza por los populares europeos (EL PAIS, 17 de nov.1994). Ante este nuevo empate, decidieron cambiar las reglas de la elección para hacer la elección en plenario y volver a realizar una nueva convocatoria de candidatos. Pero para entonces yo ya había tomado la decisión de apartarme de esta contienda, que me había revuelto el estómago y retornar a mi actividad académica en la Facultad de Derecho de la Universidad Complutense, en Madrid.

El resultado de todos estos trapicheos y maniobras de la CDU y el PP español fue que, finalmente, el Parlamento eligió Defensor del Pueblo de la Unión Europea a mi buen amigo Jacob Söderman, hasta entonces Ombudsman de Finlandia y miembro del partido social demócrata finlandés. No creo que sean necesarios más comentarios.

En 1997, como estaba previsto, mi hermano José María fue elegido presidente del Parlamento Europeo y asistimos la familia a su toma de posesión en Estrasburgo, con tanto orgullo como emoción. Fue un gran europeísta y un demócrata convencido. Su libro *Passion d'Europe* es el mejor testimonio de ello.

No quisiera terminar este breve relato aclaratorio de los avatares de aquella elección fallida, sin dejar aquí testimonio de mi agradecimiento a Marcelino Oreja por sus muestras de amistad y su nobleza política.

3.- CAMBIO DE CRITERIO EN EL GOBIERNO ESPAÑOL Y LANZAMIENTO DE LA CANDIDATURA. AVATARES DE LA ELECCIÓN

Retornemos ahora, transcurridos cinco años desde el anterior fiasco, al proceso de elección del Comisario y los acontecimientos que se produjeron después de mi conversación con Guillermo Kirkpatrick en Estrasburgo. Habrían transcurrido un par de semanas y estando en Barcelona con motivo de un seminario organizado por la Fundación Vila Casas, recibí una llamada telefónica del embajador desde Estrasburgo anunciándome que, por parte del Gobierno, no había impedimento alguno a mi candidatura y que el Ministerio de Asuntos Exteriores estaba dispuesto a apoyarla activamente. Mi sorpresa fue grande ante un giro de 180 grados por parte del gobierno y su presidente. Pero debo reconocer que la idea de competir nuevamente por un puesto institucional en el ámbito europeo, y sobre todo en materia de derechos humanos, me atrajo. Incluso me divertía la idea. Supongo que es la parte oculta de mi carácter kamikaze. Naturalmente yo no tenía medios económicos para realizar una campaña en tan breve plazo (ni en el largo tampoco) y contactar directamente con los más de cuarenta países que en ese momento formaban parte del Consejo de Europa, así que, de acuerdo con el Ministerio de Asuntos Exteriores, planificamos algunos viajes (que me pagué de mi bolsillo) que parecían indispensables y allí donde no pude llegar personalmente, los embajadores se ocuparon de promover la candidatura. Este fue el caso, por ejemplo, de Londres donde el Embajador Santiago de Mora-Figueroa, marqués de Tamarón, hizo una muy buena labor con el Gobierno y con los grupos parlamentarios representados en Estrasburgo. Años después supe que mi principal rival, la suiza Gret- Haller, dispuso de una campaña muy bien organizada y financiada por su gobierno, lo que le permitió visitar la casi totalidad de los países.

Por mi parte, fueron especialmente interesantes los viajes a Turquía, Rusia, Italia, Francia, Alemania y Finlandia. En todos ellos tomé contacto no sólo con los gobiernos, sino con los distintos grupos parlamentarios y he de reconocer que en todos los casos el apoyo de nuestras embajadas fue muy efectivo. El caso de la Federación de Rusia, fue muy interesante por las circunstancias que lo rodearon.

Efectivamente, ya en plena "campaña electoral", tuve que acudir a los cursos de verano de la que entonces aún se llamaba Escuela de Estudios Políticos de Moscú, fundada por Lena Nemirovska en 1992 (que más tarde tendría que soportar un incomprensible e injusto acoso de las autoridades rusas e incluso ser declarada ilegal), a la que estaba vinculado desde hacía años y que se celebraban a las afueras de Moscú, en un destartalado hotel que había sido residencia de los sindicatos oficiales, en Golitzino. Así que, aprovechando esta circunstancia, el mismo 21, día de mi retorno a Madrid, pude tener un contacto con responsables del Ministerio de Asuntos

Exteriores, en Moscú, donde obviamente respondí a muchas cuestiones sobre mi programa y objetivos si era elegido Comisario, y también cambiamos impresiones sobre la situación en el Cáucaso y especialmente en la República de Chechenia. Para entonces no se tenían o no me los quisieron transmitir, datos concretos que permitieran predecir lo que en breves semanas se habría de producir y que tanta importancia tendrían para la paz en aquella zona e inevitablemente para el inicio de la actividad del Comisario, como más tarde se verá. De nuevo, la Embajada de España fue sumamente eficaz.

Las candidaturas se presentaron oficialmente en el mes de junio, y la elección estaba prevista para el mes de septiembre. En el mes de julio el Comité de Delegados aprobó las reglas y procedimiento para elaborar una lista de candidatos a transmitir a la Asamblea Parlamentaria, en desarrollo del artículo 9 de la Resolución (99)50; y allí quedo claro que eran los Estados miembros los que propondrían candidatos y pasado el filtro del Comité de delegados, la Asamblea elegiría al Comisario. No les oculto que estaba bastante inquieto aquel 28 de julio de 1999 cuando estaba previsto que el Comité de Ministros votaría y decidiría la lista de los tres candidatos a presentar a la Asamblea, y descansé cuando me informaron que estaba entre los tres seleccionados. Me acompañaban en la aventura la socialista Gret Haller, ex presidenta del Parlamento suizo y también muchos años miembro de la Asamblea Parlamentaria, embajadora en Estrasburgo, y en ese momento ejerciendo como Ombudsman de Bosnia-Herzegovina por mandato de la OSCE. Una candidatura muy seria, y una persona muy competente, con fuertes raíces en el propio Consejo de Europa y en la Asamblea y además mujer, lo que no dejaba de ser un factor importante. Para mayor dificultad, era evidente que mi candidatura se enmarcaba en el espacio socialista y la de Gret también. La tercera candidatura era la de Mónica Moscovei, abogada con una larga trayectoria en defensa de los Derechos Humanos, presentada por Rumanía. Para el 21 de septiembre fue fijada la fecha de elección del Comisario en el plenario de la Asamblea.

Antes tuvimos que pasar por una audición ante la Comisión de Asuntos Jurídicos y Derechos Humanos en la sede del Consejo de Europa en París, en un piso muy señorial de la muy exclusiva Avenida Kleber. No es precisamente un trago agradable, pero finalmente la materia no me era ajena y creo que pasé la prueba bastante dignamente, aunque como es obvio eso no significaba nada pues cada grupo parlamentario votaría según sus propios compromisos políticos. Había pues que hacer un último esfuerzo de contacto con los distintos grupos parlamentarios, para que al menos me escucharan directamente y en especial con los jefes de grupo que como es natural no habían estado en la reunión de la Comisión en Paris.

He desempolvado mis viejas agendas y he podido comprobar que esos encuentros tuvieron lugar en la mañana del lunes 20 tanto con el grupo socialista, como con el popular y el de Izquierda Unitaria.

Con el grupo socialista la entrevista fue con el británico Terry Davis, que luego llegaría a ser Secretario General por el turno de partidos. La entrevista fue corta y un tanto tensa. Era evidente que la trayectoria de Gret estaba presente y para mi sorpresa, no tenía claro que yo no fuese del Partido Popular, pues sobre él ejercía una notoria influencia el apellido y el precedente de mi hermano José María como presidente del Parlamento Europeo. Añádase a ello las gestiones de nuestro embajador en Londres que él identificaba, sin decirlo claramente como un respaldo político militante de Aznar y su partido a uno de los suyos. Un verdadero despropósito y ejemplo de desinformación. Le dejé claro que no tenía militancia en ningún partido político concreto, pero que mi sensibilidad (como se dice ahora) estaba en el lado izquierdo del corazón, como era bien conocido. Esto era importante aclararlo porque Gret-Haller era militante socialista y había sido parlamentaria suiza en la Asamblea por ese mismo grupo, y por tanto tenía de su parte, al menos formalmente, al grupo socialista y posiblemente a la mayoría de las mujeres.

También tuve un encuentro con el grupo parlamentario popular organizado por el embajador español, que tenía fuertes conexiones con aquel partido y en especial con Manuel Fraga. Estaban reunidos, creo recordar, en Baden Baden o en un pueblo cerca de esa ciudad. El embajador consideraba importante ese encuentro pues, siendo yo considerado como socialista por un grupo importante de parlamentarios conservadores, era necesario que me viesen y escuchasen los diputados populares europeos. La verdad es que me trataron muy amablemente, respondí a todas sus preguntas, y fui sumamente prudente en los terrenos deslizantes. También tengo que agradecer el apoyo incondicional de muchos Ombudsman europeos y en especial la del Médiateur de la République Jacques Pelletier, que no dejó ni un solo momento de trabajar por mi candidatura ante el gobierno francés.

Para terminar ya este capítulo de la elección, permítanme que les cuente una anécdota extraordinaria en mi modesta opinión y que yo creo que fue determinante del resultado final de la elección. En las reuniones de la Asamblea parlamentaria existe un espacio de suma importancia y que es necesario cultivar con esmero si se quiere cerrar alguna negociación delicada o encontrar a algún diputado huidizo. Me refiero al bar. Como es lógico, después de un día largo y estresante de entrevistas, dimes y diretes, cuando ya al inicio de la tarde se reunió el pleno de la Asamblea para votar, me fui al indicado bar con la intención de tomar un último café antes de marchar a la recepción que daba en su residencia el Embajador de Francia y a la que había sido amablemente invitado.

Y hete aquí que, cuando estaba tomándome dicho café, entra un grupo de diputados españoles entre los que estaba mi buen amigo Luis Yáñez. Nos saludamos y me preguntan qué hacía a esas horas en el bar y sorprendido les digo que apurando los últimos minutos por si se puede atrapar algún voto despistado, pues ya está abierta la elección cuyo plazo se cerraba en breves minutos. Al escucharme me dicen que precisamente ellos se habían despistado de la hora y salieron corriendo a votar. Me fui a la residencia del Embajador de Francia, que estaba relativamente cerca del edificio del Consejo de Europa y cuando estábamos en pleno cocktail se me acerca el Embajador y me felicita en público, comunicando a todos los reunidos que había terminado el recuento de los votos y había sido elegido por mayoría absoluta en primera vuelta, por un voto. Ese 21 de septiembre, muy al final de la tarde, terminada la votación en el plenario de la Asamblea, me fueron asignados 97 votos de un total de 193; la candidata suiza Gret Haller obtuvo 56 y la rumana Mónica Luisa Macovei 40. Acababa de cumplir 55 años y desde luego no era plenamente consciente de la magnitud del desafío que se abría ante mí. Debo reconocer que en ese momento me recorrió la espina dorsal una sensación de peligro superado difícil de explicar. Si no hubiese sido así, por mayoría absoluta al primer turno, me hubiese tenido que enfrentar a una segunda votación, donde el juego de las mayorías ya hubiese sido posiblemente muy diferente y mi oponente hubiera tenido grandes posibilidades de llevarse el gato al agua.   Después fueron llegando las felicitaciones de amigos, responsables políticos españoles y europeos. En especial me fue muy grata la de Marcelino Oreja, que tanto había luchado por vencer la oposición del presidente Aznar en la aventura del Defensor del Pueblo europeo. Y también los silencios. Como es natural. De cualquier forma, es cierto que el resultado también me dejó un amargo sabor de boca.   Aun cuando la contienda había sido dura, apreciaba a Gret- Haller con quien había trabajado codo con codo en diferentes proyectos del Consejo de Europa e incluso compartido deliciosas conversaciones y degustaciones de "grappa" con el grupo de trabajo de la Comisión de Venecia. Sin embargo, aun cuando nunca he llegado a saber los pormenores de quién votó a quién, y tampoco me importa, lo cierto es que no me parecen muy adecuadas a la realidad las valoraciones hechas a la prensa local por la propia Gret-Haller («*Suiza no tiene prácticamente posibilidades cuando se enfrenta a candidatos de países miembros de la Unión Europea*», en *Le Temps*); e incluso el diputado socialista suizo Andreas Gross, en el mismo sentido.

Lo cierto es que cuando fue elegida la Sra. Del Ponte como Fiscal Del Tribunal Penal Internacional, las valoraciones generales fueron precisamente en sentido contrario, destacando el valor de la neutralidad.

Menos afortunado aún me parece el comentario final del artículo aparecido en el *TAGES ANZEIGER* de Zurich (22.09.99) según el cual «*Gret Haller luchó a favor de un Consejo de Europa independiente y fuerte, que sin "anteojeras" políticas se declare a favor de los valores de Estrasburgo. Para los círculos dentro de la Unión Europea, que quisieran mejor un Consejo de Europa débil y no independiente, Gil-Robles es, como español y miembro de un país de la UE, ciertamente de más fácil trato*».

Pero en reconocimiento a la verdad este primer y natural resquemor producido por la derrota, no duró mucho y Suiza fue uno de los países que más me apoyó a lo largo de todos mis años de mandato y le estoy muy reconocido por ello. En todo caso ese día en la embajada francesa, se reafirmó en mí una fe absoluta en las bondades de frecuentar el bar de la Asamblea parlamentaria del Consejo de Europa cuando ésta se reunía en Estrasburgo, e hice honor a ella a lo largo de todos los años de mi mandato.

CAPÍTULO TERCERO
LOS PRIMEROS PASOS

1. EL DESEMBARCO EN ESTRASBURGO

Es muy diferente llegar a Estrasburgo para pasar unos días con motivo de un seminario, un encuentro de expertos del Consejo de Europa o una reunión del Parlamento Europeo, que para quedarse a vivir unos años.

Mi primer contacto y descubrimiento fue cuando, siendo aún bachiller, acompañé a mis padres varios veranos a Plombières-les- Bains, en los Vosgos, donde mi madre tomaba las aguas y mi padre aprovechaba para descansar y escribir. Años después visitaría la ciudad en múltiples ocasiones, pero siempre con un programa apretado de reuniones y discusiones técnicas de forma tal que casi sin darte cuenta te encontrabas de nuevo en el avión de vuelta. No obstante, en aquellos años de colaboración con la Comisión de Venecia tuve el privilegio de poder tejer una pequeña red de magníficos y leales amigos, gracias a cuyo apoyo y consejo fue mucho más factible alcanzar la elección. Ciertamente, es una ciudad monumental y muy bella, interesante por su historia, su gastronomía y su situación geográfica testigo de grandes tensiones históricas y conflictos armados entre Francia y Alemania. Está bañada por las aguas del Rin, que hacen de frontera con Alemania y atravesada por múltiples canales. Su población en relación con la del resto de Francia, guarda características muy particulares y algunas disposiciones en vigor también lo son. Por ejemplo, es la única región de Francia que cuenta con un Concordato con la Iglesia católica y donde conviven pacíficamente las tres confesiones mayoritarias, protestante, católica y judía. A la que debe añadirse hoy la islámica. Pero vivir en ella tiene otros matices que era necesario conocer. Entre otros, en aquella época (1999) la ciudad todavía respetaba mayoritariamente una regla de evidente origen protestante como era la de no abrir en días festivos no sólo los comercios, sino tampoco los cafés y muy pocos restaurantes; y los que lo hacían era solo porque había que atender al importante turismo alemán que visitaba la ciudad esos días. Así que cuando después de encontrar un pequeño apartamento en la céntrica calle des Juifs, a dos minutos de la catedral, Mariana y yo decidimos salir nuestro primer domingo, como residentes alsacianos, a comprar pan y desayunar en un café leyendo el periódico, nos llevamos una soberana sorpresa. Nos encontramos con que no había ningún café abierto, tampoco panadería y un amable transeúnte nos informó que para tomar un café lo mejor era ir al bar de la estación de ferrocarril, también allí podríamos encontrar un kiosco para comprar el periódico. Al menos, él no conocía o no podía darnos mejores pistas. Obviamente nos quedamos sin café, pan y periódico.

Hoy, más de veinte años después, esto es historia. Con el tiempo, muy rápidamente he visto empezar a abrir bares y cafeterías los domingos, terrazas en verano y panaderías como en cualquier otra ciudad de Francia. En cuanto al contacto con la población local, la cosa tampoco resultaba fácil. Imperaba el efecto de las corrientes paralelas. Los alsacianos vivían su vida y paralelamente se desarrollaba otra protagonizada por el personal internacional del Consejo de Europa, o el Parlamento Europeo. Instituciones muy apreciadas por comerciantes, taxistas y hoteleros, dado que cuando había pleno de la Asamblea del Consejo de Europa o reunión del Parlamento Europeo, los precios de los restaurantes y hoteles sufrían un considerable aumento, que se desinflaba cuando el acontecimiento terminaba. Por otra parte, raramente he visto mezclarse ambas corrientes.

2. LA TOMA DE POSESIÓN FANTASMA

Como es natural, antes de iniciar mis funciones como Comisario, tuve que solucionar todo lo relacionado con mi vida profesional y distintas otras responsabilidades y compromisos que tenía adquiridos. Pedir mi paso a servicios especiales en la Universidad Complutense y despedirme del Rector; presentar mi renuncia a la presidencia de la Comisión Española de Ayuda al Refugiado (CEAR) por evidente incompatibilidad, despedirme de Su Majestad la Reina que era Presidenta de Honor de la Fundación CEAR, de Adolfo Suárez, presidente de honor de CEAR, contactar con el Ministerio de Asuntos Exteriores y otro cúmulo de gestiones más, que es inútil detallar aquí. Lo único que no hice es preparar una mudanza, pues ya me arreglaría sobre el terreno. En realidad, en el Consejo de Europa pensaban que me incorporaría a inicios del siguiente año, porque el Comité de Ministros en su sesión del 2 de abril de 1999 en su punto 11.2, bajo la rúbrica *"Comisario para los derechos humanos del Consejo de Europa, aspectos administrativos y presupuestarios"* había establecido que *"el inicio del mandato del primer Comisario elegido será el 1º de enero 2000, como muy tarde"*. Decisión que nos fue comunicada a los candidatos por Daniel Tarschys, que por aquellas fechas era Secretario General y excelente persona.

Pero una vez elegido, cuando recibí una llamada de la oficina del Secretario General (recuerdo muy bien que se produjo cuando cruzaba el Pont Neuve en Paris) preguntándome cuándo pensaba incorporarme a mis funciones, les contesté que lo antes posible, si lo autorizaba el Comité de Ministros. Acababa de iniciarse un terrible conflicto armado en Chechenia, parte de la Federación de Rusia, y el Comisario no podía ni debía permanecer ajeno a esta realidad, que entrañaba una violación brutal y sistemática de los derechos humanos, como en todo conflicto armado. No me parecía ético ni de recibo, que ya habiendo sido elegido dejase pasar varios meses antes de asumir la responsabilidad de intervenir ante la posible mayor violación de derechos humanos existente en ese momento en Europa.

En respuesta a mi solicitud, recibí una carta del nuevo Secretario General recién elegido, Walter Schwimmer (de nacionalidad austriaca) invitándome a iniciar mis funciones el 15 de octubre. Esta circunstancia *quedaría* reflejada años más tarde en el Documento de Información (2011)33 del Comité de Delegados, elaborado con motivo de la elección de mi sucesor, Thomas Hammarberg. En el punto sexto de dicho documento se dice:

> *El 21 de septiembre la Asamblea ha elegido a Álvaro Gil Robles como Comisario de los derechos Humanos del Consejo de Europa. Este, a solicitud propia y con el acuerdo del Comité de Ministros, ha iniciado sus funciones el 15 de octubre de 1999, antes de lo previsto, en razón a su convencimiento de que debería intervenir urgentemente en relación con una cuestión competencia de su mandato.*

Eufemismo utilizado para no citar directamente que la causa era la guerra ya iniciada en Chechenia. Aun años después, los burócratas que siguen elaborando este tipo de documentos, no pueden evitar redacciones vagas y de doble sentido (pudiera entenderse que todo era un capricho para venir cuanto antes). A la Asamblea parlamentaria, esta incorporación adelantada no le sentó nada bien, aunque nunca explicitó de forma clara sus razones. Así que, encauzadas las diferentes gestiones en Madrid y recibida la carta del Secretario General, me trasladé a Estrasburgo y el mismo día 15 de octubre me reuní con él y con el Secretario General adjunto, Hans-Christian Kruger, que estuvo presente en la conversación. Llegaba acostumbrado a dirigir una institución constitucional como el Defensor del Pueblo, donde el respeto a la independencia de ésta conllevaba su entera capacidad de designar su equipo, dentro de los márgenes de un presupuesto que aprobaba el Parlamento y no el ejecutivo.

Pero la situación en Estrasburgo era radicalmente diferente, en gran parte como resultado de las tensiones internas que ya he descrito, el deseo del Secretariado de controlar en lo posible al recién nacido y la tibieza del Comité de Ministros que no dejó claro desde el primer momento esa capacidad del Comisario de actuar con total independencia en el ámbito administrativo y presupuestario.

Aún recuerdo esa primera entrevista con un sabor de boca agridulce, porque pude darme cuenta en ese momento del cúmulo de dificultades de organización que iba a tener que afrontar para poner en marcha la oficina, para formar un equipo y para disponer de los medios necesarios. Empezaron por decirme que ya habían resuelto quién sería mi director de la Oficina, y habían pensado para ocupar ese puesto en el señor Müller-Rappard, de nacionalidad alemana. Un excelente funcionario, con enorme experiencia y con el que seguro que me entendería bien. De hecho, ya habían hecho a toda velocidad el proceso interno de designación sin respetar la más mínima cortesía de consultar al propio Comisario. La operación era evidente. Aunque el Estatuto del Comisario dice que es independiente, el mensaje a transmitir era el siguiente: «este recién llegado debe tener bien claro que en cuanto a organización interna depende de nosotros, del aparato del Secretariado y en consecuencia de mi como Secretario General. Y esto debe quedar asentado desde el primer momento».

Además, esa maniobra encubría una fórmula de resolución de otro problema interno como era el que a dicha persona le habían negado el nombramiento de titular de una Dirección General a la que había concursado con anterioridad, para dársela a otra de la total confianza del nuevo Secretario General. Esa afrenta a un viejo funcionario, la querían resolver dándole el puesto de director de mi oficina, con la misma categoría funcionarial y económica que la de los demás directores. Y aquí paz y después gloria. Se añade a ello que el personaje en cuestión, al que nadie negaba su alta cualificación profesional, era conocido en toda la organización por su carácter difícil. Naturalmente la conversación no fue precisamente distendida, pues les hice saber muy claramente que consideraba esa decisión como una falta de respeto a mi independencia y más aún por haberla decidido sin consultarme. El Secretario General adjunto intentaba suavizar las cosas, pero ante el hecho consumado les advertí que no volvería a tolerar una intromisión de esta naturaleza en los nombramientos de mi equipo o plantearía la cuestión ante el Comité de Ministros. Finalmente llegamos al acuerdo de que no iniciase un conflicto con este nombramiento de director, que lo probase y si no estaba de acuerdo con él se buscaría una solución, lo que luego comprobé que no era posible porque, los sistemas internos de promoción de personal en el Consejo, no lo hacía tan fácil si el afectado no colaboraba. En todo caso quedó establecida mi independencia total para proponer el nombramiento de todo el resto de mi equipo. Y las bases para que en el futuro no se volviese nunca a actuar por parte del Secretario General de esa forma a la hora de designar el director de la oficina del Comisario.

Pasado este primer choque, con el tiempo las cosas cambiaron y en la designación tanto de los diferentes asesores y desde luego de los sucesivos directores, se respetó plenamente mi criterio y decisión.

Pero obsérvese un hecho curioso. La indicada carta de Walter Schwimmer y más en concreto esta entrevista, fue todo en lo que consistió mi toma de posesión oficial como Comisario. Nadie había previsto un acto ad hoc, ni el levantamiento de un acta, ni la jura o promesa de actuar correctamente. En fin, lo que en el mundo entero se hace cuando toma posesión el responsable de una institución y más si esta es nueva. Obviamente, esta era también una decisión política. Total, que no hubo toma de posesión formal política, sino solo administrativa. Se perdió así la oportunidad de dar visibilidad a la nueva institución, y al propio Consejo de Europa. Pero, en ese momento, se carecía por completo de una política de comunicación e imagen y todo funcionaba bajo los parámetros de la rutina. Por cierto, que tampoco tuve ningún tipo de cobertura social ni sanitaria por parte del Consejo de Europa, para el que iba a trabajar durante seis años. Tuve que contratar un seguro privado. Era el mismo régimen de desprotección del que gozaban los miembros del Tribunal y que su presidente calificó de "ausencia total de protección social", en una de sus comparecencias ante el Comité de enlace entre el Comité de Delegados y el Tribunal, el 29 de mayo de 2001. Tengo la impresión que la situación, al día de hoy, no ha variado mucho. Como anécdota, reseñaré que en un primer momento los servicios de personal me trataron como a un funcionario más, dándome de alta en los servicios de seguridad sanitaria contratados para todos los funcionarios. Hasta que alguien les hizo ver que eso era inadmisible, porque yo era un "político" y no un funcionario. Desde ese momento me dieron de baja en la cobertura general y tuve que buscarme mi protección médica particular, que luego se resolvió a través del Ministerio de Asuntos Exteriores español, dada mi condición de funcionario.

3. EL DIRECTOR

Pese a este brillante aterrizaje, lo cierto es que no tenía tiempo que perder. Era necesario organizarse porque el tiempo apremiaba. Para ello era necesario empezar por entrevistarme con el que sería mi primer director de la oficina. Lo hice ese mismo día y lo encontré en un despacho perdido, de un anexo al edificio principal, bastante viejo y desvencijado. Era claro que lo habían aparcado allí, en espera de mejores tiempos. Solo les diré que la primera conversación fue extraordinariamente reveladora del ambiente que rodeaba a la nueva institución en el seno de la "casa". De entrada, me dijo que él no creía en la institución del Comisario, ni que fuese a ser útil para hacer nada más de lo que ya estaban haciendo todos los demás del Secretariado. Que era una simple ocurrencia política de los gobiernos y que desde luego él no había pedido la dirección de mi oficina, sino que se lo habían impuesto. No me dijo que también pensaba que yo era un inútil de libro, porque la lógica cortesía de un primer encuentro (si es que todo lo anterior se puede considerar como una cortesía) lo convertía en algo excesivo, pero era evidente que lo pensaba. Como realmente soy muy pragmático y no podía cambiar ni tampoco anular esa primera designación, sin provocar un grave conflicto nada más llegar, decidí poner buena cara al mal tiempo esperando la oportunidad de cambiar las cosas y poder hacer un equipo a mi gusto. Viéndolo ahora con la perspectiva del tiempo transcurrido y la experiencia de todo lo vivido, lo cierto es que esta designación del director facilitó sortear un sinfín de trampas y dificultades propias de un sistema administrativo muy complejo, herrumbroso y sobre todo muy poco transparente en cuanto a los criterios y métodos de trabajo y selección de personal o confección de un presupuesto. Un director nombrado por mí y que viniese de fuera de la Casa, hubiera topado no solo con las reticencias a las que ya me he referido, sino también hubiese tenido muchas dificultades para superar el laberinto de los hábitos, costumbres y formas de actuar que solo conocen los funcionarios con largos años de carrera, a los que no es posible torear tan fácilmente.

La maniobra del Secretario General y sus acólitos, tenía sin duda por objetivo principal desembarazarse del que luego sería mi director, dándole a un amigo el puesto de director que éste deseaba. Pero como Müller Rappart ya tenía el grado de A6, tuvieron que respetarle esta categoría en su nueva responsabilidad, consagrando a partir de entonces que el puesto de director de la oficina del Comisario ya no sería de un grado inferior como había previsto el Comité de Ministros. Ello facilitó el que cuando se produjese la renovación del puesto, pudiesen concurrir un excelente grupo de candidatos y que el diálogo con las direcciones generales se realizase de igual a igual, desde un punto de vista funcionarial. Todo esto, que parecen tonterías y una notable pérdida de tiempo, desgraciadamente en una organización internacional se convierte en un factor muy importante, del que depende en buena parte el poder funcionar sin excesivos problemas añadidos a los que ya de por si conlleva realizar la política institucional. Así que, sin traslucir lo que pensaba de cuanto acababa de transmitirme tan amablemente mi director designado, le dije que le entendía, pero que ahora lo que me interesaba era empezar a funcionar y que esperaba que él hiciese su parte del trabajo de manera eficiente. Es decir, buscar un espacio físico donde situarnos, un personal administrativo, y unos funcionarios para empezar a crear el equipo, de acuerdo con lo que había dispuesto el Comité de Ministros. Pero eso sí, a partir de ese momento en la selección definitiva de mis colaboradores, sería yo quien dijese la última palabra. En esta cuestión no admitía discusiones.

4.- DÓNDE ESTABLECERSE Y CÓMO ORGANIZARSE

No se preocupe el lector porque no pienso cansarle con nimiedades del día a día de aquellos inicios a lo Robinson Crusoe, pero sí permitirle que se haga una idea de cómo comenzó la aventura del Comisario y las carencias y dificultades estructurales y de organización que hubo que soportar durante muchos meses y en algunos aspectos hasta el mismo final del mandato. Todas aquellas penurias, serían la causa y justificación de que mi mandato se prolongase excepcionalmente unos meses.

En el primer momento, el presupuesto destinado para el Comisario en cuanto a personal llegaba apenas a cubrir mi sueldo, el de una secretaria, el director naturalmente y su secretaria y una pequeña cantidad para misiones. A partir de ahí todo era aplicar la imaginación. En cuanto a la ubicación, en un primer momento nos dijeron que nos instalaríamos en el edificio del Tribunal Europeo de Derechos Humanos. Y así fue. Me recibió el presidente que no me pareció entusiasmado con la idea. Le dije que esperaba que este desembarco fuese temporal, solo hasta encontrar una sede propia. La verdad es que le entendía perfectamente, pues después de haber batallado para tener al Comisario lo más lejos posible del Tribunal, encontrárselo metido en casa por exigencias del Secretario General que no había previsto nada al respecto, no era plato de gusto. Pero lo cierto es que fueron muy amables en todo momento.

Como anécdota les diré que el día que me instalé en un despacho realmente magnifico y con vistas al canal lleno de patitos, bajaron a saludarme varios magistrados muy amables y muy interesados, entre risas y bromas, por saber cuántas ventanas tenía mi despacho. Después supe que la categoría de la persona que ocupa un despacho en el Consejo de Europa se medía administrativamente, entre otros factores, por el número de ventanas. En este terreno todo estaba perfectamente regulado, así que lógicamente yo no debería tener ni una más, ni una menos, que los magistrados. Afortunadamente creo que así fue y no hubo problemas. Transcurridos unos meses y por razones de seguridad, nos trasladaríamos al último piso del edificio principal y la verdad es que siempre eché de menos el canal y los patos. Supongo que en el tribunal respiraron profundamente. También es cierto que en esos primeros meses busqué una ubicación donde la institución pudiera tener una identidad propia, más visible que aquella que pudiese desprenderse de unos cuantos despachos situados en una planta compartida con otras direcciones. Incluso sondeé a la alcaldesa de Estrasburgo, cuando en un gesto de pura cortesía fui a saludarla para presentarme, y la idea le gustó, incluso creo que tenía en la cabeza algo concreto que ofrecerme, pero no fue posible concretar nada. Hecha una consulta en el Secretariado, todo fueron obstáculos, dudas administrativas y demás, cuyo único objetivo era impedir la operación, o al menos retrasarla durante años. Así que le agradecí a la alcaldesa su buena disposición y lo dejamos correr.

Constituir el equipo inicial no fue nada sencillo. Hicimos una oferta para personal, con la intención de captar juristas y personas con experiencia dentro de la propia organización, pues de esa forma solo se tendría que hacer un traslado de destino, sin añadir un coste extra. Sobre todo, teniendo en cuenta que no teníamos dinero para buscar a nadie de fuera. Desde las distintas direcciones generales nos mandaron algunas personas para entrevistar, pero por diferentes motivos no encajaban en el patrón que yo tenía establecido. Incluso recuerdo que muy amablemente Pierre Henri Imbert, director de Derechos Humanos, me ofreció la posibilidad de pasarme todo el servicio de biblioteca y publicaciones del Consejo de Europa que dependían de él, pues ese servicio tenía bastante personal y con ello, me dijo, podría tener un apoyo eficaz. Se lo comenté a Muller Rappart que puso el grito en el cielo y me advirtió que era un regalo envenenado, puesto que tendría que ocuparme de todo el trabajo burocrático de la biblioteca, publicaciones, etc. En el fondo quedaría bloqueado en la burocracia al cubo. Así que amablemente decliné el ofrecimiento y tomé buena nota. Creo recordar que terminamos el año en esta absoluta precariedad y que al empezar el siguiente, se incorporó a nuestro equipo Serguei Belayev, jurista proveniente del Tribunal. Ya éramos cinco. La verdad es que la organización de una oficina en condiciones fue siempre una lucha muy desgastadora.

La idea de que el Consejo de Europa estaba sobre dimensionado en cuanto a medios para lo que realmente hacía, no era totalmente cierta. Si el Consejo de Europa no era más visible en su actuación, y estaba realmente desdibujado ante la opinión pública o incluso era un desconocido para muchos medios de comunicación, lo era en gran parte como consecuencia de la actitud de los Gobiernos que formaban parte de la organización y por los propios medios que raramente hacían referencia a sus actividades, concentrándose en el papel de la Unión Europea.

Sirva solo de ejemplo para el lector esta constatación. El criterio consolidado en cuanto a la divulgación de los acuerdos que adoptaban, tanto el Comité de Ministros, como en el Secretariado, era el de aplicar la regla general de la confidencialidad, incluso en materias de todo punto intrascendentes. Cuando yo llegué, prácticamente no había costumbre de trabajar con los medios de comunicación, a los que simplemente no se informaba o se les decía que esto y aquello era confidencial, como si el destino de la paz en el mundo dependiese de lo que se tratase dentro de aquellas venerables paredes. Menos aún había una política de verdadera comunicación con medios y personal suficiente para llevarla a cabo. Por el contrario, la Unión Europea además de ser un centro muy importante de ejercicio de poder político y económico, era una verdadera máquina de información continua, incluso de las iniciativas más anodinas, con lo que obviamente acaparaba la atención de los medios y, a través de estos, de la opinión pública. Esa actitud recatada del Consejo de Europa, significaba vivir de espaldas a una sociedad de la comunicación cada día más potente y fomentar el silencio en torno a decisiones y acciones muy importantes y de transcendencia, que sin duda hubiesen sido un buen mensaje a la sociedad. Y se hubiese podido mostrar a la opinión pública la utilidad de una organización volcada en ese trabajo, con ideas e iniciativas muy interesante y trascendentes, ejecutadas por funcionarios muy competentes. Recuerdo que humorísticamente les comenté en alguna ocasión a mis amigos del Consejo que, como siguiesen así, terminarían por desaparecer "confidencialmente".

Los ya escasos medios económicos de que disponía el Secretario General para mantener la actividad de la totalidad de la organización, debían ahora distribuirse no solo entre todos los servicios y direcciones generales existentes, sino también con quien algunos no dudaban en calificar de un nuevo "capricho" u operación de imagen. Los únicos que se escapaban, sistemáticamente, de esta regla y siempre obtuvieron aumentos regulares de medios, fue el Tribunal, bajo pretexto del número muy grande de casos pendientes. No es de extrañar que a la oficina del Comisario se la mirase con cierto recelo por parte del conjunto del Secretariado, máxime cuando el Comité de Ministros lo creó con el ánimo de lanzar un mensaje político fuerte, pero no le dotó de medios propios y adecuados para que realmente hiciese lo que se supone que debería hacer. Claro está que pienso que tampoco lo sabían a ciencia cierta y posiblemente de saberlo se lo hubieran pensado mejor. Esta situación tuve la oportunidad de ponerla de manifiesto en lo que fue mi primera intervención ante el Comité de Delegados reunidos el 16 de noviembre, en aquella sala circular destinada a ese único fin y de la que tengo tan buenos recuerdos, pues en ella siempre obtuve apoyo y ánimo para seguir adelante con una tarea no precisamente fácil. Después de detenerme en las posibles contradicciones de un mandato que me impedía impulsar iniciativas con respecto a lo que ya hacen otros organismos y servicios del Consejo, pero al tiempo exige al Comisario que haga prácticamente lo mismo que ellos vienen desarrollando desde decenas de años, les adelanté cómo pensaba que podríamos salir de esta aparente contradicción. Para ello era necesario delimitar un espacio propio y específico de la actuación del Comisario, y dejaba entrever por dónde lo iría construyendo, al informarles al final de la comparecencia, que en unos días partiría para Rusia y Chechenia.

Aunque la sorpresa fue grande entre los embajadores, ninguno manifestó objeción alguna. Para mí, dar este paso en ese momento era importante para retirar cualquier posible espoleta de futuros conflictos en un tema tan delicado y que crispaba de manera considerable los debates del Comité de Delegados. Pero también les advertía que no se puede crear una institución, atribuirle importantes competencias, exigir que las ejerza y, al mismo tiempo, no dotarla de personal ni presupuesto mínimamente adecuado. Les recordé que la oficina del Comisario, institución recién creada a bombo y platillo político, se componía de su director y dos secretarias y que el presupuesto para el año siguiente (año 2000) prácticamente aprobado a las fechas que estábamos (diciembre 1999), solo incluía un incremento de dos asesores, un documentalista y otra secretaria, que era lo que había ordenado el propio Comité de Ministros en una reunión previa y el Secretario General no podía ignorar. Y con esos mimbres y un presupuesto que fijaba para misiones una cantidad tan irrisoria (116.000 euros) que apenas llegarían a poder realizar cinco (solo la primera de Chechenia costo 50.000 euros), tenía que ocuparme de 47 países y todas las demás misiones que tuviese que realizar. Obviamente eso era imposible, irreal y suponía de facto dejar al Comisario en dique seco por un largo periodo. Lo que de hecho hubiese ocurrido si no me hubiese lanzado a la puesta en práctica de la fórmula de las contribuciones voluntarias, que anuncié como una posibilidad en esa misma comparecencia y a la que me referiré más adelante.

CAPÍTULO CUARTO
CONSTRUYENDO UNA IDENTIDAD PROPIA

1. HACIA DÓNDE CAMINAR. LAS POSIBILIDADES DEL MARCO LEGAL

Una de las dificultades de poner en marcha una institución nueva y no precisamente la menor, es definir sus objetivos prioritarios y el "modus operandi" para alcanzarlos, pues de ello depende su eficacia futura y la percepción que los demás tengan de ella, de su utilidad o por el contrario de ser solo otro eslabón en la cadena de lo mismo. Esta sensación no era nueva para mí, pues ya la percibí cuando tuve la oportunidad de colaborar con el primer Defensor del Pueblo español Joaquín Ruiz Jiménez en la puesta en marcha de aquella institución, creada por la Constitución de 1978. Se trasladaba a nuestras tierras una experiencia escandinava obviamente muy ajena al sistema jurídico español, aunque algunos buscasen reminiscencias en el Justicia de Aragón o yo mismo en el Saib al Mazalim (precursor en el mundo musulmán de nuestro Defensor del Pueblo). Los primeros meses y pasos fueron decisivos, y en el caso del Comisario ocurría otro tanto. Pero en esta ocasión, como con el Defensor del Pueblo, la respuesta no se podía encontrar solo en la literalidad de las normas que les dieron vida, sino también en el cómo se interpretan algunas de sus disposiciones, para sacarles el máximo partido, marcar el rumbo de lo esencial y recalcar los verdaderos rasgos de su identidad.

Esa búsqueda del espacio propio, de los criterios y método de actuación, así como las prioridades a las que habría de atender, había que buscarlo en la Resolución (99)50, de 7 de mayo, "Sobre el Comisario del Consejo de Europa para los Derechos Humanos", lo que yo llamo su Estatuto, al que ya me he referido en las páginas precedentes. Y esta es una disposición muy interesante, porque en vez de comenzar por decir lo que es el Comisario en un tono positivo, empieza por recalcar lo que no es, para pasar después a la descripción de sus competencias. Su artículo primero es revelador de la inquietud suscitada en algunos sectores del Consejo de Europa por su creación, sobre todo en cuanto a su cometido y competencias. Sus redactores quisieron responder a esas dudas y recelos de forma prioritaria, tranquilizando de paso a algunos países que tampoco estaban muy convencidos.

Véase sino lo que se dice en la primera línea del primer artículo, al afirmar rotundamente que "el Comisario es una instancia no judicial", con lo que se tranquiliza al TEDH que no deseaba confusiones y menos aún con una institución con posible tentación de convertirse en agente demandante ante el mismo, como ocurre con algunos Ombudsman. Pero también a los propios gobiernos, que no veían con entusiasmo un nuevo actor ante el Tribunal. Despejada pues una duda esencial. Tampoco podrá aceptar quejas individuales de los ciudadanos europeos. Pero no deja de ser curiosa esta técnica legislativa de empezar por decir lo que no es, antes de empezar por decirnos lo que es y sus competencias.

En consecuencia, una vez que ya sabemos todo lo que no es y lo que no puede hacer, o mejor dicho como no lo debe hacer, se plantea al Comisario la disyuntiva de configurar un espacio propio que le identifique, le caracterice y al tiempo justifique su existencia; es decir que demuestre que valor añadido puede aportar a la organización. Ante este reto, me pareció que lo más lógico era potenciar al máximo el objetivo de *promover el respeto de los derechos humanos*, puesto que el campo de la educación y la sensibilización, eran ya los propios de la acción principal de todo el Consejo de Europa y en especial de sus diferentes Direcciones.

Además, esa idea de intentar centrar al Comisario en actividades educativas y de sensibilización, no estaba contemplada en el mandato aprobado en el Plan de Acción que solo se refería a que debería *promover el respeto de los derechos humanos*. El añadido posterior, posiblemente con la buena intención de ampliar un poco o precisar mejor lo que de él se esperaba siempre me ha parecido como un intento de echar agua al vino, aunque reconozco que es un buen complemento de lo que yo considero que ha de ser su función primordial. Perdóneme el lector por acudir a citas legales siempre tediosas, pero la respuesta al cómo hacerlo viene dada por la interpretación y el alcance que otorguemos a lo dispuesto en el art.3, apartados a) y b) de la Resolución (99)50.

En síntesis, podemos decir que se han definido en la propia norma dos campos diferenciados y complementarios para el ejercicio de sus competencias. De una parte, la actividad de formación, reflexión y promoción del conocimiento de los derechos y libertades proclamados en el Convenio Europeo de Derechos Humanos y en los diferentes protocolos; y de otra, velar para que efectivamente esos derechos y libertades realmente se respeten por los Estados, lo que implica una actividad que va más allá del estudio y la realización de seminarios y publicaciones divulgativas. Yo sabía muy bien que el éxito del Defensor del Pueblo en España cuando se puso en marcha residió precisamente en el trabajo de campo, en ir a comprobar los problemas sobre el terreno. No en elaborar recomendaciones basadas en la opinión de otros, sino en la experiencia propia, en la constatación sobre el terreno de la veracidad o no de las reclamaciones ante el presentadas por los ciudadanos. O en su caso de las investigaciones iniciadas de oficio. Cuando inicié mi actividad como Comisario tuve muy en cuenta esta experiencia a la hora de definir sus señas de identidad y demostrar que no solo no era una institución superflua o decorativa en el Consejo de Europa, sino muy por el contrario perfectamente complementaria y potenciadora de su importantísima labor.

2. ¿CÓMO HACERLO?

Ahora bien, marcar desde el inicio esta línea de actuación exigía escoger con sumo cuidado la primera iniciativa a adoptar, de tal forma que se sentasen definitivamente las bases para su desarrollo futuro o al menos durante mi mandato. Permítanme que me detenga brevísimamente en exponer los fundamentos de mi decisión. Ya he dicho que mi interés por estar en funciones cuanto antes se basaba en un hecho de extrema importancia como es el inicio de una nueva guerra en la república de Chechenia. La segunda en muy poco tiempo y que ya estaba marcada por un enfrentamiento extremadamente violento y cruel entre las fuerzas chechenas y el ejército ruso, con efectos extremadamente desestabilizadores en todo el Cáucaso.

Efectivamente, el 5 de agosto de 1999, Shamil Bassáyev y el saudita islamista Ib al-Katab, al mando de un numeroso grupo de chechenos y con el apoyo de la llamada Brigada islámica internacional creada por este último, atacaron la vecina República de Daguestán en apoyo del ala más radical de los wahabíes de aquella república y con el objeto proclamado de crear una república islámica caucasiana y provocar la independencia de toda la región. Daguestán forma parte de la Federación de Rusia y por tanto este gesto suponía no solo agredir a una república vecina, sino también mostrar una voluntad independentista a imponer por las armas, situándose fuera del orden constitucional por el que se regía toda la Federación de Rusia. Las tropas rusas rechazaron ese ataque que dejo numerosas víctimas entre los combatientes y la sufrida población civil. Visto en el tiempo, fue una iniciativa suicida, condenada al fracaso, contraria a las posiciones más moderadas de Asián Maskhadov, presidente de la República chechena, y antiguo oficial de alta graduación del ejército ruso que no podía controlar al violento Bassáyev. Este mismo personaje ya había protagonizado otro sonado y cruel acto de guerra al atacar al kraï de Stavropol y terminar tomando rehenes en su hospital lo que provoco muchas víctimas, pero que finalmente no se tradujo en un desastre para él al negociar los rusos, gobernando entonces Boris Eltsine. Pero esta vez, las consecuencias fueron muy diferentes. Como era de suponer el presidente Yeltsine y el ejército ruso, perdedores de la primera guerra, y hartos de las bravuconadas de Bassayev y el lucrativo comercio de secuestros y rescates, realizados en toda Rusia por bandas criminales con base en Chechenia, no desaprovecharon esta ocasión. Había asumido la jefatura del gobierno Vladimir Putin y este ordenó al ejército el 26 de agosto tomar las "medidas necesarias" en las fronteras con Chechenia para impedir más agresiones. Al tiempo lanzó un importante ataque aéreo para terminar con el Estado islámico establecido de facto y con lo que oficialmente eran consideradas como actuaciones terroristas de sus autoridades. El 1 de octubre las tropas rusas entraron en territorio checheno, iniciándose una larga y cruel confrontación armada, que tuvo por principal víctima a una población empobrecida y apenas recuperada de la primera guerra y sus efectos devastadores. Una guerra nunca reconocida como tal por la Federación de Rusia, que ya entonces utilizó el eufemismo de calificarla como "operación especial" o de lucha contra el terrorismo. Volveré sobre estos acontecimientos trágicos y terribles, pero conviene tenerlos presentes, para comprender la decisión que tuve que tomar en las semanas siguientes a mi elección.

Era obvio que el Comisario recién electo no podía permanecer sentado en su despacho, contemplando el paso de los patitos por el canal, mientras en Chechenia se desarrollaba una tragedia de gran magnitud. Permanecer inactivo en esas circunstancias era tanto como enterrar la nueva institución. Era esencial lanzar una señal inequívoca de por dónde quería conducirla en el futuro, cómo concebía la esencia de su naturaleza y razón de ser. Que el Comisario se estrenase realizando su primera misión en Chechenia sería esa señal y también un mensaje político fuerte. Si Rusia aceptaba una misión en Chechenia en situación de guerra, el precedente sentado sería extraordinariamente importante para el futuro. No solo por lo que de mediático pudiera tener tal misión, sino también porque ello suponía que a partir de ese momento ningún otro Estado podría oponerse por razones de oportunidad a una visita de inspección del Comisario, fueren cuales fuesen las circunstancias que estuviesen viviendo. Considerando los argumentos formales, era difícil que Moscú se opusiese a esta misión con fundamento, puesto que Chechenia era parte de la Federación de Rusia y ésta lo era del Consejo de Europa. Tampoco el gobierno ruso se había acogido a la posibilidad de suspender la aplicación del Convenio por causa de guerra en todo o parte de su territorio nacional, como así lo autoriza el art.15 del CEDH. Si lo hubiera hecho obviamente tendría un argumento formal para rechazar mi solicitud. Pero no lo hizo. Posiblemente por razones de imagen internacional o no dar una dimensión extraordinaria al que se calificaba como "conflicto interno" o mera lucha "anti terrorista". Era por tanto una cuestión de oportunidad o valoración estrictamente política a valorar por el gobierno ruso, y ese era precisamente el terreno que podía explorar el Comisario con plena libertad e independencia, de forma directa y sin las ataduras y condicionamientos del resto del secretariado del Consejo. Y eso fue exactamente lo que hice. Sin ignorar que la situación no era simple, pues desde el inicio de la guerra Rusia se había negado a autorizar la presencia de ninguna misión internacional de observación perteneciente a la Unión Europea, la OSCE, el Alto Comisariado para los Derechos Humanos de Naciones Unidas o la Cruz Roja Internacional.

Con esta realidad bien presente decidí jugar mis cartas y, sin comentar esta idea con absolutamente nadie, llamé por teléfono al entonces ministro de Asuntos Exteriores Igor Ivanov a quien conocía desde la época en que estaba destinado en la embajada rusa en Madrid durante la transición política y más tarde como Embajador. Ivanov había sido siempre una persona muy abierta, que habla perfectamente español y que conocía España en profundidad, así como el papel que habíamos jugado cada uno a lo largo de aquellos años tan difíciles, pero tan apasionantes del desmoronamiento del franquismo y la posterior transición a la democracia. Contestó mi llamada telefónica prácticamente de inmediato y en un perfecto castellano me dijo "ya me supongo para lo que me llamas, mejor que por teléfono ven a verme" Mientras él exploraría internamente la posibilidad de esa visita a Chechenia. Le dije que me alegraba de que comprendiese el sentido de mi llamada y fijamos el 3 de noviembre para vernos en Moscú. Como es obvio, estas gestiones son extraordinariamente delicadas, máxime cuando nada estaba garantizado pues podríamos tener ese encuentro y explicarme el ministro con todo afecto que ese no era el mejor momento para una visita; que la guerra estaba en pleno apogeo, la inseguridad y otros mil argumentos más para retrasar la visita *"ad calendas graecas"*. Pero, también es cierto que el hecho de hacerme venir a Moscú era una señal esperanzadora. De otra parte, de transcender esta iniciativa en el propio Consejo de Europa se podría desencadenar toda una operación en sentido inverso, por parte de aquellos países que en el seno de la OSCE estaban batallando para que Rusia les dejase entrar en Chechenia y verían con muy malos ojos que el Comisario se adelantase. Como efectivamente se evidenciaría más tarde.

Dado el clima extremadamente enrarecido en el que nos movíamos todos y hasta no disponer de datos concretos y seguros, decidí aplicar la máxima reserva sobre ese encuentro, tal como también me lo había solicitado el ministro Ivanov. Me embarqué para Moscú el 2 de noviembre (oficialmente por esas fechas se celebraba otro seminario de la Escuela de Estudios Políticos de Moscú en Golitzino, lo que era un excelente pretexto) y el 3 a las 11,30 me entrevistaba discretamente con Igor Ivanov en el Ministerio de Asuntos Exteriores, mano a mano. Era la víspera de la sesión ministerial del Consejo que se iba a celebrar al día siguiente en Estrasburgo y en la que el ministro ruso no hizo mención alguna a este encuentro. Después de un repaso a múltiples recuerdos comunes, le confirmé mi deseo de visitar el territorio checheno, donde se estaba desarrollando aquella guerra y conocer de primera mano la situación de los desplazados y población civil. Obtener información sobre las noticias de prensa que denunciaban las brutalidades cometidas en la contienda y las consiguientes violaciones de derechos humanos cometidas por unos y otros. Quedamos en que se haría la visita. Estaba claro que el presidente Yeltsine autorizaba esa visita a Chechenia, dado que Rusia era miembro del Consejo de Europa y el Comisario lo era del Consejo. Pero no así de ninguna otra organización internacional. También me dijo que confiaba en la neutralidad del Comisario. Decidimos que este primer viaje sería corto, porque la situación de guerra activa complicaba las cosas y que necesitaban un tiempo para organizarlo todo. En consecuencia, me avisaría de las posibles fechas y proyecto de programa en unas semanas.

Como más tarde pude corroborar por otras fuentes, una cosa era la voluntad política del ministro e incluso del presidente, de canalizar la presión internacional a través del Consejo de Europa, del que no forma parte Estados Unidos, que sí está en la OSCE, y otra bastante más complicada el que el ejército ruso aceptase la presencia de una institución internacional sobre el terreno del conflicto. Tampoco pude saber en ese momento la posición del recién nombrado primer ministro Vladimir Putin, pero era obvio que sin su acuerdo nada se hubiese podido hacer. Comprenderá el lector que salí de esa entrevista satisfecho. Pero también ya en el avión de vuelta a Paris valoré el alcance de la responsabilidad que asumía y las tensiones que ello iba generar. La cantidad de mano izquierda que iba a ser necesario aplicar para sortear todos los obstáculos que podrían suscitarse. Y también la dificultad que suponía el no disponer en ese momento ni del más mínimo equipo. Pero hemos de ser también realistas, esta luz verde a la visita a Chechenia en guerra no se basaba solo en una actitud altruista y generosa por parte de Rusia con respecto al control de derechos humanos en su territorio. No era posible ignorar que por parte de la diplomacia rusa también había un cálculo político, pues permitiendo que el Consejo de Europa realizase a través del Comisario un control sobre el terreno del respeto efectivo de los derechos humanos en Chechenia, estaba cortando el paso a cualquier otra organización internacional, como por ejemplo la OSCE, donde la confrontación de algunos países con Rusia era muy fuerte. Esta táctica era evidente y así lo pude comprobar más tarde. Pero para mí lo más importante en ese momento era abrir esa puerta. Viajar a Chechenia, ver la situación y mandar un mensaje a la población civil y a los refugiados de que no estaban solos. No me interesaba entrar en juegos y estrategias diplomáticas y de guerra fría.

Volví a Estrasburgo e informé al presidente del Comité de Delegados y más tarde al propio Comité, así como al Secretario General de la entrevista y su resultado, e inicié los preparativos de partida de la que sería la primera de una serie extensa de visitas a la Chechenia en guerra y postguerra. Al Secretario General le faltó tiempo para referirse a esta posible visita en su intervención en la cumbre de la OSCE que se celebró en Estambul el 18 y 19 de noviembre, sin informarme previamente de su intención. Esta intervención y en este ámbito hubiera podido poner en peligro el viaje, lo que afortunadamente no ocurrió. Pero a todo ello me referiré más en extenso cuando aborde con detalle lo que fue mi relación con la Federación de Rusia y en especial mi intervención en Chechenia, pues ambas circunstancias marcaron mi mandato como Comisario.

3. DEL DICHO, AL HECHO

A lo largo de las páginas precedentes he buscado situar al lector en lo que fueron los orígenes de la institución del Comisario, con la larga y debatida elaboración de la Resolución (99)50, su norma reguladora. He intentado también, responder a las preguntas, siempre presentes, en los inicios de una institución nueva. El por qué y el para qué crearla. Y una vez alumbrada a la vida oficial, las vicisitudes del proceso de elección del primer comisario y finalmente su puesta en marcha. Tal vez he sido un poco reiterativo en las dificultades que hubo que afrontar, pero pienso que si no quedan claras desde el primer momento no se puede entender todo lo que pasó hasta el final de mi mandato. Y me he detenido con más detalle en el relato sobre cómo adopté la primera resolución que marcaría decisivamente lo que consideraba como prioridades de la oficina del Comisario. La decisión de realizar mi primera misión visitando Chechenia en guerra, creo que dejó meridianamente claro este punto. No fue un período fácil. Incluso en ocasiones desesperante para quien no dominaba los entresijos de una maquinaria administrativa como aquélla. Máxime en un contexto de precariedad financiera y lógicas suspicacias en cuanto a la concurrencia de competencias con algunas direcciones generales con larga tradición.

Pero creo que ha llegado el momento de intentar describir cómo pusimos en marcha la oficina del Comisario. Y, en ese proceso, las circunstancias y el momento en el que se creó la institución jugaron un papel determinante. De la necesidad virtud, dice el refrán. Y no le falta razón. De la necesidad de afrontar el reto de la guerra de Chechenia se desprendió de forma natural la delimitación de los campos de actuación del Comisario, con sus prioridades y sus métodos propios y específicos de actuación.

4. DELIMITACIÓN DE LOS CAMPOS DE ACTUACIÓN

Para comprender en base a qué criterios decidí orientar el trabajo de la oficina y sus prioridades, solo es necesario tener presente la diferencia entre «*promover la educación y la sensibilización en derechos humanos*» y el «*promover el respeto efectivo y pleno goce*» de los mismos (art.3). En función de este doble enfoque, fui diseñando poco a poco la agenda de trabajo de la oficina y los objetivos a alcanzar cada año. Esta diferenciación daría lugar a intervenciones vinculadas más estrechamente a situaciones de crisis concretas, como fue el caso de la segunda guerra de Chechenia, o las crisis desencadenadas en Georgia con el conflicto de Afjasia y posteriormente de Adjaria; o Moldavia con el contencioso con Transnestria, la misión en Kosovo o los efectos de la actividad terrorista, como fue el caso de mi visita al país vasco español. Y otras actuaciones simplemente fueron el fruto de las visitas ordinarias, programadas por la oficina y acordadas con los Estados miembros. Como lo fueron también los diferentes seminarios y actividades similares desarrolladas a lo largo de todo el mandato.

De todas formas, lo que desde el primer momento quise dejar claro es que un signo característico y diferenciador del Comisario, su valor añadido en el contexto del Consejo de Europa, y por qué no también a la propia Unión Europea, debería ser su capacidad de intervención sobre el terreno especialmente en situaciones de crisis. Potenciando la observación directa, el diálogo con las organizaciones nacionales e internacionales defensoras de derechos humanos asentadas en cada país miembro, y obviamente el diálogo con los distintos gobiernos, poniendo en práctica una política de mediación si fuese necesario. En todo caso no depender exclusivamente de los informes, opiniones y trabajo de otras organizaciones, siempre valiosos, sino intentar llegar a formar un criterio propio, basado sobre la experiencia directa.

Para llevar a la práctica esta tarea, diseñábamos un programa para cada visita que conllevaba la presencia en alguno de los centros de privación de libertad de las personas, sea esta total o parcial, (como es el caso de las prisiones, comisarías, centros de internamiento de menores, centros de internamiento de refugiados o de emigrantes irregulares para su expulsión, incluidos los aeropuertos y puertos); o los centros de internamiento de personas vulnerables (hospitales psiquiátricos, residencias de personas mayores, centros de menores en tutela pública, centros de tutela de mujeres maltratadas o víctimas de la trata de seres humanos, etc.). No se trataba de un capricho, ni de invadir las competencias del Comité para la Prevención de la Tortura (CPT), sino simplemente tener la oportunidad de apreciar de manera directa algunos de los puntos clave en materia de derechos humanos en un país determinado. El CPT hace un trabajo absolutamente extraordinario y sistemático en este terreno, especializado y minucioso, independiente y de extraordinario rigor. Pero sus informes no pueden ser públicos hasta que el Estado afectado dé su conformidad, lo que no siempre permite contar con datos útiles al momento de preparar y realizar nuestras visitas. El CPT lo comprendió perfectamente y con él trabajamos muy coordinadamente y sin dificultades añadidas.

Toda esta actividad de inspección sobre el terreno se diseñaba con total independencia por la oficina del Comisario, que indicaba a cada Gobierno lo que quería visitar. La agenda de trabajo se complementaba siempre con los encuentros con las ONGs, ombudsman, colegios de abogados, judicatura, sindicatos, las Iglesias en los casos necesarios y obviamente los parlamentarios. El diálogo y trabajo con cada Gobierno estaba presente en todo momento. Este último aspecto es absolutamente imprescindible para acreditar la rigurosidad de los informes, analizando la situación de cada país y proponiendo las medidas que se consideran adecuadas para resolver los problemas detectados. Debe tenerse muy en cuenta que el Comisario trabaja con los gobiernos y la sociedad civil, para detectar y resolver tanto las violaciones de derechos humanos puntuales, como las derivadas de carencias estructurales. Y para ello tiene que complementar con sumo cuidado la puesta en práctica de una política de transparencia con respecto a lo que ha visto y lo que propone a través de sus informes que son públicos, con la necesaria reserva y discreción sobre el contenido de sus contactos políticos, pues sin ello sería extremadamente difícil alcanzar un cierto grado de respeto y confianza de los países y gobiernos concernidos.

El Comisario debe dar los pasos necesarios para que los conflictos detectados se resuelvan, o al menos se articulen los medios para ello a corto plazo; y a medio y largo plazo intentar sentar las bases y hacer las reformas para que no se repitan. Dado que tampoco es un tribunal, lo tiene que hacer en base a una política de convencimiento de los responsables gubernamentales concernidos. De no ser así, se vería gravemente afectada su capacidad de mediar en la resolución de los conflictos. Esa capacidad de actuar políticamente con total independencia es la que le da su fuerza. El rigor y seriedad en su ejercicio lo refuerza, la transparencia y firmeza en la denuncia y condena de aquellas conductas que lo ameriten, lo que hace creíble su gestión. Todo ello no ha de ser tampoco obstáculo para que en los diferentes informes se refleje también aquellos aspectos en los que se acredite una conducta correcta y positiva de las autoridades y poderes públicos en cuanto al respeto de los derechos fundamentales y las libertades públicas.

Estos dos grandes bloques o áreas de trabajo, diseñadas en función de lo dispuesto en el art. 3º del Estatuto, se complementan con otro tipo de actividad que no está directamente vinculada a la tarea de promoción, ni al tratamiento inmediato de situaciones de crisis. Me refiero a lo dispuesto en el art. 8º cuando afirma que el Comisario puede emitir "recomendaciones, opiniones e informes", sin mayor precisión. Además de aquellas recomendaciones que se deriven o entronquen con las visitas de inspección, también parece abrirse la puerta a otras. En concreto aquellas que abordan situaciones de carácter general, que desbordan el marco individual de un país y se dirigen al conjunto de los que forman parte del Consejo de Europa. Estas recomendaciones son en muchos casos el fruto de los trabajos de seminarios temáticos, como más adelante veremos o simplemente la constatación de un problema común a muchos países y que requiere un enfoque de carácter general para suscitar una reflexión global por parte del Comité de Ministros. Completa esta faceta de la actividad del Comisario la elaboración y publicación de lo que en francés se llamarían "avis" y en inglés "opinion", y en castellano podríamos traducir por "dictámenes", solicitados al Comisario con respecto a una situación concreta o una normativa específica, y que obviamente tienen un marcado enfoque jurídico.

5. LAS REACCIONES INSTITUCIONALES

Este enfoque no solo fue bien acogido y valorado por el Comité de Delegados a mi vuelta de la primera visita a Chechenia, sino que también lo sería por la Conferencia ministerial europea sobre derechos humanos celebrada en noviembre del 2000. Es decir, cuando ya había realizado dos visitas sobre el terreno a Chechenia, otra en junio del 2000 a Georgia y en octubre del mismo año a Moldavia. Todas ellas respondiendo a situaciones de crisis. Consecuencia de aquella toma de posición de la Conferencia ministerial, sería la constitución de un comité de expertos, el cual, dos años y tres meses después, entre sus conclusiones manifiesta que:

Después de haber examinado los diferentes mecanismos para la determinación de los hechos, existentes en el seno del Consejo de Europa, considera que el Comisario para los derechos humanos es el órgano más adecuado para efectuar la determinación de los hechos en situaciones en las que existe una amenaza o denuncias de violaciones graves y masivas de los derechos humanos"…"El mandato del Comisario, en virtud de la Resolución(99)50, es suficientemente amplio para incluir tales actividades de determinación de los hechos, cumpliendo con las condiciones mínimas de eficacia a que hemos hecho referencia. De otra parte, el (Comité) estima importante que, al nivel político adecuado, se anime al Comisario a hacer pleno uso de sus funciones en cuanto al establecimiento de los hechos, cada vez que una de estas situaciones se presente. A estos efectos, sería importante estudiar de qué manera podrían ser aumentadas las posibilidades del Comisario de tener acceso a expertos externos (en el terreno médico, médico-legal, jurídico, militar, policial etc.) cuando trabaje en el establecimiento de hechos. De forma más general, constatamos la necesidad de mayor apoyo a las actividades del Comisario y le animamos, cuando sea útil y posible, a continuar haciendo uso de la experiencia y los conocimientos de otras organizaciones internacionales (OSCE, HCR, etc.).

Una declaración de esta naturaleza y a este nivel, no creo que se hubiese podido producir sin una comprensión muy clara de lo que yo entendía como misión principal del Comisario y el análisis de las actuaciones realizadas. Quedaba claro que para el Consejo de Europa se abría un espacio nuevo de actuación "sobre el terreno y en tiempo real" que hasta ese momento no había encontrado su instrumento adecuado. Los diferentes gobiernos habían entendido muy bien, lo que las estructuras tradicionales del

Consejo no habían podido o querido vislumbrar. Y que el valor añadido que podría aportar a la organización el Comisario, era el de ser un verdadero actor político en el contexto internacional, para reforzar el papel del Consejo de Europa en la defensa de los derechos humanos. Su capacidad de contactar directamente con los diferentes gobiernos, de pactar con ellos su agenda de trabajo y sus intervenciones en cada país, así como su independencia, se convertían en instrumentos operativos muy valiosos. El ser el único responsable de sus decisiones, revelaba otra faceta digna de tenerse en cuenta, como era la de no comprometer con su actuación a la organización directamente y menos aún a los gobiernos de los países miembros del Consejo de Europa.

Que este análisis lo habían hecho estaba muy claro cuando, en el documento de abril del 2001, que recoge la "síntesis de la reflexión institucional realizada por el Comité de Ministros", en su punto 16 se dice literalmente:

Como consecuencia de la creación del puesto de Comisario para los Derechos Humanos del Consejo de Europa en la 104 sesión del Comité de Ministros (Budapest, 7 de mayo 1999), y de la elección por la Asamblea parlamentaria del Sr. Álvaro Gil-Robles (España) como primer titular de este puesto, el Comité de Ministros igualmente ha mostrado mucho interés en dotar al nuevo Comisario de los medios necesarios para el cumplimiento de su misión y poner en práctica una estrecha cooperación con él.

Además de la puesta en funcionamiento de la Oficina del Comisario para los derechos Humanos dirigida- bajo la autoridad del Comisario- por un alto funcionario con rango de director(A6), el Comité de Ministros ha dado su apoyo a las iniciativas del nuevo Comisario, que ha jugado- en ciertos casos incluso a petición del Comité de Ministros – un papel muy importante en asuntos políticos mayores como la situación en Chechenia o la estabilidad democrática en Georgia y en Moldavia.

Animamos al Comisario a seguir su actividad siguiendo la vía así trazada y le invita a someter al conocimiento del Comité de Ministros toda cuestión relativa a sus actividades, en el marco de su mandato.

En todo caso me he permitido recoger esta extensa cita porque aun cuando no habían transcurrido dos años desde mi llegada, se manifestaba un importante reconocimiento en dos frentes. De una parte, el interno al dejar claro cuál era mi espacio propio y prioritario de actuación y de otra, quedaban abiertas posibles iniciativas en el terreno de la educación y difusión de los derechos humanos. Pero lo fundamental es que se reconocía por los gobiernos europeos al Comisario como un actor político en el ámbito internacional, eficaz y útil. Pero pese a todo ello, el verdadero apoyo presupuestario no llegaría hasta la reunión de Varsovia en 2005 y con efectos para el año siguiente, cuando yo ya estaba recogiendo los papeles, pero con la satisfacción de que finalmente el reconocimiento de la institución y en especial su independencia quedase sólidamente reforzada.

La respuesta a todos los que desde el primer momento dudaban de la oportunidad de crear esta institución, y aun más de su utilidad, no podía ser más clara. Obviamente no gustó a todos por igual, pero despejaba el camino para el futuro.

SEGUNDA PARTE

EMPEZANDO A CAMINAR

CAPÍTULO PRIMERO

1. LAS CONSECUENCIAS DE UNA INTERVENCIÓN DE URGENCIA. FIJANDO CRITE-RIOS

Aquel viaje a Chechenia impuesto por las circunstancias y envuelto en las imprevisiones de la urgencia, me había permitido clarificar algunos puntos esenciales con respecto al futuro. Si alguien había pensado que la nueva institución se limitaría a administrar la biblioteca y convocar cursos y seminarios, se había equivocado.

La institución del Comisario iba a ser un instrumento del Consejo de Europa para fiscalizar "in situ" y de forma práctica y directa, el respeto "eficaz" de los derechos humanos en todos y cada uno de los países miembros. Y ello, fuesen cuales fuesen las circunstancias y los ámbitos a fiscalizar. Pero este primer paso, con ser fundamental en cuanto a clarificar la naturaleza de la institución, no podía obviar un trabajo riguroso y realista de interpretación del Estatuto para poder operar con plena eficacia y al tiempo no entrar en conflicto con otros servicios del Consejo de Europa o duplicar esfuerzos. No se trataba solo de confirmar el derecho del Comisario a realizar un viaje de inspección a cualquier país miembro del Consejo de Europa, sino también de reafirmar que el país en cuestión debe facilitar estas misiones y cooperar a su éxito en cualquier circunstancia, incluso en una confrontación armada, como establece el art. 6º.1 que ya he comentado. Ahora bien, para dar sentido a estas misiones sobre el terreno, era necesario que fuesen útiles para encontrar en colaboración con los Gobiernos afectados, soluciones o al menos caminos para detectar y en su caso detener y castigar aquellas violaciones de derechos humanos que se estuviesen produciendo; y rectificar conductas y normativas contrarias a la democracia y las reglas del Estado de Derecho.

Obviamente esta forma de operar no podía concebirse como un esfuerzo unilateral, sino como parte de la política de toda una organización y para ello era necesario no solo concertar con el conjunto de direcciones generales e instituciones afectadas, sino también y en la medida de lo posible, contar con su colaboración sincera, sin reticencias. No se trataba de lanzar al estrellato una institución nueva y ávida de protagonismo, sino de remar todos juntos reconociendo a cada cual su esfera propia de actuación y cuota de protagonismo. Y para ello ante todo era necesario definir los criterios básicos que habrían de regir la actuación del Comisario. Me permito adelantar algunos.

1.1. El trabajo en "positivo"

Desde el primer momento tuve claro que, por muy duras y descarnadas que fuesen las situaciones a las que tuviese que hacer frente el Comisario, sus informes no solo deberían reflejar la realidad observada con toda la crudeza que fuere necesaria, sino también abrir puertas a la resolución de los conflictos y situaciones denunciadas. Para alcanzar este objetivo clave era imprescindible establecer un diálogo con los gobiernos responsables. Diálogo que debería prolongarse en el tiempo hasta constatar que las situaciones denunciadas habían sido resueltas en interés no solo de las víctimas, sino de la credibilidad del propio Estado. Por ello puse en marcha los llamados informes de seguimiento. Para dar cuenta al Comité de Delegados de los avances alcanzados o de la resistencia injustificada a corregir lo denunciado. Es lo que llamo el trabajo en positivo. El puro "informe denuncia" en términos más o menos duros según las circunstancias, podría tener un rendimiento para la institución a corto plazo en los medios de comunicación, en la imagen mediática del Comisario. Pero eso solo, muy posiblemente hubiese bloqueado la eficacia de su actuación en muy poco tiempo y generado una resistencia pasiva de los gobiernos a colaborar en el futuro. Era necesario dejar claro que el Comisario no era una ONG, ni actuaba como ellas ni tenía los mismos objetivos, ni competía con ellas, que ejercen una importante actividad de denuncia en defensa de los derechos humanos, las libertades y el Estado de Derecho.

A algunos medios y organizaciones de derechos humanos les costó entender esta postura de trabajar de manera transparente, pero en positivo. Otras lo entendieron. Por solo poner un ejemplo, Amnistía Internacional comprendió la razón de mi modo de operar y he de reconocer aquí que su apoyo y comprensión me fueron muy útiles y valiosos, en particular los contactos y el trabajo con Jill Heine.

1.2. Un orden de prioridades

Desde el primer momento tuve claro cuál debería ser el orden de preferencia en el ejercicio del conjunto de competencias que me estaban atribuidas.
A saber:
a) Promoción del respeto efectivo y el pleno goce de los derechos humanos.
b) Identificación de posibles insuficiencias en el derecho y la práctica de los Estados miembros en cuanto al respeto de los derechos humanos.
c) La creación de Ombudsman nacionales e instituciones similares en el ámbito de los derechos humanos.
d) Educación y sensibilización en derechos humanos.
Esta sería para mí en el futuro y hasta el fin de mi mandato, la hoja de ruta a seguir a la hora de desplegar mis escasos medios.

1.3. Los signos de identidad

Pero en todo caso lo que estaba claro era que el primer y fundamental signo de identidad de la acción del Comisario sería la posibilidad de intervenir directa y autónomamente sobre el terreno de manera rápida e informal, y tanto en situaciones ordinarias como de crisis. Lo que conllevaba la posibilidad de informar en tiempo real al Comité de Delegados de la situación y rasgos de determinados conflictos o crisis, o simplemente del respeto efectivo de los derechos humanos en democracias largamente asentadas. También poder formular directamente a los gobiernos afectados recomendaciones para corregir las situaciones detectadas como críticas o necesitadas de corrección u otro tratamiento legal. Dar voz en mis informes a los representantes de la sociedad civil con los que me encontraba en cada visita sobre el terreno. Al Ombudsman si lo había, a los ciudadanos en general que se me acercaban, a los profesionales, sindicatos, iglesias y naturalmente a las autoridades del país visitado. Y lo que no era una función menor, colaborar a través de mis diálogos directos con los diferentes ministros en las visitas a los países para desbloquear alguna que otra cuestión de interés de determinadas direcciones del Consejo o del propio TEDH. Una función que yo calificaría de mediación discreta. Por último y para reforzar este método de trabajo, era importante no dejar que mis informes cayesen en el espacio aniquilador de la confidencialidad tradicional, sino hacerlos públicos para conocimiento general. En esta forma de proceder, llevada con independencia escrupulosa, transparencia, firmeza y diplomacia cooperativa, habría de residir la fuerza moral y solo moral, de la voz del Comisario. Si llegase a conseguirlo ya era más que suficiente. El tiempo y los resultados obtenidos creo que facilitan una valoración prudentemente positiva, aunque supongo que no faltarán otras discrepantes o críticas. Como es lógico.

Un segundo rasgo, o signo de identidad, que quise dejar claro desde el primer momento, era que la acción del Comisario nada tenía que ver con la de otras organizaciones de la sociedad civil que cumplen en cada país y en el ámbito internacional, una importantísima labor de denuncia de las violaciones de derechos humanos. El Comisario debe recabar in situ y por todos los medios que considere oportunos la información necesaria, contrastarla en la medida de lo posible y constatadas las violaciones de derechos humanos o las carencias estructurales o normativas que las causaren, dar testimonio público de ellas a través de sus informes. Pero al tiempo debe desplegar una labor diplomática para que sus recomendaciones, hechas con vistas a resolver los problemas detectados, sean aceptadas e implementadas por los Estados destinatarios. Se trata de velar sobre todo por los derechos de las víctimas, frenar las violaciones y garantizar que se apliquen las garantías del Estado de Derecho y la democracia. Eso supone que en ocasiones es necesario renunciar a la gloria de una primera página de periódico, para poder seguir trabajando en el país en cuestión. Para que se tomen medidas por los gobiernos afectados y para que no se cierren puertas necesarias para avanzar en la resolución de los conflictos. Si se me permite resumir en breves palabras la filosofía subyacente en cuanto acabo de decir, yo lo haría en estos términos: el Comisario sin ocultar nada de la verdad debe trabajar con los Estados en la resolución de los problemas, no contra los Estados y con la sola denuncia como objetivo. Por el contrario, la negativa a colaborar por parte de las autoridades, el engaño o la persistencia en la comisión de violaciones de derechos humanos con plena impunidad, debe dejar paso a la confrontación sin contemplaciones.

Este *modus operandi* que se estableció desde el primer momento, posibilitó el que los ataques y política de descrédito tan común por parte de algunos gobiernos ante informes incómodos y en especial con el trabajo de las ONGs en materia de derechos humanos, no fuese tan fácil de llevar a cabo con respecto al Comisario, pues disponíamos en cada caso de nuestro propio testimonio directo, no solo de la opinión de terceros sino también de pruebas pertinentes conseguidas sobre el terreno.

Desde el primer momento quedó claro que todo aquello que se decía en un informe del Comisario era rigurosamente verdad, aunque posiblemente no toda la verdad. Me explico. Cuando realizábamos un informe, fuese este sobre la situación en un país concreto o con una perspectiva más general, disponíamos de pruebas y testimonios acreditados o la información con la que trabajábamos era el resultado de mi visita concreta al país en cuestión. Todos aquellos lugares a los que hacíamos referencia, fuesen cárceles, comisarias, centros de detención varios, hospitales psiquiátricos, centros de menores, acuartelamientos, los habíamos visitado. Nada que yo no hubiese comprobado personalmente en estos viajes o los miembros del equipo, era incluido. No actuábamos sobre suposiciones o informaciones de terceros no comprobadas o contrastadas. Pero evidentemente, por muy minucioso que fuese el informe en cuestión, era el resultado de una visita limitada en el tiempo y con un acceso a un número reducido de centros o establecimientos que pudieran ser conflictivos, escogidos por nuestra parte en razón a la información de que disponíamos al preparar el viaje. Tampoco podíamos entrevistarnos con la totalidad de las organizaciones de derechos humanos existentes en un país, sino solo con las más representativas, aunque siempre veíamos a un grupo significativo. Y obviamente escuchábamos también las opiniones y recibíamos información de las autoridades nacionales.

Por tanto, es lógico que se quedasen cosas por ver o personas por entrevistar, que se nos escapasen algunas situaciones que hubieran merecido un comentario por nuestra parte. Tampoco descarto que en alguna ocasión las autoridades locales llegasen a ocultarnos o embellecernos algunas situaciones concretas. Pero el objetivo de nuestros informes nunca fue realizar un examen exhaustivo sobre el respeto de los derechos humanos en un país determinado, sino solo realizar un análisis lo más objetivo y completo posible de un conjunto de problemas que considerábamos esenciales, no de todos los problemas posibles y existentes. Esa tarea obviamente superaba nuestras escasas posibilidades operativas y de medios para afrontar un objetivo de esa magnitud. No obstante, algunos de los informes provocaron reacciones especialmente ariscas por parte de aquellos gobiernos, que tenían dificultades para aceptar un análisis crítico de su realidad nacional. Pero, comprenderá el lector que eso es absolutamente natural. Lo inquietante y sospechoso hubiese sido lo contrario.

Otra cuestión que quedó resuelta desde el primer momento, fue la rotura de un proceder tradicional en el seno del Comité de Ministros en cuanto a la publicidad de la documentación que le era remitida para su estudio y debate. En términos generales la práctica imperante era la de aplicar el principio de la confidencialidad, lo que significaba que los informes que eran entregados al Comité de Ministros solo eran hechos públicos si su presidente lo decidía así. Una interpretación "stricto sensu" de esta práctica, hubiese conducido de hecho al establecimiento de una especie de censura sobre los informes del Comisario. Al menos en cuanto a su publicidad y por tanto sobre la transparencia de su gestión, clave para su mejor conocimiento, arraigo y credibilidad. Y también, por qué no decirlo, en cuanto a la eficacia de sus recomendaciones, que solo la tendrían plenamente si la opinión pública y en especial la del país visitado llegase a tener conocimiento del contenido de los informes, de lo que en ellos se denuncia y propone reformar, a través de los medios de comunicación, lo que no sería el caso si dichos informes quedaban cubiertos por el espeso manto de la "confidencialidad".

Pero había un camino por el que podríamos superar ese posible control del Comité de Delegados sobre los informes que le presentásemos, y era enviándolos a la Asamblea Parlamentaria al mismo tiempo que al Comité. Tal posibilidad está expresamente considerada en el art. 3.f, cuando dice que el Comisario puede remitir cuando lo considere oportuno un informe al Comité de Ministros o a la Asamblea parlamentaria y al Comité de Ministros. He aquí la doble formula. O bien se dialoga exclusivamente con el Comité de ministro o con este y la Asamblea. Si se opta por esta segunda vía, una vez en manos de la Asamblea Parlamentaria el informe la situación era incontrolable pues los documentos que a ella se remiten son públicos por naturaleza. Por tanto, la hipotética censura o embargo del Comité de Delegados ya no tendría ningún sentido y solo acarrearía la carga negativa de imagen de intentar ocultar a la opinión pública el trabajo del Comisario. Decidí actuar de esta forma, y una vez terminada la comparecencia ante el Comité de Delegados y remitidos los informes a la Asamblea, los publicábamos en nuestra página web y lo dábamos a los medios de comunicación. Este principio de la autonomía de información de la Oficina del Comisario se extendió a partir de ese momento al conjunto de las actividades del mismo, quedando así reforzada su independencia operativa y política.

De otra parte, era una práctica común el celebrar una rueda de prensa una vez terminada la visita oficial al correspondiente país, donde aprovechaba para exponer mis primeras impresiones y problemas detectados. Claro está que este contacto con los medios se hacía siempre después de que el gobierno hubiese sido informado previamente por mí mismo, antes de abandonar el país. Así mismo era importante dejar claro que el Comisario no se limitaría a actuar como un inspector sobre el terreno sino qué pondría en práctica todos los instrumentos que le otorga su Estatuto para mejor llevar a cabo su misión de mediación. En concreto, no solo formular las recomendaciones que considerase oportunas, mediar como mejor le pareciera, sino también utilizar su competencia para proponer, promover y realizar seminarios y demás iniciativas para reforzar el trabajo destinado a dar cumplimiento a sus recomendaciones o a facilitarlo.

Finalmente, y con respecto al método de trabajo, vista la experiencia de esta primera misión en Chechenia, tuve muy claro que debería huir de todo afán de protagonismo político pues caso contrario la eficacia de la gestión podría verse seriamente afectada. Incluso abriendo también puertas para otros organismos especializados y no solo dentro del ámbito del Consejo de Europa. Por poner un ejemplo, y en el caso concreto de Chechenia, se abrió espacio para facilitar la acción de otros organismos del Consejo, como la presencia del Comité para la Prevención de la Tortura (CPT) en la visita a las cárceles chechenas; o las visitas parlamentarias que más tarde organizó la Asamblea, la vuelta de la Cruz Roja Internacional o la colaboración con la OSCE en la realización de algunos seminarios. Y extramuros del Consejo era imprescindible articular una discreta labor diplomática de diálogo con los responsables de relevantes organizaciones internacionales o con las máximas autoridades de cada país, lo que tal vez ayudó a esa vuelta de la Cruz Roja Internacional al territorio ruso y también la de la propia Alta Comisionada de Derechos Humanos de Naciones Unidas.

Este era también el último mensaje que quería mandar. El Comisario al trabajar de esta forma no solo no hace doble empleo o duplicidad de esfuerzos con respecto a otros organismos del Consejo o cualquier otro organismo internacional de derechos humanos, sino que ocupa un espacio propio y complementario a todos ellos. Desgraciadamente tales mensajes no siempre fueron comprendidos y en ocasiones aceptados o reconocidos con dificultad. Pero esa es otra historia.

1.4. Los efectos *ad intra*

Esta primera intervención, también me permitió encauzar las relaciones con dos de las tres instituciones claves del Consejo de Europa, como son el Comité de Ministros y el Secretario General. La relación que mantuve con el Comité de Delegados quedó fijada desde los primeros momentos y se basó en una confianza mutua. Y con respecto a la Asamblea Parlamentaria lo cierto es que no estaba muy claro si el Comisario debería o no, al margen de la cortesía interinstitucional, comparecer regularmente para dar cuenta de sus actividades. De hecho, la propia Asamblea nunca demostró un interés claro por mantener un contacto fluido con el Comisario. Fui yo quien reiteradamente tuve que insistir en mantener ese contacto y peleé por superar todas las trabas del aparato del secretariado de la Asamblea, muy celoso de mantener sus distancias y un protagonismo político propio. Una anomalía que nunca acabé de comprender muy bien pero que, debo reconocer, me resultaba cómoda, al permitirme sortear una relación de aparente "fiscalización "política por la Asamblea. En todo caso esta situación tan ambigua no me preocupó en absoluto, pues yo también era un político y conocía las reglas. Pero reconozco que en vez de dejarme llevar por las aguas que nos separaban, tal vez debiera haber trabajado más para que nos conociésemos mejor.

En cuanto al Secretario General, no solo por cortesía sino también por operatividad era conveniente y útil que estuviese informado de las actividades del Comisario, aunque solo fuese en lo estrictamente necesario. Como responsable de la maquinaria administrativa y funcionarial, debe facilitar al Comisario los medios para que pueda cumplir sus funciones y por tanto parece obvia la necesidad de respetar una mínima coordinación y transparencia interinstitucional. Pero nunca establecer una relación que acarrease de facto una dependencia política.

2. CÓMO HACERLO Y EN QUÉ CONTEXTO

Como ya he comentado con anterioridad, mi llegada al Consejo de Europa como Comisario no supuso el aterrizaje de una persona totalmente ajena a sus actividades. Llevaba varios años colaborando con una de sus más prestigiosas instituciones, como es el caso de la Comisión Europea para la Democracia por el Derecho, llamada coloquialmente Comisión de Venecia por la ciudad donde se reúne regularmente. Por entonces la presidía Antonio La Pérgola, eminente constitucionalista italiano, secundado por Gianni Buquicchio que le sucedería en la presidencia. Esta colaboración de varios años me permitió conocer y tratar a otros miembros del secretariado del Consejo de Europa que me dieron sabios consejos. Pero a estos primeros momentos ya me he referido con anterioridad, así que ahora intentare explicar al lector como se fueron estableciendo las relaciones de la Oficina del Comisario y de su titular con los distintos servicios y organismos del Consejo de Europa.

Empezaré por el Secretario General, dado que la oficina del Comisario se establece "en el seno del Secretariado General del Consejo de Europa" (art.12). El Comisario es políticamente independiente, pero no lo es del todo en cuanto a la disposición de los medios materiales y de personal. Lo que no es un pequeño problema por no decir una seria contradicción, y sitúa la relación entre ambos responsables políticos en un delicado y resbaladizo terreno.

2.1. La relación con el Secretario General y el Secretariado a sus órdenes

2.1.1. Una pincelada de contexto

En el Consejo de Europa el Secretario General como en casi todas las organizaciones internacionales, es una pieza clave por cuanto dirige el día a día de la organización. No es un funcionario sino un político, elegido para un tiempo determinado de mandato y si sabe hacerlo puede tener un interesante protagonismo político. En consecuencia, es un puesto apetecible. Es interesante precisar que la designación de Secretario General, cuando yo llegue, se correspondía con una práctica respetada por el Comité de Ministros a la hora de interpretar el art.36 b) del Estatuto y que consistía en hacer unas propuestas formales, pero que en el fondo respondían al pacto político adoptado por los distintos grupos parlamentarios de rotar el puesto de Secretario General entre los jefes de los grupos parlamentarios mayoritarios. Este acuerdo de facto o práctica convenida entre Asamblea parlamentaria y Comité de Delegados, se prolongó hasta la elección del año 2009 que generó un conflicto entre el Comité de Ministros y la Asamblea. Con motivo de la elección del nuevo Secretario General tras el final del mandato de Terry Davis, el Comité de Ministros decidió acabar con esa práctica rotatoria y asumir la responsabilidad que políticamente le corresponde de proponer a la Asamblea la elección de un verdadero responsable político, con experiencia de gobierno y prestigio en Europa. De conformidad con este nuevo enfoque el Comité de Delegados no incluyó en la propuesta enviada a la Asamblea al entonces presidente del Grupo Liberal, el húngaro Matías Eorsi y el del Partido Popular Europeo, el belga Luc van den Brande. Esa decisión política no fue bien recibida por los parlamentarios y sobre todo por aquellos que veían esfumarse su única oportunidad de alcanzar la tan deseada secretaría general. Pero lo cierto es que los gobiernos estaban cansados de tener al frente del Consejo de Europa, que en el pasado había tenido como secretarios generales a personas con experiencia de gobierno y prestigio político como Catherine La Lumière o Marcelino Oreja (por no citar otros varios), a parlamentarios cuyo único mérito era ser el jefe de grupo en la Asamblea.

Así es que esta crisis de identidad se materializó en una confrontación institucional en 2009, que ya venía fraguándose desde bastante antes, pero que en esta ocasión el Comité de Ministros resolvió con un golpe de autoridad, de tal forma que cuando llega el momento de proponer a la Asamblea los nombres de los candidatos a Secretario General para que esta elija, elimino a los jefes de grupos parlamentarios y compuso la lista con políticos experimentados tales como al ex primer ministro polaco Wlodzimierz Cimoszewicz y al también al ex primer ministro noruego Thorbjorn Jagland, quien finalmente fue el elegido. Esta decisión ha permitido que finalmente llegue al frente de la secretaría general un político con peso específico propio, en este caso un ex primer ministro, lo que obviamente resulta mucho más eficaz en la gestión de las políticas del Consejo de Europa. Y sobre todo ha quedado sentado un precedente ya insoslayable.

2.1.2. *La lucha por los medios materiales y el personal*

Pero a mí no me tocó esta renovación política. Durante mi mandato regía aún el *ancien régime* y por tanto he conocido dos secretarios generales netamente parlamentarios y de partido. Al primero de ellos, el Sr. Walter Schwimmer, ya me he referido a él cuando narraba mi sorprendente primera entrevista oficial al momento de tomar posesión de mis funciones y desde luego no hizo el más mínimo esfuerzo por dotar a la oficina de personal y medios. No obstante, las relaciones políticas y personales fueron siempre correctas.

El segundo fue Terry Davis, que hizo bueno al primero. Perteneciente al grupo socialista, respondía a la más rancia tradición laborista "euroescéptica". Tenía tal aversión a la Unión Europea, que apenas avanzado su mandato prácticamente nadie relevante de la Unión Europea tenía contacto regular con él. Persona extraordinariamente compleja de temperamento, celoso de que nada ni nadie pudiese hacerle sombra, estaba mucho más preocupado por la minuciosidad de los gastos dentro del Consejo de Europa y cuadrar el presupuesto que por gestionar las grandes líneas de la política a realizar. Y desde luego tampoco era un entusiasta del Comisario. Con él tuve enfrentamientos memorables en su despacho, donde pretendía hacerme ver que él era quien mandaba en la organización y yo debía aceptar de facto esa autoridad. Fue una época difícil, donde los mayores obstáculos y dificultades provenían del interior del Consejo, obligándome a desplegar una gran cantidad de energía no ya para superarlos, que no siempre, sino simplemente para neutralizar las amables zancadillas de un sector del "aparato".

Aunque ya he hecho una brevísima referencia a la naturaleza de los medios materiales y personales con los que tuve que iniciar mi andadura institucional, para que el lector comprenda lo complejo que fue gestionar la oficina del Comisario, me limitaré a recoger aquí lo que al respecto dejé dicho en mi Informe de fin de gestión. No creo que hagan falta más precisiones.

Ante todo hace falta recordar que esta institución ha arrancado con un presupuesto de 608.200 euros en 1999/2000 y que en 2003 su presupuesto apenas había alcanzado la suma de 896.205 euros.

Algunas informaciones suplementarias servirían para ilustrar aún mejor la situación: prácticamente el 85% de las cantidades acordadas estaban destinadas a pagar los gastos de personal y por ejemplo, en 2000 el Comisario y los miembros de su Oficina dispusieron de un presupuesto total de 8.100 euros para realizar las misiones de todo el año. Sin olvidar que en 1999/2000 los recursos humanos de que disponía la Oficina del Comisario de Derechos Humanos eran de dos administradores, incluido el Director, y de dos administrativos de grado B, y que hizo falta esperar al final de 2001 para alcanzar unos efectivos de tres administradores, y el final de 2004 para alcanzar el número (extraordinario) de cuatro administradores que son los únicos de que dispone al día de hoy (2006) la Oficina del Comisario, esperando la redistribución de otros tres puestos de administradores suplementarios previstos en el presupuesto de 2006..

Incluso en el año 2002, nos redujeron el presupuesto en 10.000 euros sin duda para evitar el riesgo de la adicción a la abundancia y el despilfarro. Y por si a alguno de mis lectores estas cantidades les parece que son importantes, les diré que solo para el año 2003, el presupuesto previsto para programas intergubernamentales en el Consejo de Europa era de 65.000.000 de euros, y el Tribunal Europeo de Derechos Humanos disfrutaba de un muy importante presupuesto. Sin duda necesario y merecido. En realidad, este estado de cosas solo empezó a corregirse cuando nuevamente expuse con toda crudeza la situación en la Tercera Cumbre de Jefes de Estado y de Gobierno celebrada en Varsovia en el año 2005. Estos incluyeron entonces en las conclusiones de dicho encuentro, que era una prioridad reforzar la Oficina del Comisario. Esta toma de conciencia de los gobiernos condujo a que finalmente nuestro presupuesto para el año 2006 ascendiera a la escalofriante cifra de 1.639.000 euros, todo comprendido. No era para tirar cohetes, pero marcó ya una tendencia ascendente para años sucesivos. Y solo habíamos tardado cinco años en conseguirlo. Claro que mi mandato era de seis. Sobran comentarios.

También he de reconocer que después de nuestro viaje a Chechenia, mi primer director fue mucho más cooperativo y empezó a batallar por aumentar el presupuesto y el personal. Había comprendido que finalmente ejercía como director en una institución que no era, ni iba ser lo que él pensó en origen. Fue él quien me hizo ver las oportunidades que nos ofrecía la fórmula de las contribuciones voluntarias. Se trataba de solicitar a los Estados un dinero que el gobierno en cuestión daba al Consejo de Europa, pero con la obligación de reforzar el presupuesto del Comisario (para evitar que el Secretario General la destinase a otras actividades); o simplemente que pusiesen a mi disposición un experto pagado por ese mismo Gobierno y que se integraría en mi equipo con carácter temporal. Cuando se trataba de financiar un experto colaborador para la oficina del Comisario siempre he respetado una regla que me parecía de básica cortesía, consistente en solicitar al país en cuestión que me remitiese candidaturas, para poder seleccionar por mi parte la persona más adecuada. Siempre me propusieron personas de alta cualificación profesional, fuesen juristas o jóvenes diplomáticos. La elección siempre la decidía yo. Nunca me criticaron por mis decisiones y en ocasiones ni siquiera me sugerían a nadie. Por mi parte solía respetar la regla no escrita de seleccionar una persona con la nacionalidad del país que iba a cubrir sus gastos. Me parecía lo mínimo. Aunque estas personas, respondían a una contratación temporal y no eran parte del personal fijo de la organización, su extraordinaria entrega y dedicación permitieron evitar la asfixia operativa.

La idea funcionó y con resultados realmente sorprendentes puesto qué a lo largo de los siguientes años, países como Finlandia, Francia, Suiza, Bélgica, Luxemburgo, España y Reino Unido pusieron a mi disposición personas extraordinariamente competentes, algunas de las cuales se convirtieron en piezas claves en el funcionamiento de la oficina. Es de justicia agradecerles a los gobiernos de estos países esta colaboración y apoyo, que me permitió salir adelante. En todo caso quedó muy claro que no estaba dispuesto a dejarme congelar y, aunque perdí casi un año entero hasta que pude poner en marcha esta fórmula mágica, lo cierto es que gracias a este personal de refuerzo exterior pudimos hacer bastantes cosas. Esta extraordinaria circunstancia explicará también porque al final del mandato se acordó prorrogarlo algunos meses, para recuperar el tiempo perdido. También es verdad que esta experiencia, con ser tan extraordinaria, terminó por alarmar al Secretario General que comprendió que se estaba formando una oficina con personal ajeno a las estructuras tradicionales del Consejo y además eficaz, lo que podía convertirse en un ejemplo peligroso cara al futuro. Así que al cabo de un tiempo conseguí que se desbloqueasen algunos puestos propios y fijos, pudiendo convocar a profesionales del Consejo para cubrirlos.

Para finalmente cerrar este tedioso capítulo de personal y medios, quisiera destacar que cuando mi primer director tuvo que dejar sus funciones por razones de salud (se accidentó cosechando creo que aceitunas en un árbol), pude contar con otras dos personas de mi absoluta confianza y extraordinaria profesionalidad para ejercer sucesivamente esa responsabilidad, como fueron Christos Giakomopoulos y más tarde Manuel Lecertúa, hoy Ararteko del Pais Vasco (ombudsman), a los que reitero mi agradecimiento y deuda por lo mucho que me ayudaron. Pero ese agradecimiento también lo tengo que extender a otros amigos, pues lo fueron y lo siguen siendo. Unos, funcionarios del Consejo que decidieron unirse a nuestro equipo, y otros que llegaron de la mano de esas contribuciones voluntarias a que me he referido. Tengo muy presentes a personas como Alexandre Guessel, o John Dalhuisen, junto con otros más que constituyeron el núcleo duro de lo que sería mi equipo.

El equipo que empezó en 1999 por constituirse solo con el director, el Comisario, y dos secretarias, al terminar el mandato había alcanzado la escalofriante cifra de cuatro asesores funcionarios del Consejo (incluido el director), otros cuatro sufragados por contribuciones voluntarias de los Estados y cuatro administrativos. Sin comentarios. Pero resulta imposible no dedicarle algunas líneas a otra significativa batalla interna. Me refiero a las condiciones de nombramiento del director, circunstancia que se planteó como consecuencia del accidente que sufrió Muller Rapart, y que le imposibilitó seguir ejerciendo por un tiempo sus funciones y luego definitivamente, pues decidió jubilarse.

Como es natural y ya lo había advertido en su día, no estaba dispuesto a tolerar otra nueva imposición, así que tras una cordial conversación con el Secretario General quedamos en que, siguiendo el procedimiento legalmente previsto en materia de personal, en todo caso el respetaría mi decisión y nombraría a quien yo eligiese. Fue un acuerdo entre caballeros que se cumplió rigurosamente. Este mismo criterio se aplicó también a partir de ese momento, a la selección y nombramiento del resto del personal fijo que se incorporaba a la Oficina del Comisario. En todo caso y en este contexto no precisamente fácil, nunca renuncié a mi deseo de colaboración con los diferentes directores, especialmente los titulares de las direcciones política, jurídica y de derechos humanos.

Al principio, antes de cada viaje procuraba tomar contacto con ellos para informarles de la visita al país en cuestión y ofrecerles la posibilidad de ser útil en mis diferentes contactos con los miembros de los gobiernos para desatascar o empujar alguno de los proyectos que tuviesen en marcha. También para obtener información sobre el país en cuestión y los problemas pendientes con el Consejo. Visto en perspectiva, no puedo afirmar que estas iniciativas suscitasen un gran interés ni que obtuviese información relevante o de gran utilidad. Al menos la que me hicieron llegar en estas ocasiones. Mas bien cortes y fría indiferencia. Regía en todo su esplendor la vieja y universal regla de que la información es un tesoro para no compartir y naturalmente fuente de poder, por muy pequeñito que fuese en aquel contexto organizativo tan vetusto. Y alguno de los directores la aplicaban con toda firmeza y cortesía. Que el nuevo se las arregle como pueda o quiera. Es su problema.

Para ser justo, la Comisión de Venecia siempre estuvo al pie del cañón apoyando. Incluso en un momento dado se consideró la posibilidad de que se integrase en la oficina del Comisario. Pero ello nunca pasó de conversaciones informales puesto que yo no veía clara esa posibilidad, sin crear una cierta confusión de objetivos y mandatos y tampoco creo que de haberse formalizado esa posibilidad los países implicados la hubiesen visto con buenos ojos. También, y pese al halo de secretismo que rodeaba las actividades del CPT (Comité para la Prevención de la Tortura), su director siempre tuvo una postura colaboradora, naturalmente respetando la confidencialidad de sus actividades y yo le pase mucha información que espero que le haya sido de utilidad.

2.2. El flanco político y sus actores. Diseñando una táctica

Por aquellas fechas de mí aterrizaje en Estrasburgo, el Consejo de Europa había adquirido cierta relevancia al convertirse en un foro muy activo de confrontación política con motivo de la guerra de Chechenia y sus consecuencias. Ello indirectamente conllevaba un debate sobre las relaciones entre occidente y sus valores y Rusia, que desde hacía muy poco tiempo formaba parte de pleno derecho del Consejo. Con este motivo, los debates en el seno del Comité de Delegados fueron intensos, pero al ser los Estados Unidos solo país observador el tenor de los mismos y la confrontación diplomática generada, revestía tonos menos agresivos que en la OSCE u otros escenarios en los que competían ambas potencias pues, digan lo que digan las crónicas oficiales, la guerra fría nunca dejó de existir y menos aún hoy en día. Atendiendo a esta realidad no podía ignorar que el ejercicio de las competencias políticas de la institución, obligaban a un intenso trabajo de relación con los organismos políticos del Consejo, como eran la Asamblea parlamentaria y el Comité de Ministros. Lo cual no siempre fue fácil.

2.2.1. La relación con el Comité de ministros

Uno de los objetivos a alcanzar para garantizarse la supervivencia cuando se llega a cualquier organización internacional y más aún en el Consejo de Europa donde las dificultades operacionales son importantes, es encontrar apoyos políticos y comprensión hacia la tarea que te han encomendado. Ese apoyo, desde el primer momento lo encontré en el Comité de Ministros y muy en especial en el conjunto de los embajadores que, en el día a día de la organización, representaban a los ministros de exteriores de sus respectivos países en el llamado Comité de Delegados. Tenía muy presente que la institución del Comisario era una iniciativa política surgida de los gobiernos, no del aparato de la organización y más en concreto de los países nórdicos. Era fundamental mantener unas buenas relaciones con los distintos embajadores y muy en especial con aquellos que disponían de un peso específico en la organización, empezando por el que presidiera rotativamente las sesiones del Comité de Delegados. Decidí por tanto aplicar una política de transparencia controlada, es decir informarles de las actividades e iniciativas del Comisario, pero guardando también la suficiente prudencia como para no poner en peligro su eficacia e independencia.

Como he dicho, la información es poder y por tanto compartirla mucho, no siempre es interesante. Esta forma de ver las cosas hacía que los funcionarios y el secretariado en general tendiesen a practicarla con avidez no solo con el nuevo Comisario sino también con el Comité de Delegados. Informar sí, pero lo justo. La filosofía subyacente no era difícil de adivinar. Finalmente, los fijos somos nosotros y los demás especialmente los de designación política solamente temporales, pasajeros. El desmarcarse de esta tendencia, compartiendo información sin quebrar ningún deber de reserva, me permitió establecer vínculos de confianza dentro del Comité de Delegados e incluso en algunos casos de amistad. Esta forma de proceder y especialmente en el caso de la guerra de Chechenia tuvo una buena acogida por parte de los embajadores, puesto que les permitía transmitir a sus gobiernos información de primera mano sobre cuestiones que solo se debatían en el Consejo de Europa y no en la OSCE o Naciones Unidas. El resultado fue una mejor comprensión de la gestión llevada a cabo por el Comisario y un apoyo precioso en el Comité de Delegados y en no pocos casos individualmente por algunos países muy significativos. Para reforzar esa relación abierta con los gobiernos nacionales y dado que el estatuto del Comisario lo permitía, también procuré abrir canales de comunicación directa con los diferentes ministros de asuntos exteriores cuando fue necesario, y en especial con aquellos que estuviesen directamente afectados por mis recomendaciones. Este diálogo directo fue siempre muy fructífero y permitió en distintas ocasiones desbloquear problemas que difícilmente hubieran encontrado solución en un debate público.

2.2.2. La Asamblea Parlamentaria. Una relación laboriosa

Un Parlamento sui generis

Antes de entrar a describir lo que fueron mis relaciones con la Asamblea, creo que es interesante conocer su naturaleza y muy a rasgos generales su estructura y funciones. No es un ejercicio académico innecesario sino todo lo contrario e imprescindible para entender las dinámicas internas de este órgano parlamentario y las insatisfacciones de buena parte de sus componentes, miembros de parlamentos nacionales. El Estatuto del Consejo de Europa es la norma que no solo lo crea, sino que también define lo que denomina como sus "órganos" a saber, el Comité de Ministros y la Asamblea Consultiva. A ambos les asiste la Secretaría (art.10). De esta definición legal, no modificada en lo esencial desde entonces, hemos de partir.

Si hay algo que está claro, es que los fundadores del Consejo de Europa no crearon un verdadero Parlamento (como es el caso del Parlamento Europeo) sino una organización intergubernamental asistida por una Asamblea consultiva, compuesta por un número determinado de parlamentarios miembros de los distintos parlamentos nacionales que se reúnen aproximadamente cada tres meses en Estrasburgo, durante una semana. La fórmula utilizada en el art. 22, para fijar su naturaleza, no deja dudas al respecto:

La Asamblea Consultiva es el órgano deliberante del Consejo de Europa. Deliberará acerca de los asuntos que sean de su competencia, tal como ésta queda definida en el presente Estatuto y transmitirá sus conclusiones al Comité de Ministros bajo la forma de recomendaciones.

No tiene pues la competencia básica de todo Parlamento, que es la de legislar. En su lugar emite recomendaciones, que es algo muy distinto. Siempre he tenido la impresión de que esta naturaleza jurídica de la Asamblea, como órgano deliberante que emite recomendaciones, ha sido una constante causa de desasosiego de sus componentes que son auténticos parlamentarios electos en sus correspondientes países y por tanto reaccionan políticamente como tales. Hasta tal punto es así, que pelearon para que no se les citase como Asamblea consultiva (aunque sigue en el Estatuto esa denominación) sino parlamentaria y finalmente consiguieron una modificación de su Reglamento por la que conquistaban la fundamental competencia de fijar su propio orden del día, que en origen era competencia del Comité de Ministros. Es pues un órgano complejo de tratar y muy dirigido por su Secretariado que es permanente, el cual en colaboración con el presidente y con los jefes de los grupos parlamentarios orienta toda la acción de la Asamblea y sus Comisiones. El Secretariado es el verdadero núcleo duro de la Asamblea, el que prepara el orden del día, toda la documentación necesaria, asiste a las Comisiones en sus trabajos, y a un conglomerado de parlamentarios de 47 países que se reúnen una semana cada tres meses, además de ser el enlace estable con el resto de la organización. Por su propia naturaleza es un organismo en busca perpetua de un protagonismo político que le permita superar sus limitaciones orgánicas.

Una relación compleja

Desgraciadamente mi relación con la Asamblea nunca fue lo fluida que yo hubiese deseado, ni menos aún interesante o útil para el mejor ejercicio de mis funciones. Como en toda cuestión política importante, la mayor o menor acogida de los diferentes intereses en juego pesan mucho. Y el hecho de que el Comité de Ministros no quisiera asumir en su día, algunas de las propuestas que la Asamblea hizo con respecto al proyecto de Resolución creando el Comisario, dejo un cierto resquemor. Por ejemplo, no otorgándole la legitimación para actuar ante el TEDH. Además, en el proceso de selección del primer Comisario rechazó incluir en la lista de seleccionados para el voto de la Asamblea a un veterano parlamentario alemán con una notable influencia en la Cámara, dejando una herida difícil de cerrar. El que posteriormente fuese yo el elegido y no la candidata surgida de la propia Asamblea, tampoco ayudó a superar los recelos de una parte de los parlamentarios, frustrados por la pérdida de influencia directa en una institución nueva y muy política.

Para completar los desencuentros entre ambos organismos, el Comité de Ministros tampoco hizo caso de la propuesta de la Asamblea de que el Comisario empezase sus funciones el 1º de enero de 2000, por las causa y razones que ya he comentado. Más tarde tampoco haría caso de su propuesta sobre la fecha de cese de mi mandato. Años más tarde de terminar mi mandato, consultando mis archivos encontré una nota naturalmente "confidencial" y sin firma, posiblemente redactada por el secretariado de la Asamblea, abordando la cuestión de mi sucesión y en la que volvía a ponerse sobre la mesa el resquemor de aquel desaire original del Comité de Ministros sobre las fechas de toma de posesión; y naturalmente sobre la prolongación de unos meses de mi mandato. Ese estado de ánimo podía observarse muy bien en los términos en que la mano anónima redactó su nota:

Durante la sesión a tiempo parcial (septiembre) en 1999, la APCE ha elegido al Sr. Alvaro Gil-Robles como CDH, para un mandato- según las actas- que comenzaba el 1º de enero de 2000. Sin embargo, en carta fechada el 26 de septiembre de 1999, el SG (Walter Schwimmer) ha invitado al CDH recién elegido, a comenzar sus trabajos el 15 de octubre 1999. Esta carta respetaba plenamente la citada decisión del CM pero ignoraba totalmente la indicación de la APCE sobre el inicio del mandato del CDH (¿podría considerarse ultra vires?).

No puedo asegurar rotundamente que fuesen estas las causas de lo que llegó a ser un evidente distanciamiento institucional, pero en todo caso, nunca llego a establecerse una relación fluida. Pienso que tal vez no ayudo a disipar estas nieblas de desencuentro, mi falta de sintonía con el Secretario General de la Asamblea el Sr. Bruno Aller, que tenía una concepción "regaliana" de sus funciones y una obsesión por que ninguna otra institución hiciese sombra a la Asamblea, políticamente hablando. Por solo citar un ejemplo de esta actitud tan poco colaboradora, me referiré al cumplimiento de la obligación que tiene el Comisario de presentar anualmente un informe de gestión al Comité de Ministros y a la Asamblea parlamentaria.

En cuanto al Comité de Ministros dicho informe como cualquier otro, lo presentaba y debatíamos en una sesión ad hoc. A mí me parecía que con respecto a la Asamblea deberíamos hacer lo mismo. No obstante, el Secretario General de la Asamblea no era favorable a que el Comisario expusiese su informe ante el pleno y por el contrario me ofrecía la posibilidad de hacerlo en alguna de las sesiones de la Comisión Permanente, con el razonamiento de que en ella estaban los parlamentarios que realmente tenían importancia en la Asamblea.

Por mi parte no estaba de acuerdo, pues entendía que podía interpretarse cara al exterior como una minusvaloración del Informe del Comisario, y por otra porque suponía impedir la conexión del Comisario con el Pleno, es decir con la totalidad de los parlamentarios de todos los países quienes realmente constituían la Asamblea, con la publicidad y visibilidad que ello suponía. Era un intento evidente por aguar la presentación del Informe anual o cualquier otro y reducir el protagonismo político del Comisario, sobre todo después de las misiones en Chechenia y sus consecuencias políticas. Aun hoy en la página web del Consejo se dice que la "Asamblea desvela las violaciones de los derechos humanos". Ella sola y nadie más. Era una actitud infantil a la que me presté una sola vez en una reunión en Lausana de la Comisión Permanente, donde ninguno de los altos jerarcas parlamentarios que a ella asistieron mostró el más mínimo interés por lo que decía y obviamente no habían leído ni una sola página de dicho informe. Y en la que tampoco estaban presentes los medios de comunicación. Tras esa reveladora experiencia le informé al Sr. Aller que no pensaba volver a exponer mi informe anual en ningún otro ámbito parlamentario que no fuese el pleno de la Asamblea. Como ya me esperaba esa actitud no le gustó y la situación de distanciamiento se prolongó durante algún tiempo, pero finalmente el informe terminó por someterse al conocimiento y debate en el pleno donde la totalidad de los parlamentarios y no solo un grupo reducido, podía escucharme y hacer preguntas. El procedimiento acordado incluía una presentación previa del Informe ante la Comisión de las cuestiones jurídicas, con debate y preguntas y ésta posteriormente preparaba un proyecto de respuesta y luego la presentación ante el Pleno. También se acordó que no hubiese votación al respecto, para salvaguardar la independencia del Comisario. Un poco más tarde se desbloqueó un asiento en el salón de plenos de la Asamblea, para que el Comisario pudiese seguir cuando lo quisiera las sesiones parlamentarias, lo que hice en varias ocasiones. Eran gestos para romper el hielo, a los que respondí positivamente. Lo cierto es que aun cuando he comparecido en Comisión en alguna ocasión solo guardo el recuerdo de haberlo hecho una vez ante el Pleno para informar sobre Chechenia y otra en 2004 para presentar mi Informe anual de 2002. El de 2003 aún estaba en manos de la Comisión de asuntos jurídicos, cuando cesé en mis funciones el año 2006. No fui citado nunca para informar y debatir sobre los informes que afectaban a los diferentes países visitados o sobre aquellas "Recomendaciones" de carácter general, o Avis jurídicos emitidos sobre cuestiones en ocasiones muy candentes. También es cierto que la Asamblea respetó siempre escrupulosamente la independencia del Comisario. Pero no me cabe la menor duda de que esa incomunicación y un enfermizo sentido del protagonismo de algunos parlamentarios, dificultaron una estrecha colaboración que hubiera sido muy útil para la mejor y mayor defensa de los derechos humanos, mandato que teníamos ambas instituciones.

En este contexto se enmarca y explica la forma en cómo la Asamblea trató el encargo que expresamente me hizo de visitar Kosovo y países limítrofes e informarle de la situación. Pero es cuestión a la que me referiré cuando aborde las intervenciones excepcionales o de crisis.

2.2.3. El Tribunal Europeo de Derechos Humanos

El lector ya sabe cuál fue la posición inicial del Tribunal hacia la creación del Comisario. No quería una institución que pudiese actuar ante el TEDH como es el caso de algunos Ombudsman europeos con respecto a sus jurisdicciones nacionales y menos aún que su creación supusiese una merma de su presupuesto. No obstante, esta posición de prudente desconfianza, nunca tuvo un reflejo negativo posterior en las relaciones interinstitucionales. Yo diría qué todo lo contrario. Fueron extraordinariamente generosos cuando me acogieron en su propia sede y me cedieron unos despachos en la planta baja, como ya he relatado. Siempre agradeceré al Tribunal su generosa acogida y el trato cordial y positivo que mantuve con su presidente, en aquel momento Luzius Wildhaber y varios de los magistrados, desde el primer día en que nos conocimos hasta el de mi despedida. Con el TEDH llegamos a establecer espacios de colaboración que resultaron muy interesantes. Recuerdo por ejemplo el caso de la visita a Hungría. Al igual que en todos los demás viajes se lo comunique al presidente. De una parte, para obtener información orientativa sobre la cantidad y naturaleza de las demandas interpuestas ante el tribunal que afectasen a ese país y el grado de cumplimiento de las sentencias. Era una información valiosa para actuar con el mayor conocimiento de causa posible al momento de realizar una visita de inspección a cualquier país. De otra, por si los informales oficios del Comisario con el correspondiente gobierno, pudiesen ser de utilidad para desbloquear algún incumplimiento de sentencia u otra cuestión de interés del tribunal, sin implicarle para nada oficialmente. Una colaboración de todo punto informal pero útil en no pocos casos.

Y efectivamente, con respecto a Hungría, el presidente del Tribunal me pidió si podría hacer alguna gestión muy discreta para acelerar el cumplimiento de unas sentencias. Lo hablé con el ministro de Justicia, que ignoraba esta circunstancia y al cabo de unos meses se desbloqueó por completo este obstáculo. En otra ocasión, aproveché mi visita oficial a Francia para conversar en el Consejo de Estado con su presidente sobre las tensiones reinantes en aquel momento con el TEDH, debido a algunas sentencias que no les gustaron y la necesidad de buscar fórmulas de distensión y entendimiento. La verdad es que estas suspicacias hacia el Tribunal no se superarían hasta la llegada en el 2007 de un nuevo presidente, Jean-Paul Costa, magistrado proveniente del propio Consejo de Estado. Es curioso cómo les cuesta a algunas democracias históricas aceptar que las supervisen desde fuera e incluso las condenen, como ha ocurrido en uno u otro momento a todos y cada uno de los países miembros del Consejo de Europa. Esta forma de hacer, demostró que el Comisario podría desempeñar en ocasiones, algún tipo de papel de utilidad para el TEDH al margen del ámbito puramente jurisdiccional, aunque también es cierto que el presidente podía por propia iniciativa o como consecuencia de una petición, sugerir al Comisario que intervenga en alguno de los asuntos pendientes. Esta posibilidad suscitó una reflexión y varias conversaciones, con respecto a la posibilidad de que, en algún asunto concreto y a juicio del Tribunal, pudiese intervenir el Comisario. En concreto, se me decía que podría producirse en aquellos casos en que hubiese cuestiones de gran transcendencia no suscitadas por los demandantes y que sería importante que pudiesen ser abordadas en la sentencia. El Comisario, permitiéndole comparecer como tercer interesado, podría ser de mucha utilidad. Delicado terreno en el que me moví con sumo cuidado, pues ni tenía medios, ni quería convertirme en abogado reparador de errores de terceros ante el Tribunal. De hecho, esta sugerencia del presidente solo la atendí en una ocasión durante mi mandato, cuando la Gran Sala solicitó la intervención del Comisario *"dentro de los límites de su competencia"*, en el caso Ilascu, Ivantoc, Lesco y Petrov-Popa, prisioneros en la región separatista de Transnistria y para facilitar la aplicación de una sentencia del Tribunal. Pero lo cierto es que estas experiencias de cordial colaboración y mi deseo de no interferir en el trabajo y competencias del Tribunal, hizo desaparecer todas las suspicacias desde el primer momento y contribuyó a crear un clima muy positivo en nuestras relaciones. Precisamente este clima, condujo al importantísimo cambio de criterio tanto por parte del Comité de Ministros como por el propio Tribunal, que se plasmó en el artículo 13 del Protocolo 14 al Convenio de Derechos Humanos, que entró en vigor en el año 2010 y donde sutilmente viene a recogerse aquella inquietud que discutía con su presidente.

Efectivamente, en dicho artículo se aprobó introducir un nuevo apartado en el artículo 36 del Convenio Europeo de Derechos Humanos, que dice así:

> *3. En cualquier asunto que se suscite ante una Sala o ante la Gran Sala, el Comisario de Derechos Humanos del Consejo de Europa puede presentar observaciones por escrito y participar en la vista.*

El vuelco de opinión en el Consejo de Europa y en especial en el seno del TEDH fue muy importante, y aun cuando no se le reconoce al Comisario la legitimación activa para comparecer como demandante, sino solo como tercero interviniente, este es sin duda un paso de gran trascendencia. Y también por qué negarlo, un reconocimiento indirecto de la utilidad demostrada con los hechos de la institución del Comisario, del respeto por su forma de actuar y los resultados obtenidos.

Pero esta reconsideración parcial del papel que pudiera tener el Comisario en cuanto al mejor funcionamiento del TEDH, que no es otro que el objetivo marcado por el Protocolo 14 y la consiguiente reforma del Convenio, me parece no obstante más un brindis al sol que un mecanismo eficaz y eficiente. Cuando esta reforma se estaba fraguando durante los años 2002 a 2004 en que se aprobó, dejé claro que personalmente no era favorable a que se atribuyese al Comisario esta nueva competencia. Y soy consciente qué en un origen yo mismo me manifesté a favor de ella. Pero la experiencia vivida al frente de la institución hizo variar mi criterio. Me animaba a mantener esta opinión y lo sigo pensando hoy, tres razones que no me parecen despreciables. De una parte, aquella que tal vez tiene más calado político. Me refiero a que las relaciones del Comisario con los gobiernos se basan en gran parte en una relación de confianza y lealtad en torno a los acuerdos que se adopten para poner en práctica las recomendaciones que se formulan por aquel a estos últimos. El Comisario aun cuando pudiera considerársele en cierta forma como un "fiscal acusador", en ningún caso es juez, sino un mediador institucional. Y en gran parte la información que obtiene en sus visitas, proviene de conversaciones con los respectivos responsables políticos de los países y en ocasiones con sus jefes de Gobierno e incluso de Estado. Estas conversaciones suelen tenerse al finalizar cada visita de inspección al país concernido o con cualquier otro motivo que lo exija, y en muchas de ellas se advierte al Comisario sobre, por ejemplo, los factores políticos que dificultan en ese momento la resolución de un problema; lo que no se aduce por el responsable correspondiente como una excusa para no resolver el problema, sino para que el Comisario comprenda mejor las dificultades de orden interno que hay que superar para alcanzar ese fin. En muchas ocasiones la voluntad existe por parte del gobierno de turno, pero hay que acompasar los pasos a dar con un determinado *tempus* político. Así que, si se llega a un pacto entre caballeros, el gobierno se compromete a hacerlo en un breve plazo. Todas estas conversaciones, delicadas explicaciones políticas e información complementaria en ocasiones con carácter confidencial para ayudar a comprender el contexto político del momento, no siempre se vuelcan en los informes, para dejar un margen discreto de maniobra al Gobierno para que finalmente pueda acordar con la oposición la aprobación de una ley o los créditos para construir unas prisiones nuevas, por solo citar algunos ejemplos. Este método de trabajo, de resolver los problemas con los Gobiernos y no contra los Gobiernos si naturalmente ellos también son leales y cooperadores, temía que podría verse seriamente afectado en el futuro pues es bastante evidente que cualquier responsable político será mucho más prudente y menos explícito en el tratamiento con el Comisario, si es consciente de que la información que le transmita puede llegar a ser usada en su contra en un caso concreto que se sustancie ante el TEDH.

Por otra parte, se planteaba la dificultad de gestionar seria y rigurosamente esta nueva competencia. ¿Si el Comisario solo podría actuar en casos que ya estaban sustanciándose ante el Tribunal, cómo saber cuál de ellos merecería su intervención?

La respuesta, en el plano puramente formal viene dada por lo dispuesto en el art. 44.2 del Reglamento del Tribunal el cual establece que:

2. Si el Comisario de derechos Humanos del Consejo de Europa deseara ejercer el derecho que le reconoce el art.36.3 del Convenio de presentar alegaciones escritas o de participar en la vista, deberá informar de ello por escrito al Secretario, no más tarde de doce semanas después de la comunicación de la demanda a la Parte contratante demandada o de la notificación a ésta de la decisión de celebrar una audiencia. El presidente de la Sala podrá, a título excepcional, fijar otro plazo...

En la lógica de este precepto estaría el que, al tiempo que se notifica a la parte contratante demandada, se informase también al Comisario. Pero el Informe explicativo del Protocolo 14 deja claro que esto no es ni siquiera imaginable, porque el Secretariado del Tribunal está desbordado de trabajo. Así que el Comisario se las apañe como pueda. El lector comprenderá muy bien que el argumento es poco riguroso, pues con los medios informáticos de que disponemos hoy en día, donde se hace una notificación al gobierno se puede perfectamente programar otra informando al Comisario, sin que ello suponga trabajo adicional alguno. Las razones de ese rechazo a colaborar son otras, que tal vez pueda coincidir con el deseo de no incitar al Comisario a intervenir con demasiada asiduidad. En esas condiciones, si el poderoso secretariado del TEDH no puede ni siquiera informar al Comisario para que decida ejercer o no sus competencias con conocimiento de causa, menos lo va a poder hacer la Oficina de este último infinitamente más modesta. Para que esta competencia fuese realmente efectiva, mantuve que haría falta que se estableciese un canal de información entre Tribunal y Comisario y que aquel le advirtiese de los asuntos en los que realmente estuviese en juego un interés general, que justificase el estudio de una posible intervención institucional, porque es impensable que el Comisario pueda seguir el día a día de los miles de asuntos que ante aquel se tramitan. Ignoro qué mecanismos se pusieron después en práctica para resolver este problema, si es que se ha puesto alguno en marcha. En todo caso es evidente que el Comisario ha podido intervenir puntualmente, cuando alguien se lo ha solicitado o ha dispuesto de una información puntual. Pero eso es todo. Al tiempo, dadas todas estas dificultades operativas, esta competencia resultaba o podía resultar un regalo envenenado pues, ¿en base a qué criterios objetivos el Comisario intervendría en un asunto y no en otros? ¿Cuáles serían sus prioridades? ¿Cuál sería su situación si interviene en un caso concreto contra un Estado determinado y obtiene una sentencia contraria a sus alegaciones? ¿Cómo afectaría a su prestigio y a sus relaciones con el país en concreto, pues no es un abogado más, ni tampoco un abogado de oficio? Estas y otras muchas interrogantes, me hacían dudar de la utilidad de esta legitimación indirecta.

Por último, también advertía del peligro que supone cargar a una institución volcada en otros procedimientos de resolución de conflictos por la vía de la mediación, con la legitimación para intervenir en un proceso, para convertirse en parte. Pensaba que ello iba a ser una fuente de presiones de todo tipo para que el Comisario interviniese en este o aquel proceso, pues obviamente su presencia da un mayor realce a la causa. No puedo responder a todas estas dudas, porque ya no ejerzo la responsabilidad institucional de Comisario. Sería interesante realizar un estudio sobre cómo se ha ejercido esta competencia durante los años transcurridos desde la modificación del Convenio y constatar si mis temores eran o no, fundados.

CAPÍTULO SEGUNDO
LA RELACIÓN CON OTRAS
ORGANIZACIONES INTERNACIONALES

Como es natural, la oficina del Comisario no podía limitar sus relaciones institucionales exclusivamente al campo de los organismos que forman parte del Consejo de Europa. También había que entrar en contacto con los organismos internacionales que trabajan o tienen relación con la protección de los derechos humanos. El director de mi oficina era firme partidario de establecer cuanto antes contacto con los responsables de estas organizaciones y abrir espacios de colaboración mutua. No solo era necesario coordinar esfuerzos, sino también aprovechar la experiencia de quienes llevaban lustros trabajando en este ámbito; y al tiempo compartir con ellos en la medida de lo posible nuestra modesta experiencia. Ello implicaba realizar desde el primer momento, un esfuerzo añadido para buscar los contactos y establecer relaciones no solo con los organismos vinculados a Naciones Unidas sino también con otros, cómo el ODIHR, el Comisario para las minorías de la OSCE, o el Comisario para el desarrollo democrático para las minorías del Consejo de Estados del Mar Báltico. También era importante mantener una relación fluida y de confianza con el Comité Internacional de la Cruz Roja (el CICR) con sede en Ginebra, extremadamente celosos de su independencia, pero con una muy larga tradición de presencia en conflictos armados. En el caso de Chechenia, estaba convencido de que habría de ser un valioso interlocutor. Como es natural corresponde al nuevo presentarse y explicar sus proyectos, lo que en no pocas ocasiones conlleva el delicado trabajo de despejar suspicacias y recelos.

Por otra parte, era esencial establecer buenas relaciones con las organizaciones no gubernamentales nacionales e internacionales, actuando en el terreno de los derechos humanos. Este era y sigue siendo, un campo extremadamente amplio y que abarcaba desde las grandes organizaciones internacionales, como Amnistía International o Human Rights Watch por solo citar las más significativas, hasta las que se circunscribían al ámbito nacional, incluso puramente local, cuyo número era naturalmente enorme. Estas últimas eran colaboradores imprescindibles y valiosísimos en la preparación y desarrollo de las distintas visitas de inspección.

Por último, era necesario también contactar con la red de Ombudsman nacionales y obviamente con el de la Unión Europea, a los mismos efectos que acabo de relatar, pero también para reforzarlos y sostenerlos frente a algunos gobiernos de las jóvenes democracias, siempre reticentes con la idea de soportar controles externos independientes. El mandato del Comisario obligaba a trabajar en todos estos frentes y en la medida de lo posible, con todas estas organizaciones. No siempre fue fácil, pero en todo caso quisiera dejar aquí una breve referencia a lo que dieron de si estos contactos a lo largo de mi mandato. Supongo que hoy estarán ya mucho más depurados y consolidados. Empezaré por los organismos dependientes de Naciones Unidas, los más directamente afines a mi misión y que obviamente en Europa también tenían una presencia muy activa desde hacía mucho tiempo.

1. NACIONES UNIDAS

En la agenda de contactos se encontraban en primer lugar el Alto Comisionado para los Derechos Humanos, y también el Alto Comisionado de Naciones Unidas para los Refugiados (ACNUR). Ambas instituciones tenían su sede en Ginebra, donde también se reunía periódicamente la Comisión de Derechos Humanos. En el seno del Consejo de Europa, siempre se ha dado mucha importancia al hecho de mantener buenas y fluidas relaciones con estos organismos. Personalmente era un tanto escéptico con la posibilidad de armar una seria cooperación a este nivel institucional. Entre otras razones, porque estos organismos de Naciones Unidas ya tienen un muy largo recorrido, un respaldo político que el Comisario no podía ni soñar, un campo de actuación universal y un aparato funcionarial que era muy celoso de sus propias competencias. ¿Para qué dar mucho juego a un recién nacido, si somos nosotros el referente mundial en materia de derechos humanos? Pese a todo, mi visita a la sede del Alto Comisionado para los Derechos Humanos en Ginebra tuvo lugar en las primeras semanas de mandato, como informé en mi primera comparecencia ante el Comité de Ministros en noviembre de 1999.

1.1. La Oficina del Alto Comisionado para los Derechos Humanos

Tuve la oportunidad de relacionarme y trabajar con tres titulares de la Oficina del Alto Comisionado para los Derechos Humanos. Con Mary Robinson hasta el año 2002 en que cesó, y posteriormente con Sergio Viera de Mello, entre ese año y mayo de 2003 en que marchó a Bagdad, donde moriría en un terrible atentado en el mes de agosto de ese mismo año. Le sucedió Louise Arbour, con la que tendría muy escaso contacto. Mi relación con Mary Robinson fue siempre muy cordial y especialmente intensa con motivo de la situación en Chechenia, que a ella le preocupaba mucho. Es una persona muy afable, que no hacía evidente que había sido presidenta de la República de Irlanda y realmente era sensible con las violaciones de derechos humanos. Me escuchó con toda atención y pudimos compartir puntos de vista con verdadera fluidez. Además, y esto es muy importante, estaba realmente comprometida con su tarea, que era enorme y de gran responsabilidad. En diferentes ocasiones le informé con detalle, sobre la situación en el Cáucaso y especialmente Chechenia, así como la creación de un representante especial para los derechos humanos en Chechenia, respondiendo a mi iniciativa ante las autoridades rusas. También conversamos en Ginebra, sobre la posibilidad de que las autoridades rusas aceptasen una visita suya al país y a Chechenia. La situación no era sencilla porque hasta esa fecha el gobierno ruso no había contestado positivamente a las solicitudes de la señora Robinson. Quedamos en que por mi parte haría una gestión muy discreta para intentar desbloquear la situación, promesa que cumplí. No creo que esta fuese la única razón que jugo a favor de permitir la visita de Mary Robinson a Chechenia, pero me gustaría pensar que si ayudó. Me alegró ese cambio de posición, porque con anterioridad las autoridades rusas en alguna ocasión, me habían transmitido su inquietud e irritación por algunas de las declaraciones que se habían hecho hasta entonces sobre el conflicto checheno desde la oficina de la Alta Comisionada.

Me parece de justicia reconocer que era lógico que la Alta Comisionada hiciera saber su preocupación e incluso alarma, por lo que estaba pasando en aquella parte del territorio de la Federación de Rusia. Lo extraño hubiese sido lo contrario. Pero me parecía también lógico que las autoridades rusas, si realmente querían aclarar las cosas y que se les tratase con objetividad deberían levantar los obstáculos que impedían una observación de la realidad directamente por quienes tenían la responsabilidad de velar por el respeto a los derechos humanos y muy en especial por parte de Naciones Unidas, organización a la que igualmente pertenecía la Federación de Rusia. Era de una lógica aplastante el deseo de la Alta Comisionada de visitar la Federación de Rusia y en especial Chechenia, y pienso que de gran interés para los rusos el garantizar que esa visita se pudiese realizar. Para ello también parecía razonable establecer antes las pautas y criterios bajo los que se va a realizar la visita, sobre todo dadas las circunstancias complejas que se daban en ese momento. Es el procedimiento común en estos casos. Nunca me cansaré de recordar que lo más importante de las misiones del Comisario no es obtener una percepción positiva por parte de terceros, de la opinión pública, de los medios o cualquier otro organismo en cuanto a su toma de posición o actividad, sino alcanzar resultados que mejoren la situación de las personas que están sufriendo las consecuencias de un conflicto tan cruento como en este caso el de Chechenia. Pienso que este enfoque no tiene qué ser exclusivo del Comisario, sino perfectamente asumible por cualquier otro organismo con funciones similares.

Detener las barbaridades cometidas sobre el terreno, conseguir la liberación de detenidos injustamente o alcanzar mejoras en su situación de privación de libertad, buscar que se haga justicia para con los actores de asesinatos, torturas o desapariciones. Luchar porque funcionen algunos mecanismos imprescindibles del estado de derecho, y se respeten las libertades públicas. En ocasiones parecen objetivos casi imposibles de alcanzar. Pero nunca se puede tirar la toalla, ni perder la esperanza, u olvidar el compromiso con las víctimas. Pensando en los terceros que se quedan sobre el terreno, cuando tú te vas en el helicóptero de retorno a tu casa; pensando en los que ya no la tienen y han perdido a tantos de los suyos y están sufriendo verdaderas atrocidades todos los días, en ocasiones tienes que renunciar a declaraciones de prensa brillantes que te permitan gozar de un titular aparentemente ensalzador de tu misión, para afianzar en la discreción de unas negociaciones en ocasiones muy duras, medidas concretas que ayuden a detener o al menos moderar aquellas atrocidades y devuelvan a una población sufriente algo de paz y respeto a su dignidad de seres humanos. Y ello no está reñido con la transparencia en la gestión y la denuncia de todas aquellas conductas y situaciones que lo merezcan. Es un delicado y difícil equilibrio, no siempre comprendido y en ocasiones, tenazmente combatido.

No obstante, y al margen de estas reflexiones muy personales, en mis conversaciones en Ginebra en el despacho de la Alta Comisionada, pude notar la actitud muy radical de una joven asesora norteamericana profunda y visceralmente anti rusa, proveniente de las filas de la ONG Human Righs Watch. Naturalmente me libré muy mucho de hacer cualquier tipo de comentario sobre la dificultad que entrañaba acercarse a Rusia y al problema de la guerra de Chechenia, partiendo de esa posición, pero este estado de ánimo me pareció sintomático. Recuerdo que, transcurridas unas semanas desde aquella conversación, una tarde soleada de Estrasburgo recibí una llamada telefónica de la señora Robinson en la que me comunicó que finalmente se había desbloqueado la situación con Moscú en cuanto a una visita suya a Chechenia, me lo agradecía y me pedía mi opinión para cómo mejor afrontar tan delicada misión. Obviamente le contesté que me alegraba mucho del nuevo clima y que a una persona de su experiencia no era yo quien para dar consejos. Si tal vez un par de sugerencias. La primera, no insistir en ir a ver la prisión de Tchernokosovo, en Chechenia, la primera que yo visité en el primer viaje en plena guerra, cuyas condiciones infrahumanas denuncié, y cuyo cierre inmediato solicité. Y se lo aconsejaba porque, después de esta visita mía, ir a ver esa prisión y criticarla se había convertido en una rutina de toda visita "occidental" a la región. Además, porque aun cuando no la cerraron, si la reformaron enteramente y en esas fechas ya estaba arreglada, pintada y perfectamente presentable para la prensa y visitas exteriores. De hecho, los programas oficiales de visitas la incluían siempre y si aceptaba visitarla, lo máximo que podría criticar era el que la sopa del rancho fuera insuficiente o estuviese fría. Tendría que reconocer públicamente ante la prensa los avances realizados y felicitar a las autoridades lo cual podría ser un tanto embarazoso.

Mi segunda sugerencia era la de no hacer ningún comentario a la prensa durante el viaje, sobre cuestiones vistas durante la presencia en Chechenia que pensase tratar con el presidente Putin mano a mano, pues el primero en recibir sus impresiones debería ser él, sobre todo porque según me decía ya tenía acordada una audiencia a su vuelta del Cáucaso. Me constaba que el presidente Putin era muy sensible en cuanto a respetar esta regla protocolaria. Ello no conlleva guardar silencio después de esa entrevista. Me agradeció muy vivamente estos comentarios y quedamos en que hablaríamos a su vuelta a Ginebra. Lamentablemente nunca llegó a producirse esa llamada, ni cambio de impresiones. Tiempo después supe que efectivamente había visitado la prisión de Tchernokosovo y que en algún momento debió hacer algún tipo de declaración a la prensa que acompañaba su viaje que no gusto en el Kremlin, y la entrevista con el presidente parece que se anuló. Pero no conozco en detalle lo ocurrido pues repito, después de aquel viaje no volvimos a hablar. Un incidente desafortunado que no obstante se superó más tarde.

Por lo demás, las relaciones con el Alto Comisionado estuvieron a punto de sufrir un gran y muy significativo avance durante el brevísimo mandato de Sergio Viera de Mello, con el que me entrevisté largamente, en compañía de mi director. Era una persona extraordinariamente abierta y afable, con la que sintonicé casi de inmediato, hasta el punto de que al final de la conversación me propuso que como Comisario me ocupase exclusivamente del área europea, renunciando él a invertir medios y esfuerzos en repetir lo que ya estábamos haciendo nosotros. Eso le facilitaba las cosas, pues ya tenía bastante con el resto del mundo. La verdad es que fue una propuesta casi revolucionaria que nos dejó perplejos, así como a su equipo presente en la reunión. Pero para nosotros era un espaldarazo de primer orden. Según acordamos designaríamos por ambas partes un equipo de expertos que preparase el acuerdo en el que plasmaríamos este método de trabajo y sin que ello supusiese, claro está, renuncia formal alguna a sus competencias universales. Recuerdo que a la salida su director de gabinete, visiblemente contrariado por el giro de la entrevista nos dijo que entonces habría que crear una subcomisión que elaborase ese documento y preparar el trabajo de la Comisión que habíamos acordado el Alto Comisionado y yo. La propuesta era típica del organismo internacional y un método seguro de retrasar o enterrar cualquier proyecto. Le contestamos que por nuestra parte los componentes de la indicada comisión y sub comisión eran los mismos que estaban presentes y que por tanto nos la podíamos ahorrar. No le hizo mucha gracia y nos despedimos pendientes de retomar las conversaciones. Unas semanas después llegó la noticia de que Melo abandonaba temporalmente la dirección del Alto Comisionado y marchaba a Bagdad, donde desgraciadamente fue tan brutalmente asesinado el 19 de agosto de 2003. Obviamente el bonito proyecto que habíamos armado en aquella reunión, también murió. Con su sucesora Louise Arbour, tuvimos unas cordiales relaciones en especial con las "Instituciones Nacionales" de su oficina, pero ya no hubo ocasión de recuperar el proyecto de Mello.

1.2. Alto Comisionado de Naciones Unidas para los Refugiados

Me gustaría ahora recordar la relación con el Alto Comisionado de Naciones Unidas para los Refugiados, porque alcanzamos una buena sintonía institucional. Durante mi mandato conocí a dos, Ruud Lubbers y Antonio Guterres, hoy Secretario General de Naciones Unidas. El primero llegó a sus funciones prácticamente un año después de que yo llegase a las mías, y fue con él con quien empezamos a tejer entre nuestras dos oficinas unas pautas muy útiles de trabajo, pues con su predecesora apenas tuve tiempo de tomar contacto. Era un hombre reservado pero muy cordial, que había sido primer ministro de Holanda y por tanto con una gran experiencia de gobierno, sensibilidad para su función y con el que me entendí bien, lo que era importante pues necesariamente tocábamos temas de interés común, aun cuando en mi caso en una proporción infinitamente más reducida en comparación a los retos a que tenía que hacer frente cada día el ACNUR. Con Antonio Guterres apenas coincidí durante un año, pues él llegó al puesto en el 2005 y yo me marché en 2006, pero aun así pudimos entrevistarnos y cambiar impresiones e información de mutuo interés.

Permítanme explicar por qué era importante para el Comisario tener una relación fluida con el ACNUR. Desde el primer día en que me sumergí en el trabajo sobre el terreno, la cuestión de los refugiados y desplazados con motivo de conflictos armados fue una constante. La guerra de Chechenia, la guerra entre Georgia y Abjasia, las consecuencias del conflicto de Nagorno Karabaj entre Armenia y Azerbaïdjan, o el conflicto de los Balcanes y en especial Kosovo, entre otros ejemplos que podría ir desgranando, me obligaban a sumergirme en la situación de miles y miles de personas, víctimas de la guerra, el terror y la barbarie que se veían obligadas a abandonar sus hogares, sus ciudades y países para buscar una posibilidad de supervivencia fuera de sus fronteras. El trabajo de la oficina del Comisario no podía ignorar esta realidad de los refugiados y demandantes de asilo, presente en casi todas las visitas a los distintos países. Por ello era importante establecer espacios de colaboración discreta e intercambio de información entre nuestra oficina y el ACNUR, lo que conseguimos e incluso en algún caso llegamos a desbloquear situaciones delicadas y tensas entre el ACNUR y determinados gobiernos.

Sirva de ejemplo la negociación que tuve que llevar a cabo con motivo de mi visita oficial a Italia, para elaborar el correspondiente informe sobre derechos humanos. Corría el mes de junio de 2005 y al preparar los distintos puntos que habrían de ser vistos y tratados a lo largo de esa visita, cada vez tenía más claro que no iba a ser nada sencillo abordarlos y menos obtener resultados positivos. Italia estaba sometida a fuertes tensiones y dificultades en materia de derechos humanos. En este orden de cosas, la cuestión que tal vez preocupaba seriamente en el Consejo de Europa y en especial en el Tribunal Europeo de Derechos Humanos, era el número de demandas por el mal funcionamiento de la Administración de Justicia y en especial por la acumulación de casos pendientes de sentencia en prácticamente todos los órdenes jurisdiccionales. Aunque no pienso detenerme aquí sobre esta cuestión concreta, que desde luego formaba parte de mi agenda de trabajo, lo cierto es que en 2004 según la información que me proporcionó el Procurador General ante el Tribunal de Casación la duración media de los procedimientos en Italia era de ocho años en los civiles y cinco en los penales. Al 30 de junio de 2004 más de nueve millones de asuntos estaban pendientes de juicio en el conjunto de las jurisdicciones. A estos y otros problemas, como las condiciones de detención de personas especialmente peligrosas en prisiones de alta seguridad, se acumulaban en la agenda preparatoria del viaje. Uno de aquellos tenía una especial relevancia. Se trataba de analizar y constatar las consecuencias derivadas de la ola de emigración irregular que llegaba al país y en especial por Lampedusa. Estábamos ante una situación muy delicada pues no se trataba solo de emigrantes económicos, sino posiblemente de un número importantes de potenciales demandantes de asilo. Esta situación no afectaba solo a Italia sino también al conjunto de la Unión Europea, y era evidente que Roma no obtenía la ayuda y el apoyo necesario de la Unión Europea y menos de algunos países fronterizos, felices de dejar pasar a muchos emigrantes de centro Europa. La agenda era por tanto muy amplia e intensa (47 visitas y encuentros de trabajo entre el 10 y el 17 de junio de 2005) y debo decir que el Gobierno italiano colaboró plenamente y facilitó, sin reticencias, mi acceso a distintos centros de detención, campamentos de Roms y desde luego también a la isla de Lampedusa para que pudiese ver directamente y de primera mano lo que allí estaba ocurriendo. Con un programa muy apretado de trabajo para esos siete días (incluyendo estancias en Roma, Nápoles, Venecia y Lampedusa), la visita a la isla solo pudo realizarse, sin prolongar en exceso la estancia, gracias a una colaboración extraordinaria del ministro del Interior Giuseppe Pisanu, con el que tuve una primera entrevista en la tarde de mi primer día de visita y en la que le adelanté lealmente los puntos que me inquietaban, entre otros la situación en Lampedusa. El ministro mostró desde el primer momento, una clara predisposición a colaborar y prueba de ello es que puso a mi disposición un avión del ministerio que nos llevó por la mañana del día 12 de junio desde el aeropuerto de Capodichino a Lampedusa y nos devolvió por la tarde a Roma. Este gesto de un ministro de un gobierno presidido por Berlusconi era cuanto menos inusual, acostumbrado como estaba a no contar en ninguna de mis visitas a los diferentes países con el entusiasmo de los titulares del Ministerio del Interior siempre recelosos, a la defensiva y aún menos, colaboradores con la tarea de un Comisario de Derechos Humanos. Tal vez influyó en esta predisposición el talante personal del ministro, proveniente de la fenecida Democracia Cristiana.

En aquellas fechas la llegada de emigrantes hacia la Unión Europea tenía tres puntos esenciales a saber, las pateras con destino a las Islas Canarias y costa mediterránea española y naturalmente las ciudades de Ceuta y Melilla, convertidas en verdaderos fortines. Los otros dos puntos del Mediterráneo eran Malta y la isla de Lampedusa en Italia. Las políticas de acogida no eran similares. Malta simplemente los detenía sin más trámite y los internaba en verdaderos campos de detención, privados de toda posibilidad de movimiento por un largo periodo de tiempo y donde las garantías de poder solicitar asilo eran más simbólicas que reales. Lo que las autoridades buscaban, sin mucho disimulo, era crear la imagen de que ir a Malta en la condición de emigrante irregular era lo peor que te podía pasar. A esta situación me referí y la denuncié en un informe sobre la visita a aquel país. A Lampedusa llegaban por cientos e incluso miles emigrantes procedentes de Libia mayoritariamente, dada su cercanía. La situación había creado serias tensiones entre la población de la isla, en principio favorable a los emigrantes y luego alarmada por el número de ellos. La situación a valorar se complicaba por las practicas expeditivas por parte de las autoridades policiales italianas que en acuerdo con Libia expedían a dicho país un gran número de los recién llegados, sin mayor trámite y sin que aparentemente se garantizase el derecho a pedir asilo, argumentando que eran emigrantes económicos que utilizaban ese truco simplemente para ganar tiempo. Esa práctica había conducido a una seria tensión entre las autoridades policiales italianas y la delegación del ACNUR en Italia presente en la isla y que se oponía a ese sistema aplicado sin filtros ni garantías. La situación llegó a tal punto de tensión, que la delegación de ACNUR fue expulsada de la isla. El ACNUR me había pedido si podía hacer una gestión discreta para desbloquear la situación. No voy a entrar aquí y ahora a describir la situación en la isla pues quien tenga interés específico en ello, lo puede encontrar en mis informes y en la muy numerosa información aparecida durante estos años en los diferentes medios de comunicación.

Pero si dejar constancia de que la labor de los carabinieri rescatando a los emigrantes era sencillamente extraordinaria, arriesgando muchas veces sus vidas. Atendiendo a los rescatados del mar había un total de 25 personas pertenecientes a la organización religiosa *Misericordia*, más un médico, una enfermera y un psicólogo. El juez de paz que habría de resolver sobre la situación de cada uno de los llegados estaba en Sicilia y venía de vez en cuando en helicóptero. Por mucho que intenté obtener información de los miembros de la Misericordia, guardaron un impenetrable silencio negándose muy educadamente a darnos ninguna información sustancial y menos sobre el problema de los potenciales demandantes de asilo. Así que me reafirmé en mis sospechas de que en aquella isla quien decidía sobre el emigrante que se quedaba o se expulsaba eran sencillamente los funcionarios de policía, sin garantías reales de que quienes quisieran pedir asilo o refugio tuvieran la posibilidad de hacerlo antes de ser devueltos expeditivamente a Libia. Hecha la constatación, solo me quedaba concretar la posibilidad de tratar de este tema nuevamente con el ministro antes de redactar y presentar mi informe oficial ante el Comité de Ministros. Así se lo hice saber a la persona de su gabinete que me acompañaba durante la visita. Dicha entrevista se celebró en una segunda visita muy breve a Roma, el 23 de junio del mismo año. La entrevista se celebró en el despacho del ministro y le acompañaron su jefe de gabinete, el consejero diplomático y el jefe de policía responsable de extranjeros. Por mi parte solo me acompañaba un muy querido e inteligentísimo asesor que cumplía sin serlo oficialmente, las funciones de un jefe de gabinete que de hecho nunca tuve oficialmente. Me refiero a John Dalhuisen. Repasamos toda la lista de cuestiones suscitadas a lo largo de todas las visitas a centros de refugiados, campamentos Roms y obviamente también a la situación en Lampedusa. En cuanto a Lampedusa el ministro realizó una larga exposición histórica para terminar diciéndome que era necesario hacer algo expeditivo o serían desbordados. El jefe de policía se lanza a decirme que es perfectamente legal lo que hacen y muy eficaz, dándome a entender que tienen un acuerdo secreto con Libia para estos casos de devolución en caliente y que no era necesario ningún otro control externo. Así las cosas, le digo al ministro que si esa era la posición oficial no esperasen contar con mi silencio y acuerdo sobre esta situación, lo que sería muy lamentable pues era muy consciente de los esfuerzos que estaban haciendo para hacer frente al problema. Pero el establecimiento de unas mínimas garantías para los posibles demandantes de asilo era para mí una cuestión innegociable. En ese momento el ministro, muy inteligentemente me propone si no sería para mi suficiente el que se ocupase de esa tarea de nuevo la delegación del ACNUR en Italia. Le dije que por mi parte esa solución resolvía mis dudas sobre ese punto y cerramos nuestro acuerdo entre caballeros, que él cumplió estrictamente. Por un momento creí que al jefe de policía le daba un ataque al corazón, pero guardó absoluto silencio mirándome con un resentimiento doloroso que yo no podía resolver. Gajes del oficio. Esa misma tarde antes de salir de nuevo para Estrasburgo le comuniqué al representante de ACNUR en Roma el resultado de nuestra conversación, que agradeció muy sinceramente lo mismo que se hizo más tarde desde Ginebra, porque quedaba resuelto un enojoso conflicto diplomático al tiempo que garantizados los derechos de los potenciales demandantes de asilo. Y ello sin ruido ni estridencias. La colaboración con el ACNUR fue muy positiva e importante para mí en casi todas las visitas que tuvimos que realizar a campos de refugiados, en aquellas regiones que estaban sufriendo conflictos armados o en situación de postconflicto. Su colaboración me ayudó en extremo a comprender la magnitud de la erosión del derecho de asilo en Europa, tendencia que no ha dejado de consolidarse hasta nuestros días.

1.3. Las relaciones con la Cruz Roja Internacional (CICR)

No quisiera dejar cerrado este recorrido por el mundo de las relaciones interinstitucionales sin referirme a otra colaboración que pude mantener durante aquellos años y que fue muy valiosa. Me refiero a los contactos con la Cruz Roja Internacional con sede en Ginebra. Poder mantener estos contactos, y disponer de su colaboración y experiencia centenaria en el tratamiento de los conflictos armados y sus consecuencias desde el punto de vista humanitario, era importante. No solo para la formación de una opinión lo más real y acertada posible a la hora de afrontar una situación concreta y trabajar sobre el terreno. También lo era para ir dando forma y contenido, diseñando los criterios y formas de intervención del Comisario en situaciones de crisis agudas para los derechos fundamentales y velar por su respeto efectivo, como le ordenaba su mandato. En suma, para poder hacer lo más eficaz posible su tarea de mediador. Desde el primer momento en que nos conocimos, y cada vez que nos encontramos en Ginebra, me entendí muy bien con Jacob Kellenberger, por aquellas fechas director del CICR. Creo que la clave que lo hizo posible fue mi absoluta transparencia y sinceridad sobre los objetivos para los que estaba trabajando, y de la especial discreción con la que enfocaba aquellos contactos, factor al que la organización de Ginebra daba siempre especial importancia, celosa de la defensa de su independencia. Enfoque en el que coincidía plenamente, pues yo tampoco estaba dispuesto a que hubiese la más mínima duda sobre la nuestra.

De otra parte, su director siempre hizo gala de una extraordinaria amabilidad en nuestras conversaciones y justo es decirlo también de una claridad y confianza que le agradezco muy sinceramente. Nos ayudaron con datos e información valiosa sobre el terreno, donde cooperaron decisivamente para facilitar muchas de nuestras visitas, especialmente en materia de personas desaparecidas o desplazadas, como es el caso de los Balcanes o el Cáucaso. Pero a mí, me parecía esencial poder contar con una participación del CICR en la búsqueda y articulación de vías de tratamiento de las secuelas graves generadas como consecuencia del conflicto desencadenado por la segunda guerra de Chechenia. Y ese era un terreno especialmente delicado para ellos y también, hay que decirlo, muy doloroso. No se podía ignorar qué durante la primera guerra, se estableció en Novye Atagui un hospital de la Cruz Roja Internacional en el que se atendieron a cientos de chechenos y qué en 1996, en una noche trágica seis cooperantes trabajando en el mismo y entre ellos la enfermera Fernanda Calado fueron asesinados mientras dormían por elementos nunca identificados, pero sin que pueda excluirse su vinculación con los combatientes rebeldes y más radicales islamistas. A raíz de ese salvaje y cruel asesinato de personas que solo pretendían ayudar, pero que evidentemente eran testigos molestos de determinados comportamientos, el CICR se negó a volver a aquellas tierras si antes no se daban las garantías suficientes de que no se repetiría aquel drama. En este contexto, convencer a las autoridades rusas de que deberían reiniciar sus contactos con el CICR no solo por razones de humanidad hacia las víctimas de la guerra, sino también como garantía de colaboración abierta y transparente con una organización del prestigio, rigor y experiencia del CICR me pareció importante desde el mismo inicio de mis actividades en aquella torturada tierra. Pero no podía presionar e insistir en esta línea, si antes no estaba seguro de que por parte de aquella organización había una posición favorable a considerar la posibilidad de volver a territorio checheno. Aún guardo en el recuerdo la que creo que fue nuestra última conversación, en octubre de 2004, donde, ya iniciada la recta final de mi mandato, pasamos revista a muchas cuestiones de interés común y en especial a la de las personas desaparecidas, su búsqueda, identificación y entrega a las familias, como un factor de pacificación de gran importancia, como habíamos visto que se estaba haciendo en Kosovo. Informé al director del estado de estas gestiones y de mi intención de volver a Moscú en enero de 2005, para trabajar con el Procurador General sobre esta cuestión, de la búsqueda e identificación de los cadáveres. También de lo evasivos que eran cuando les planteaba crear un espacio de colaboración con la Cruz Roja, como era el caso de que hablábamos. Y efectivamente constatamos que aun cuando habían vuelto a cooperar en el Cáucaso con ayuda alimenticia y material, aún había reticencias, dificultades y obstáculos levantados sobre todo por el Ministerio del Interior, para visitar los centros de detención en Chechenia y en esas circunstancias era difícil que ellos pudiesen seguir manteniendo esa actividad. O lo hacían sin reservas por parte rusa o no lo hacían. Y era lógico. En mi última etapa, hice todo lo posible por que las autoridades rusas dejasen de poner esos obstáculos. El 17 de diciembre de 2006, en Novye Atagui el CICR pudo celebrar una ceremonia de recuerdo de aquellos asesinatos ocurridos diez años antes.

2. TRABAJANDO CON LA ORGANIZACIÓN PARA LA SEGURIDAD Y LA COOPERA-CIÓN EN EUROPA (OSCE) Y EL ODIHR

La Conferencia sobre Seguridad y Cooperación en Europa, se inicia en 1973 y finaliza en 1975 con la aprobación del Acta final de Helsinki. En ella se recoge in extenso sus objetivos esenciales, entre los cuales la cuestión de los derechos humanos y su protección obviamente no es olvidada. Pero no es el objetivo y razón de ser esencial de la organización. Aun así, el tema de la defensa de los derechos humanos siempre estuvo presente desde su constitución y muy especialmente desde la cumbre de Paris en 1990, donde la vieja CSCE se transforma en OSCE y donde al abordar el capítulo de la "dimensión humana" se dice textualmente: «*declaramos que nuestro respeto de los derechos humanos y de las libertades fundamentales es irrevocable. Aplicaremos plenamente y desarrollaremos las disposiciones referentes a la dimensión humana de la CSCE*». Por ello y aun cuando no siendo su objetivo principal la defensa de los derechos humanos, sino la seguridad en Europa, decidí abrir también un espacio de cooperación con esta organización. Establecimos contacto en Varsovia con la Oficina de Instituciones Democráticas y Derechos Humanos (ODIHR) instrumento de la OSCE para su política en materia de derechos humanos y procesos electorales, entre otros campos de trabajo. Con ellos y especialmente con el embajador Stoudmann que dirigía por aquel entonces la oficina, las relaciones fueron siempre cordiales. Pero lo cierto es que las actividades de la OSCE, estaban enmarcadas en un ambiente de recelo por parte de algunos países miembros y muy en especial por la Federación de Rusia. En relación con este aspecto de mi actividad, creo que tuvo especial relevancia el encuentro que sostuvimos en Viena el 27 de febrero de 2003, como consecuencia del desarrollo del conflicto de Chechenia. El presidente del Consejo Permanente de la OSCE Justus J. de Visser me había invitado a participar en una sesión "especial" de dicho Consejo y compartir con el mismo mi opinión sobre esta guerra en territorio de la Federación de Rusia y lo que entrañaba en el terreno de los derechos humanos. Este encuentro se produjo después de mi cuarto viaje a aquella atormentada república caucasiana. Todos y cada uno de los 55 miembros del Consejo conocían ya mis informes, pero estaban interesados en sostener un cambio de impresiones en directo, sobre todo porque estaba convocado un referéndum para aprobar la nueva constitución chechena. La cuestión del referéndum desde luego planteaba serias dificultades, no solo en cuanto a la oportunidad del mismo sino también en cuanto a las garantías de una mínima objetividad en su realización, lo que incluía garantizar la máxima participación y las necesarias condiciones de seguridad, así como el derecho de los disidentes u opositores a manifestar su posición públicamente sin sufrir persecución por ello. En mi intervención no oculté el reto que suponía garantizar todos estos extremos por parte de las autoridades rusas, pero también que dicho referéndum con todas sus carencias y dificultades, era un primer paso para salir del absoluto vacío institucional y marchar hacia una posible estabilización de la república y la puesta en marcha de sus instituciones y órganos propios de gobierno.

Expliqué que en las gestiones que estaba realizando con las autoridades de Moscú y el propio presidente Akhmad Kadyrov, advertía de la necesidad de garantizar el voto de todos los chechenos que lo deseasen, incluidos los numerosos desplazados en Ingusetia llevando allí las urnas, así como que los opositores pudiesen participar en el debate, aunque ya se hubiese sobrepasado la fecha oficial para constituir grupos de ciudadanos interesados en opinar al respecto. No les oculté la insoportable situación de continuas desapariciones, secuestros y asesinatos mayoritariamente atribuidos al ejército y las fuerzas de seguridad y la impunidad reinante, pese a todos los esfuerzos realizados. Finalicé, recordándoles la importancia de que la OSCE pudiese intervenir en este proceso electoral y trabajase más intensamente en Chechenia. La delegación americana hizo una declaración de apoyo al Comisario y sus propuestas, aunque se manifestaba crítica con la idea del referéndum, sobre el que consideraba que no se daban las circunstancias para realizarlo. Guardo un recuerdo agridulce de aquella sesión de trabajo con los embajadores, pues era evidente que no solo se trataba de obtener una información directa y de primera mano de la situación que se vivía en aquella zona del Cáucaso; sobre la naturaleza y gravedad de las dificultades por las que pasaba la población y las posibles vías de resolución del conflicto, sino que para una parte del Consejo era importante conseguir una declaración mía con un reconocimiento explícito de violación de derechos humanos por parte de Rusia en Chechenia, más que involucrarse decididamente en trabajar a fondo en busca de soluciones para una paz duradera. Pero afortunadamente no era la posición mayoritaria y la colaboración con la OSCE siguió siendo positiva, como lo había sido en Moldavia, Georgia y otras misiones más del Comisario.

3. LOS CONTACTOS CON LA UNIÓN EUROPEA

Con el ánimo de completar esta política de relaciones interinstitucionales, me pareció importante dar a conocer la del Comisario y sus potencialidades políticas, en el seno de la Unión Europea. Rápidamente comprendí que la maquinaria administrativa del Consejo y aún menos su Secretario General, estaban en condiciones de facilitarme un contacto fluido, que ellos mismos tenían dificultad en mantener. Tendría que arreglarme por mi propia cuenta. Para organizar mis proyectos de futuro era importante explorar hasta qué punto podría contar con un apoyo real de Bruselas, con la fuerza del apoyo político de una organización tan potente como la Unión Europea. Pero el intento era delicado, dado que las relaciones entre el COE y la UE no pasaban por su mejor momento. Vientos poco favorables, por decirlo en términos amables, llegaban desde Bruselas donde reinaba un espíritu de cierta prepotencia frente al Consejo de Europa. El propio Consejo de Europa dependía cada vez más de los apoyos económicos de la Unión para llevar a cabo programas fundamentales.

3.1. Una aproximación al contexto

Dos tipos de problemas se presentaban claramente al observador más obtuso. El primero era de orden económico derivado de las reducciones sistemáticas del presupuesto del Consejo, resultado de la política del Comité de Ministros de no ampliarlo. La consecuencia inmediata era no disponer de personal y medios económicos suficientes para mantener su agenda tradicional de actividades. Esa actitud por parte de los Estados miembros, creo que se debía a la subsistencia de la idea de que el Consejo era demasiado costoso en personal y gastos de actividad y era necesario poner orden y límite. Al fin y al cabo, el modelo democrático de occidente ya había triunfado sobre los autoritarios y el comunista. No había competencia y por ello también una menor necesidad de defender lo que ya estaba clamorosamente confirmado. O eso pensaban los gobiernos y burócratas occidentales. De otra parte, así como las actividades de la OSCE en materia de derechos humanos a nadie preocupaba en exceso y eran fácilmente asimilables, la pretensión de la Unión Europea de contar con su propia estructura en materia de derechos humanos y la correspondiente agenda, planteaba una duda sobre la posible intención de poner en marcha una iniciativa que de hecho condujese a una competencia aparentemente "desleal" o como mínimo, de doble empleo de esfuerzos y medios. La situación era realmente compleja y un tanto kafkiana pues los países componentes de la Unión Europea eran todos también parte del Consejo de Europa, y con las ampliaciones posteriores la verdad es que solo quedaban fuera como potencias relevantes, la Federación de Rusia y Turquía. Por parte de Bruselas lo cierto es que se valoraba muy relativamente la labor del Consejo de Europa, lo cual era un error manifiesto y una injusticia notoria. Pero no toda la culpa era achacable a la "malvada" Unión. Siempre he pensado que esa obstinación del "aparato" del Consejo, el secretariado, de prácticamente no comunicar con la sociedad en general y menos con los medios de comunicación, esa manía por idolatrar el concepto de "confidencial" hasta para la última tontería, en vez de vender sus logros y éxitos a los cuatro vientos, pesaba como una losa a la hora de que fuera de sus muros, alguien entendiese lo que hacia esa organización e incluso millones de personas ignorasen su sola existencia. Eso desde luego no pasaba con la Unión Europea, que desde su fundación ha llevado una comunicación constante de sus actividades, logros y decisiones lo que, unido a su peso económico y político, la convierte en una organización bien presente en el día a día de los ciudadanos europeos.

Otros dos factores más enrarecían las relaciones entre las dos organizaciones intergubernamentales europeas. De una parte, no acababa de consumarse el mandato del Tratado de Lisboa de adherir la Unión Europea al Convenio europeo de derechos humanos. La Unión venía arrastrando los pies desde hacía años a causa de reticencias internas y también de la actitud del Tribunal de Justicia de la Unión Europea (TJUE) especialmente celoso de guardar su independencia frente al Tribunal Europeo de Derechos Humanos (TEDH). De efectuarse esta adhesión, las resoluciones de la TJUE podrían ser revisadas ante el TEDH, como las de cualquier otro Tribunal Supremo de cualquier Estado parte, siempre y cuando fuere en materia de su competencia. Los jueces de Luxemburgo siempre se mostraron reticentes a esta posibilidad por lo que fue muy fácil buscar un nuevo obstáculo a dicha integración pidiendo por parte de la Comisión al TJUE un dictamen, que no era en absoluto necesario, sobre dicha integración y cuya respuesta obstaculizadora a nadie se le ocultaba que sería inmediata. Y así fue y esa situación de no integración persistió hasta el mismo día de mi marcha del Consejo, y aunque la entrada en vigor del Protocolo 14 lo facilita y ambas organizaciones aprobaron el 6 de octubre de 2020 un comunicado comprometiéndose a ello, tengo la impresión que todo sigue igual y sin muchas esperanzas de que David doble el brazo del Goliat europeo.

Otro factor que generaba tensión era el creciente interés de la Unión Europea por crear su propia estructura normativa y orgánica en materia de derechos humanos. Con la aprobación de la Carta de Derechos Fundamentales y la creación de la Agencia de Derechos Fundamentales, parecía darse el paso de crear un marco normativo específico de la UE en materia de derechos humanos y un instrumento administrativo propio para su apoyo y difusión al margen del Consejo de Europa. Cierto que el Convenio Europeo de Derechos Humanos, debido a su antigüedad es más limitado que la Carta, pero ello es solo en apariencia, pues a lo largo de los años el Consejo de Europa ha ido generando un cúmulo de Protocolos que han completado el Convenio, al tiempo que la jurisprudencia del TEDH también ha ido realizando una interpretación expansiva y modernizadora. No obstante, la Unión Europea no ha dejado de emitir señales desde la aprobación del Tratado de Lisboa dejando entender su nulo entusiasmo por ratificar el Convenio y por el contrario su decidido empeño por ser autónoma y autosuficiente en materia de derechos humanos. Esto es una realidad difícil de negar por desgracia, que debilita al Consejo de Europa más necesitado que nunca de un apoyo decidido y claro.

Por último, creo que existe un motivo nunca expresado con claridad, pero que sobrevuela en el ánimo de los responsables políticos y administrativos de Bruselas y que yo me atrevo a adelantar aquí como intuición estrictamente personal. Me refiero a la reticencia a sentirse controlados por organismos políticos y jurisdiccionales externos a la propia Unión, sobre todo en materia de derechos humanos y teniendo en cuenta que la Federación de Rusia o la propia Turquía que no son ejemplos en la materia formaban en el caso ruso y forman en el turco, parte de esos mecanismos de control.

3.2. Tendiendo puentes

En todo caso me tocaba trabajar en ese ambiente y con esas dificultades flotando en el aire. Pero no puedo quejarme pues desde el primer momento la acogida por parte de las distintas instituciones comunitarias fue francamente positiva. Me detendré brevemente sobre alguna de las experiencias que tuve en mi relación con ellas.

3.2.1. Con la Comisión

Tal vez me equivoque, pero pienso que el factor determinante para que las puertas de la Unión Europea se abriesen a una progresiva colaboración con el Comisario fue la decisión de plantear el inicio de mi mandato con una misión en Chechenia, en plena guerra; y que esa pretensión fuese aceptada por las autoridades rusas, rompiendo una barrera hasta entonces infranqueable para cualquier otro representante de instituciones europeas o de Naciones Unidas. Visto desde esta perspectiva, posiblemente pensaron que el Comisario del Consejo de Europa tal vez fuese más útil de lo que en un primer momento pudieran haber pensado (una nueva ocurrencia del Consejo de Europa) y tal vez fuese interesante seguir sus andanzas, pues en esos momentos las relaciones con Rusia eran un motivo de inquietud y reflexión.

El tiempo en que desempeñé mis funciones, coincidió con el de dos Comisiones diferentes, la primera presidida por Romano Prodi y la segunda por José Manuel Durão Barroso. Obviamente mis contactos se ciñeron principalmente a los sucesivos comisarios responsables del área de relaciones exteriores de la Comisión, como fue el caso de Chris Patten y después Benita Ferrero Waldner; o con Günter Verhengen responsable de la ampliación de la Unión Europea, y con Antonio Vittorino responsable de Justicia e Interior. Además, debo reconocer que tuve una excelente relación con Javier Solana, Secretario General del Consejo y Alto Representante de la PESC. Añadamos a ello el que también me reuní en diversas ocasiones, con los embajadores del COREPER (Comité de Representantes Permanentes de los Gobiernos de los Estados miembros de la Unión Europea), a invitación suya, especialmente interesados no solo en lo que estaba haciendo con carácter general, sino obviamente con respecto a la situación en Chechenia y mi relación con la Federación de Rusia. También fueron importantes y muy útiles las fluidas relaciones con el Parlamento Europeo y en especial con algunas de sus comisiones. Prestaron más atención e interés al trabajo y opiniones del Comisario, que la mostrada por nuestra Asamblea Parlamentaria. Lo cual no debiera haberme extrañado mucho pues como bien dice el refrán, "nadie es profeta en su tierra".

3.2.2. Con algunos Comisarios en particular

La relación que llegué a establecer con algunos comisarios, creo que se debió a una doble causa. En primer lugar y como ya he adelantado, a los contactos establecidos y la cooperación mantenida con motivo de las actividades desempeñadas en la Federación de Rusia, y muy en especial en lo que afectaba a la guerra de Chechenia y sus consecuencias posteriores. Ello incluía mi percepción política del conflicto. También podríamos añadir la experiencia derivada de mi implicación en la resolución de los conflictos entre Georgia y Afjásia, o Moldavia y Transnestria; o el trato a las minorías rusas en los países bálticos, que tanto irritaba al presidente Putin. La otra era consecuencia de la colaboración del Comisario en el proceso de ampliación de la Unión Europea a solicitud de ella misma, así como en algunos aspectos de la puesta en marcha de la política de vecindad y como es obvio, el respeto efectivo de los derechos humanos en cada uno de los países miembros, sujetos en esta materia al control del Comisario.

Con respecto a la primera vertiente a la que he hecho referencia, para mi tenía un especial interés que la Comisión estuviese directa y correctamente informada. Era necesario explorar hasta qué punto este objetivo era posible. Abrir algún canal de comunicación y contacto que operase de forma directa, sin intermediarios. Para mejor afrontar la delicada tarea que suponía entrar de lleno en los problemas derivados de la guerra de Chechenia y otros que vendrían después, resultaba imprescindible contar no solo con el apoyo político del Comité de Delegados en el Consejo de Europa, que nunca me faltó, sino también con el de los comisarios clave en la UE. Y ello solo ocurriría si conseguía establecer esos canales de comunicación directa, por donde fluyera la información sobre lo que estábamos haciendo, de qué forma y con qué objetivos. Mi intervención directa en el terreno donde se desarrollaba el conflicto armado me permitía disponer de una información valiosa para evaluar las futuras políticas a desarrollar para contener y en su caso paliar los peores efectos del conflicto, a la par que buscar una paz estable y el respeto de los derechos humanos en la región. Un objetivo que obviamente interesaba a la Unión Europea. Ayudar a resolver el encaje de una república chechena en el conjunto de la Federación de Rusia cuando terminase materialmente esta segunda guerra, también era un reto mayor. Por otra parte, la posible desestabilización de repúblicas limítrofes a Chechenia e integradas en la Federación de Rusia como era el caso de Ingushetia, Daguestán, Osetia del Norte y otras más, estaba en juego; y desde luego la propia Georgia, donde aparentemente se habían organizado refugios de combatientes chechenos en el valle de Pankisi, que el ejército ruso denunciaba como campos de reposo y recuperación de combatientes heridos. En su momento me referiré más detalladamente a mi experiencia en dicho valle, que fue realmente extraordinaria. El proyecto islamista de una república chechena independiente y futuro núcleo fundacional de un califato del Cáucaso, era un peligro innegable para la estabilidad de Rusia y la paz en toda la región. Para Europa y sus gobernantes, dejando aparte la simpleza del pensamiento primitivo de quienes seguían viendo a Rusia con los ojos de la guerra fría, la desestabilización en esa zona del continente a causa de toda esta situación conflictiva y con una importante frontera con China, necesariamente tenía que ser motivo de preocupación, pues estaba en juego también nuestra propia seguridad.

Además, era evidente que el futuro político del presidente Putin se jugaba en gran parte sobre el resultado de esta guerra, emprendida por su parte para enviar al pueblo ruso un mensaje de estabilidad y vuelta a la verticalidad política, añorada por muchos rusos después de los años caóticos del gobierno de Yelltsine, y la toma de esferas decisivas del poder económico y político por grupos de oligarcas sin escrúpulos y en ocasiones pura y simplemente por bandidos con corbata. El que los gobernantes occidentales no viesen esta realidad o no quisiesen verla y los medios internacionales se lanzasen en una campaña sin tregua contra los rusos (y en especial contra el presidente Putin) al analizar la campaña chechena, siempre me ha sorprendido, por decirlo de una forma suave. Una cosa era denunciar la brutalidad de las fuerzas rusas, las violaciones de derechos humanos que cometían con la población indefensa e intentar presionar para parar estas barbaridades y pedir responsabilidades a sus causantes. Otra muy distinta era no ver o no querer ver el fondo de lo que estaba en juego, ni tampoco las causas y las barbaridades cometidas por los hombres de Bassayev. Creo sinceramente que esa falta de inteligencia y objetividad por parte de occidente al enfocar esta guerra, unido a la forma en que se actuó a la caída del régimen soviético, es una de las causas del profundo resentimiento que guardaba en ese momento el presidente Putin hacia las democracias occidentales. En situaciones tan críticas, siempre es más fácil achacar las culpas del desastre económico a las presiones interesadas de "occidente", que aceptar los errores propios. Pero lo cierto es que a la llegada al poder del presidente Putin, en una parte importante del pueblo ruso se había extendido un sentimiento de impotencia y frustración por el hundimiento de la imagen de un imperio, el que siempre había sido Rusia y en el que habían sido educados durante decenios (por no decir siglos) y les hería la satisfacción indisimulada de algunos sectores políticos y económicos de occidente y en especial de la OTAN y los Estados Unidos. Así al menos lo he podido percibir en algún momento de mis conversaciones a lo largo y ancho de Rusia y desde luego también en alguno de mis encuentros con él presidente Putin. En todo caso ese era en aquel momento mi análisis y la motivación fundamental de dar prioridad absoluta al conflicto checheno. Mi primera larga conversación en Moscú con las autoridades diplomáticas del país que gestionaron mi acceso a Chechenia en guerra, me permitió percibir algunos de estos puntos tan inquietantes con respecto a lo que consideraban como una amenaza yihadista en la zona. Teniendo en cuenta que la Unión Europea era y es un actor fundamental, política y económicamente hablando y al que Rusia tenía muy presente por obvias razones, no podía ni debía desarrollar mi actividad en aquel conflicto sin establecer una relación regular y transparente con los responsables de Bruselas.

Cuando inicié mi mandato era Comisario encargado de relaciones exteriores el que había sido Gobernador de HONG KONG hasta el momento de su entrega a China, el barón Chris Patten, hombre afable, obviamente receloso con lo que consideraríamos la cuestión rusa, pero con una visión abierta a la búsqueda de soluciones útiles sobre el terreno. Supongo que también le inquietaba la posible desestabilización del Cáucaso y otro tanto la trayectoria de futuro del nuevo zar de todas las Rusias, aunque esto último no recuerdo haberlo abordado en nuestros encuentros. Tuve la oportunidad de informarle en varias ocasiones sobre la situación en Chechenia y gestionar algún apoyo comunitario para actividades concretas. El excelente trabajo de John Dalhuisen hizo posible establecer este contacto. En esos primeros momentos no podía contar ni siquiera con la discreción de mi director de oficina, que no perdía ocasión de recordarme que él era un funcionario leal al Secretario General. Quién sabe lo que me quería decir con ello, aunque me lo supongo. Y aprovechábamos para concertar esos discretos encuentros, la visita del comisario Patten a Estrasburgo para participar en las sesiones del Parlamento Europeo. No obstante, es de justicia reconocer que durante el mandato de Walter Schwimmer como Secretario General, esta relación con la Comisión se llevó con normalidad e incluso en alguna ocasión nos reunimos en su despacho para comentar estos contactos y coordinarnos. La llegada de Terry Davis hizo muy difícil seguir esta línea de trabajo. Fruto de estas conversaciones y de la coincidencia en la oportunidad de algunas de las iniciativas que buscaba poner en marcha, fue el apoyo de Patten a la celebración de un seminario en Estrasburgo sobre el "Respeto y protección de los derechos humanos, como base de reconstrucción democrática de la República de Chechenia", en el que conseguimos que participasen representantes de los diferentes bandos enfrentados, incluidos los de los rebeldes aun en la resistencia armada. Sin el apoyo económico de la Unión Europea no hubiese podido montar este seminario y traer a todas estas personas a Estrasburgo, sin contar con las discretas gestiones para facilitar visados y otros extremos.

Chris Patten terminó en 2004 y tomó el relevo Benita Ferrero-Waldner, con la que también pude mantener unas buenas relaciones, no solo sobre lo que algunos llamarían la cuestión rusa, sino también en aspectos muy interesantes de la política de vecindad, desarrollada por la Unión después de la ampliación y en cuestiones de respeto efectivo de los derechos humanos en países ya integrados. Estas relaciones con los miembros de la Comisión, como con el Parlamento Europeo se desarrollaban al margen de las oficiales, un tanto tormentosas entre el Consejo de Europa y la UE. Sin entrar en la profundidad de las causas reales que nos llevaría lejos en el análisis, lo cierto es que en el periodo Terry Davis no funcionaba la química entre el Secretario General del Consejo de Europa y la Comisión. Su talante euroescéptico no facilitó las cosas. Según me dijeron, protagonizó serios enfrentamientos con Bruselas, hasta el punto de que un Comisario llegó a decirme que no quería hablar con él. Un ambiente que lógicamente no facilitaba mi trabajo en ese momento y que no pudo superarse en lo que a las relaciones Unión Europea y Consejo de Europa se refiere, hasta su sustitución en septiembre del 2009 y la llegada de un nuevo Secretario General, en este caso el ex primer ministro noruego Thorbjorn Jagland. Pero, en todo caso, el trabajo y mis contactos con la Unión Europea fueron intensos. Con él comisario Antonio Vitorino, al frente del área siempre sensible de Justicia e Interior, la colaboración fue magnífica y en lo que respecta al trabajo con la comisaria Benita Ferrero, tuve que lidiar con ella los resultados del encargo que me hizo su colega el Comisario para la ampliación Günter Verheugen para que realizase los informes sobre derechos humanos en los diez países candidatos a la ampliación. Y no fue fácil.

3.2.3. Un colaborador atípico en el proceso de ampliación

La idea fue de mi director Muller Rapart. La verdad es que en un primer momento tenía mis dudas en aceptarlo, entre otras cosas por la carencia de personal y medios y de otra porque sabía que ello me acarrearía problemas, pues para estos países la entrada en la Unión era un paso fundamental y la piedra en el zapato del Comisario husmeando en la materia de derechos humanos, no les hacía la menor gracia. También he de reconocer que aceptar este encargo por parte de la Unión Europea, suponía un reconocimiento institucional y una cierta satisfacción personal frente a todos aquellos que en "casa" habían siempre dudado de la utilidad de la institución. Su cumplimiento fue reconocido como un verdadero reto en el llamado informe Juncker sobre las relaciones futuras entre la Unión Europea y el Consejo de Europa, encargado por los 46 jefes de Estado y de Gobierno y aparecido en abril de 2006, cuando yo ya había cesado en mis funciones.

Volviendo a mi relación con Benita Ferrero, la verdad es que fue siempre excelente pues era una mujer inteligente, conocedora del terreno que pisaba y enormemente atenta a los detalles de los temas que tratábamos y además procurando encontrar una solución, no siempre fácil, a las dificultades que generaban mis informes. Por ejemplo, tuvo que lidiar con las consecuencias de los que hice sobre el respeto efectivo de los derechos humanos en los países bálticos y en especial con los casos de Letonia y Estonia, al abordar el espinoso tema de las minorías rusoparlantes viviendo en aquellos países en el momento de alcanzar su independencia. Ambos países al igual que Lituania, formaban parte del paquete de informes encargado por el Comisario para la ampliación de la Unión, y así como Lituania no generaba problema alguno en este terreno, en los otros dos países la situación era muy diferente y conflictiva.

En síntesis, el problema principal radicaba en el reconocimiento o no de igualdad de derechos ciudadanos a las minorías rusoparlantes, establecidas en aquellos países desde la ocupación soviética, unos por orden de Stalin que en muchos casos deportó por la fuerza mano de obra para construir sus bases militares, y otros simplemente emigrantes económicos, pues las condiciones de vida eran mejores en aquellas regiones que en el resto de la Unión Soviética. Estos rusoparlantes fueron siempre vistos por la población de Letonia y Estonia como ocupantes, aun cuando como ya he dicho la mayor parte de ellos no escogieron voluntariamente el ir a establecerse en esos países y al momento de la independencia otra nueva generación miraba al futuro con esperanza. También es cierto que no todos hicieron muchos esfuerzos por aprender la lengua, ni por integrarse con los locales. Era una generación fruto de la ocupación soviética que jamás pensó que algún día esos países serian independientes. No obstante, cuando se produjo el derrumbe de la Unión Soviética, y se promovió la independencia, una gran mayoría de ellos la votaron favorablemente en los correspondientes referéndums y en especial los jóvenes, con la ilusión de poder pertenecer algún día de pleno derecho a la nueva nación y al mundo occidental. Pero al igual que en Lituania, esta ilusión se convirtió en realidad constitucional, en Letonia y Estonia se produjo todo lo contrario. Esas minorías rusoparlantes, que en muchas ciudades eran verdaderas mayorías, quedaron en la condición de "no ciudadanos", es decir sin derechos cívicos o políticos. Sin poder participar en la vida política como electores o elegidos. Con un documento de identidad en el que se les declaraba en esa condición, aun cuando podían trabajar y tenían los correspondientes derechos sociales. Con el tiempo en Estonia pudieron votar en las elecciones locales.

Esta concepción era producto de un profundo resentimiento histórico, hacia una población numerosa que los nuevos dirigentes provenientes mayoritariamente del exilio en Estados Unidos y Canadá, consideraban un peligro para conformar un país basado en una mayoría autóctona. Además, y sin decirlo directamente siempre tuve la impresión de que detrás de esta actitud tan discriminatoria se ocultaba el temor a que algún día estas minorías pudieran llegar a ser "el caballo de Troya" de los rusos para desestabilizar el país, dominados por la obsesión de la guerra fría y el recuerdo de la terrible ocupación sufrida. Esta decisión de considerar la población ruso parlante como "no ciudadanos", se extendía también a los nacidos en el seno de esas familias después de la independencia, los cuales solo tenían acceso a la nacionalidad letona, por ejemplo, si los padres lo solicitaban expresamente, aunque lo podían solicitar ellos, con algunas condiciones, antes de llegar a los dieciocho años. Caso contrario quedaban en esa condición llamada de "no ciudadanos" pero que realmente era de apátridas, En los demás casos solo se podía salvar esta discriminación superando unos exámenes para obtener la nacionalidad letona o estonia. Exámenes en los que se les exigía un perfecto conocimiento del idioma y superar un examen de historia, y en especial sobre la atroz ocupación soviética del país. Huelga decir que toda una franja de determinada edad, nunca superaba estas pruebas e incluso ni siquiera tenía los ánimos para realizarlas.

Esta situación, por sí misma y en mi opinión ya era una violación grave del propio Convenio Europeo de Derechos Humanos, al condenar a una significativa e importante franja de la población a una seria carencia de derechos cívicos y políticos, generando continuos enfrentamientos y tensiones sociales. Se llegó a dar el caso de que en alguna población mayoritariamente de origen ruso la gobernaban quienes apenas habían sido elegidos por un pequeño porcentaje, la que tenía derecho a voto. Se añadía a ello, la circunstancia de que el Tratado de la Unión aprobado en Maastricht había instituido la ciudadanía europea, reconocida únicamente a los nacionales de cada país miembro, pero que conllevaba importantes derechos fundamentales, entre otros el de la libertad de circulación y votar en las elecciones al Parlamento Europeo o en las locales. Estos cientos de miles de personas pertenecientes a la minoría de origen ruso, quedaban excluidas del disfrute de estos derechos, convertidos en una especie de población paria de segunda o tercera categoría. Pretender ser miembro de la Unión Europea, con una parte muy importante de su población considerada como no ciudadana, aun cuando hubiese nacido y vivido en el país antes de su independencia y que incluso la habían votado, parecía algo difícil de justificar y menos de silenciar. Obviamente yo no podía hacerlo y ello generaba en Bruselas una delicada situación. En especial para los países escandinavos, con importantes intereses económicos en esta zona del báltico y que presionaban muy duro para que esta discriminación no fuese obstáculo para la integración. Con este motivo nos vimos varias veces. La Comisaria era plenamente consciente de que yo no podía hacer unos informes en los que se obviase esta circunstancia y de hecho nunca me lo pidió ni planteó, pero si me transmitió el firme compromiso de esos países candidatos a corregir esa situación de inmediato, una vez fuesen miembros de la Unión Europea.

Pero no quiero ocultar que la elaboración de ese informe fue extremadamente compleja y en algún momento teniendo que soportar entrevistas sumamente desagradables. De ello informé a la entonces Comisaria, con las garantías y discreción que exigen estas situaciones. En concreto en una larga e informal conversación que mantuvimos en el conocido Hotel Sacher de Viena a donde acudí para comentarle mi irritación por la actitud de las autoridades estonias y letonas. Por solo citar un ejemplo, en un momento dado de mi visita a Letonia me recibió la presidenta Vaira Vike-Freiberga recién elegida a su vuelta al país después de cincuenta años de exilio en Canadá. Me constaba que era una persona que había intervenido desde la presidencia, bajo la presión de la OSCE para limar algunas medidas discriminatorias graves en cuanto al uso de la lengua o la exigencia de hablar letón de origen para participar en la vida política. Por ello me extrañó su posición irreductible a lo largo de la entrevista que mantuvimos en su despacho oficial. La entrevista se desarrolló en un ambiente de notable tensión, pues creo que no entendía mi interés por la situación de esta minoría de origen ruso y llego a decirme ante mi insistencia en lo injusto de la situación que, si estas personas no estaban contentas de estar en el país todo lo que tenían que hacer era marcharse. La dureza de ese comentario, produjo por mi parte una respuesta terminante con la que finalizó la conversación, con gran tristeza y disgusto del entonces ministro encargado para los asuntos de integración social Nils Muiznieks que años más tarde llegaría ser Comisario para los Derechos Humanos. Justo es decir que Nils era una persona con sensibilidad para con el problema, con deseos de encontrar caminos de solución, pero atenazado por la posición radical de la presidenta y la mayoría del gobierno, opuesto a reconocer a esta minoría los mismos derechos que ya les habían reconocido sus vecinos los lituanos sin mayores problemas.En esa conversación en Viena, en la que tratamos también cuestiones importantes sobre Chechenia, llegue a sugerir a la Comisaria la posibilidad de recomendar por mi parte que se considerase a esta minoría como apátridas. Benita me convenció de que una propuesta como esa, podría ser muy conflictiva y solo les iba a complicar las cosa en Bruselas, donde estaban negociando un compromiso serio de estos gobiernos para resolver esa situación. Eso sí, después de la entrada en la Unión Europea. Excelente buena fe, pero craso error, pues nunca cumplieron plenamente esa promesa y también debilidad la mía, pues no debería haber cedido en este punto.

En el caso de Letonia cuya incorporación a la Unión Europea se había producido en mayo de 2004, el ministro de asuntos exteriores con el que me había reunido en Bruselas para hablar de distintos temas, me rogo que aceptase una invitación para acudir a un almuerzo y una cena con diferentes ministros y ONGs el 15 de noviembre en Riga, para tratar la situación de tensión reinante en el país a causa de la reforma educativa que arrinconaba aún más a aquella minoría. Acepte la invitación, pero coincidió con una crisis gubernamental que dio paso de un gobierno de centro izquierda a otro de centro derecha más nacionalista. Lo único que pude concretar es que en cuanto ratificasen la Convención cuadro sobre las minorías se les aplicaría a todas incluidos los rusoparlantes (unas 400.000 personas). Los distintos ministros con los que me entrevisté siguieron oponiéndose radicalmente a reconocerles el voto en las elecciones locales y a lo máximo que accedieron es a suavizar los exámenes de lengua para acceso a la nacionalidad y contemplar la posibilidad de reformar la ley de nacionalidad, para reconocerla desde el nacimiento a todos, pero después de las elecciones y teniendo que pasar por un referéndum.

En todo caso a raíz de estas tensiones y enfrentamientos, los representantes de estos dos países bálticos nunca me perdonaron mis críticas, acusándome sistemáticamente de falta de objetividad y posicionamiento pro ruso, lo que para ellos era similar a pro soviético. No fueron los únicos. Los polacos se les unieron después, pero por otros motivos. Mantener la independencia y no ceder ante los múltiples intereses políticos de los dirigentes de ambas partes. Lo que ellos no sabían o no querían saber, era que en cada una de mis entrevistas con el presidente de la Federación de Rusia tenía que escuchar la queja de cómo eran tratadas las minorías de origen ruso en Letonia y Estonia. Como la Unión Europea no hacía nada para terminar con esa situación de discriminación en su seno y tampoco el Consejo de Europa. Probablemente, tampoco saben que decline la invitación del entonces presidente de la comisión de asuntos exteriores de la Duma Dimitry Rogozin, para realizar un viaje en tren desde Moscú a Kaliningrado, la antigua Königsberg hoy enclave ruso en el báltico, en compañía de parlamentarios y políticos populistas de la Federación de Rusia, con el objeto descarado de hacer presión sobre aquellos dos países. Ya entonces este personaje adoptaba posiciones nacionalistas extremas. Mas tarde creo que fue cesado como director de la agencia espacial rusa, al amenazar dejar caer la nave espacial ISS sobre la tierra, como represalia de la condena americana y europea a la invasión de Ucrania.

3.2.4. Otros terrenos de colaboración

No quisiera terminar esta primera aproximación a mis relaciones con el colegio de comisarios sin dejar constancia de las que mantuve con Javier Solana, a la sazón Representante para la Política extranjera y de Seguridad Común del Consejo europeo, con quien tuve la oportunidad de verme con ocasión de la cuestión chechena. Tengo que agradecerle muy de veras su comprensión de las dificultades qué como Comisario, tenía que afrontar en la búsqueda de acuerdos para limitar los desastres de aquella guerra e intentar sentar unas mínimas bases de entendimiento entre las partes en conflicto, en búsqueda de la paz futura. La importancia de que la Unión Europea aportase también su grano de arena en la búsqueda de una solución pacífica para el futuro de la región, estuvo muy presente en nuestra conversación en Bruselas. Los diversos contactos con el señor Matthiessen, que era su Representante Especial encargado de derechos humanos, permitieron más tarde concretar algunos aspectos esenciales de esa colaboración. Le recuerdo en su oficina de Bruselas escuchando atentamente, haciendo las preguntas pertinentes y tomando notas en una pequeña libreta negra que siempre le acompañaba. Comprendió perfectamente la importancia de esta presencia activa de la Unión Europea en la fase final del conflicto y muy en especial en el aspecto humanitario. Las reticencias a materializar esta colaboración nunca vinieron de su parte, ni la de su equipo, sino del propio ministro de exteriores ruso Ivanov, dolido por la posición occidental durante el conflicto de la ex Yugoslavia y los bombardeos de la OTAN siendo entonces su Secretario General, Javier Solana. Cuando vuelva a detenerme sobre el conflicto checheno, podrá comprobar el lector hasta qué punto Javier Solana y su equipo tenían una visión de futuro sobre acciones importantes a poner en marcha en Chechenia. Lástima que el "aparato" del Consejo de Europa, en cuanto abandoné el puesto se encargó de enterrar aquellas iniciativas.

De otra parte, con el Comisario Vittorino así como con los diferentes comisarios para la Justicia, la Libertad y la Seguridad abordamos todas las cuestiones de los refugiados e inmigrantes en la Unión Europea, cuestión que no era banal dado el conjunto de conflictos armados, pasados unos y presentes otros, que generaban movimientos de población así como los propios de la diáspora de la emigración de origen puramente económico. Ya hemos visto las dificultades de Italia en Lampedusa, pero en casi todos los países de la Unión Europea se planteaban dificultades en este terreno, creciendo poco a poco un sentimiento de rechazo hacia estas personas.

3.2.5. El valioso apoyo del Parlamento Europeo

De otra parte y como creo que ya he dicho anteriormente, mis relaciones con el Parlamento Europeo fueron mucho más intensas que las que llegue a tener con la Asamblea Parlamentaria del Consejo de Europa. Como simple muestra de lo que llegó a ser aquella relación, me referiré aquí a un solo supuesto, que creo es muy revelador. Simplificando al máximo, yo lo bautizaría como el "affaire" Kosovo. A él ya me he referido anteriormente y muy en síntesis arranca de aquella solicitud de la Asamblea parlamentaria en julio de 2002 para que fuese *a la República Federal Yugoslavia y a Kosovo para examinar la situación global de los derechos humanos y de los refugiados y elaborase un informe del que poder disponer en la sesión de septiembre.* Era una solicitud un tanto sorprendente. Entre otras razones, porque Kosovo no formaba parte del Consejo de Europa, estaba gestionado por una Misión de Naciones Unidas (MINUK), dirigida por un Representante General del Secretario General, en ese momento Bernard Kouchner, y un cuerpo de ejército, la KFOR, encargada de mantener la paz. Por ello podría ser dudoso o discutible que el Comisario para los Derechos Humanos del Consejo de Europa, pudiese intervenir con la misma autoridad y libertad que lo hacía en cualquier otro país miembro. Habría pues que actuar en el marco de las buenas relaciones con las Naciones Unidas y en especial contar con la colaboración de la KFOR, por razones de seguridad y operatividad. Como se trataba de la primera solicitud de colaboración que me hacía la Asamblea y por añadidura, sobre un tema de envergadura, consideré que podía ser una buena decisión aceptar el reto y demostrar que el Comisario estaba dispuesto a colaborar plenamente y sin reservas. Por ello el 10 de julio escribí al secretario de la Asamblea aceptando el encargo que se me hacía. No estoy plenamente seguro, pero creo que no esperaba esta respuesta. También debo reconocer que estos retos o quien sabe si trampas me gustan. Pero antes de aceptarlo me aseguré de que tanto la ONU como la KFOR no tenían inconveniente y prestarían su apoyo a la misión y también que en Bruselas no veían con malos ojos la operación. No era una gestión baladí porque durante la guerra de Yugoslavia se abrieron serias tensiones con Moscú a las que ya me he referido. Hechas todas estas gestiones discretamente y a la máxima velocidad y como no hubo obstáculos formales, planeamos y llevamos a cabo dos misiones complementarias. La primera realizada por miembros de mi equipo a Serbia, Kosovo, Montenegro y la ex República yugoslava de Macedonia, exploratoria y de preparación de la segunda a Serbia, Kosovo y Montenegro que presidí yo mismo. En mi desplazamiento no pude entrevistarme con el señor Kouchner pese a tener concertada la entrevista, pues se marchó a New York la víspera. Aunque resultaba chocante que el responsable de una misión internacional tan importante, no quisiese estar presente cuando empezaba una misión internacional de control precisamente sobre el grado de respeto a los derechos humanos en el territorio en el que ejercía su responsabilidad, ello no tuvo la más mínima transcendencia porque el equipo local de la MINUK y la KFOR nos dieron toda la colaboración y cobertura necesaria. Su ausencia no se notó. Fueron muchas las cuestiones que se nos suscitaron durante esa visita, lo que me creó una desazón o inquietud considerable. Por ejemplo, no podré olvidar la visita a un enclave serbio, un pequeño pueblecito casi abandonado en medio de una población mayoritariamente kosovar, en donde una pareja de ancianos serbios no podía salir de su casa; ni siquiera al huerto que tenían a menos de cincuenta metros, porque no podían correr el riesgo de que algún francotirador les disparase, como ya había ocurrido con otros vecinos que se fueron o murieron. Una patrulla de la KFOR integrada por un destacamento de soldados españoles, les protegía y los bajaba en una tanqueta a comprar en el pueblo vecino lo imprescindible. Sin su presencia me dijo el oficial al mando, no seguirían vivos ni un día. O la persecución de los Roms acusados de haber colaborado con los serbios, lo que es muy posible, y a los que liquidaban sin piedad cuando los atrapaban. Estaban recogidos bajo protección de la ONU en unos campos especiales tanto en Montenegro como en Serbia. Otro tanto la dificilísima situación de los serbios huidos y ahora concentrados en campos de refugiados. Por todas partes se respiraba odio y espíritu de venganza y al tiempo era evidente que Kosovo, en aquel momento, era un territorio sin ley donde las mafias campaban por sus respetos. Estaba claro que nunca más se podría reconstituir un ambiente de convivencia entre serbios y kosovares albaneses después de las brutalidades cometidas por aquellos y las tropas de Slobodan Milosevic al derogar en 1989 el estatuto de autonomía de aquella región. Los kosovares de origen albanés estaban ahora haciendo una verdadera limpieza étnica con respecto a los serbios y aun cuando el presidente Ibrahim Rugova, (que me regaló al despedirnos un pedacito de roca del suelo kosovar, para que no olvidase aquella atormentada tierra) tuviese la mejor intención al respecto, la situación era irreversible.

Pero de entre todas las situaciones bien difíciles que me encontré, destacó por sus consecuencias la visita a una base militar de la KAFOR. Efectivamente, ya nos había alertado el Ombudsman designado por la ONU en Kosovo, Marek Nowicki (que luego sería candidato a Comisario en el momento de mi sucesión) al trasladarme las noticias que le habían llegado sobre la posible existencia en la base de la KAFOR llamada "Camp Bondsteel" de un lugar de detención irregular de personal civil. Que él había intentado visitarlo, pero las autoridades militares se habían negado a darle la autorización necesaria. Una denuncia de esta naturaleza y con este alcance no es posible ignorarla, sobre todo cuando quien la formula ostenta un cargo y responsabilidades en materia de derechos humanos en esa región. La dificultad estriba en lo que ya he comentado. No estábamos en un país miembro del Consejo de Europa y además se trataba de meter las narices en una base americana, inmensa y muy conocida. No podía invocar mis competencias estatutarias y por tanto dependía de la buena voluntad de las autoridades militares. Durante la primera visita preparatoria, mi equipo ya había realizado con éxito las correspondientes gestiones para poder realizar esa visita. Allí fuimos y me recibió el general Marcel Valentin, jefe del COMKFOR. Tuvimos un primer cambio de impresiones con él y un grupo de oficiales norteamericanos. Una vez confirmado el exclusivo objeto de mi presencia en la base, dio la orden de que nos acompañasen a visitar el centro en cuestión. Recorrimos varios kilómetros por carreteras interiores, entre material militar de todo tipo, helicópteros y aviones de combate y finalmente llegamos al lugar en cuestión. Nos recibió una oficial norte-americana, que muy amablemente me dijo que acababa de llegar de Guantánamo. Subimos a una especie de torre o mirador construido en madera y ante nosotros se descubrió un espacio no muy grande, totalmente rodeado de vallas perimetrales y distribuido en pequeños corrales, también cercados con alambres de espino y en cada uno una caseta de madera. Al frente de varias de ellas estaban una serie de personas, vestidas con unos monos de color naranja, muchos con frondosas barbas y leyendo un libro que parecía el Corán. No pudimos hablar con ellos, pero si visitar el barracón que parecía principal, donde obviamente se hacían interrogatorios y a la pregunta sobre la procedencia de esa gente y porque estaban allí, la oficial en cuestión me contesta con toda tranquilidad que eran detenidos locales que habían pasado ilegal-mente la frontera o por otras causas por el estilo. Le pregunto si conocen la causa de su detención, me dice que no, si se les ha formulado una acusación, me dice que no y si tienen acceso a un abogado o ha intervenido una autoridad judicial. Me confirma que nada de nada. Mi impresión inmediata era que estaba ante una reproducción en miniatura del campo de detención de Guantánamo en el territorio de una base ameri-cana y que aquellos señores estaban detenidos de forma absolutamente irregular, sin respetar ninguna de las garantías del estado de derecho, posiblemente interrogados en el más absoluto anonimato y de paso hacia otro centro similar. La situación no podía ser más escandalosa. Me despedí del General y su equipo, al que transmití mi agradecimiento por su colaboración y mis impresiones e inquietudes en cuanto a que estas detenciones extrajudiciales sin ninguna garantía para los detenidos, las cuales no podían enmarcarse en una interpretación amplia de la resolución 1244 del Consejo de Seguridad de Naciones Unidas. También le comenté que en mi informe solicitaría el cierre de ese centro irregular de detención. De hecho, meses después, creo que casi un año, Washington anunció que lo había cerrado. La verdad es qué reflexionando tiempo después sobre lo extraordinario de esta visita y la autorización recibida, no he podido por menos de pensar o al menos dudar, si detrás de esa actitud valiente del general Valentín no se escondía la voluntad de terminar de una vez por todas con esa situación anómala, que como militar no podía denunciar, pero una autoridad internacional y externa, sí. No lo puedo probar, pero sigo conservando la duda, sobre todo conociendo su sensibilidad en la materia y su trayectoria humana y profesional, que queda tan bien reflejada en el libro de Emmanuelle Dancourt.

La visita a Kosovo, además de hacerme comprender lo terrible que había sido ese conflicto armado, su crueldad y las tremendas secuelas que había dejado en los Balcanes, también me permitió tener acceso a una experiencia muy positiva que llevaba a cabo Naciones Unidas en aquel territorio, aunque sin medios económicos suficientes para alcanzar plenamente los objetivos marcados. Me refiero al funcionamiento de la llamada "Oficina para las personas desaparecidas", que realizaba un encomiable trabajo para localizar los sitios donde habían sido enterrados los muertos de una y otra parte no declarados, y cuya desaparición había dejado heridas profundas en una parte importante de la población. Llegar a encontrar a las más de cuatro mil personas que se suponían desaparecidos era una tarea fundamental para la paz futura. Visitamos la morgue y comprobamos los métodos de trabajo de aquel equipo de forenses especializados y aunque no fue precisamente muy agradable, viendo la cola de familiares a la puerta del establecimiento esperando noticias, comprendí que una iniciativa semejante debería impulsarse en Chechenia y decidí desde ese momento trabajar en esta dirección.

Pero lo más sorprendente de toda esta historia es que el informe que hice a mi vuelta y mandé a la Asamblea que me lo había encargado, cayó en el más absoluto ostracismo. El plenario, que yo sepa, nunca lo debatió y solamente fui citado, evidentemente pro forma por la Comisión de migraciones, refugiados y demografía meses después, en una sesión absolutamente irrelevante de enfrentamiento entre diputados ya no me acuerdo de que países por una cuestión de fronteras, en la que me dieron la palabra para informar al final de la sesión, durante cinco minutos y no hubo preguntas. Quienes tuviesen un interés especifico en echar tierra a aquel asunto y a un informe tan incómodo lo habían conseguido, aparentemente con éxito. Y digo aparentemente, porque transcurrido un tiempo, decidí ponerme en contacto con Josep Borrell, que en 2004 acababa ser elegido presidente del Parlamento Europeo. Nos reunimos en Bruselas, le conté lo ocurrido y lo importante que era que una violación de derechos fundamentales de esa envergadura no quedase en el silencio. Reaccionó de inmediato apoyándome, movió los hilos para que una Comisión del Parlamento iniciase una investigación al respecto, se produjo un debate, y la cuestión empezó a tratarse en los medios. Posteriormente ya en 2005 surgió la noticia sobre la posible existencia en algunos países, en este caso miembros del Consejo de Europa, de otros centros de detención clandestinos al servicio de la CIA. Luego también surgieron noticias sobre vuelos irregulares de detenidos de la CIA por toda Europa camino de Guantánamo. Me quedó la duda si no sería por esta circunstancia por lo que se boicoteó el debate oficial de mi informe en el seno de la Asamblea. Posteriormente, después de las sentencias bien conocidas del Tribunal europeo de derechos Humanos sobre las prisiones ilegales de la CIA en territorio europeo, la Asamblea parlamentaria tuvo que enfrentarse a esta cuestión de la mano de un excelente informe de Dick Marty. Más tarde el Secretario General incluso invocó el artículo 52 del CEDH para abordar esta cuestión con los Estados miembros.

3.3. EL PAPEL DEL COMISARIO EN LAS RELACIONES DEL CONSEJO DE EUROPA Y LA UNIÓN EUROPEA. UNA VISIÓN AJENA

La verdad es que no me atrevería a escribir un encabezamiento como el que da paso a estas líneas, si no fuera porque así lo plantea Jean-Claude Juncker en su Informe sobre las futuras relaciones entre la Unión Europea y el Consejo de Europa, hecho público en abril de 2006. No puedo decir que sea totalmente ajeno a la elaboración de este informe porque su autor, a la sazón primer ministro (que luego sería elegido para presidir la Comisión entre 2014 y 2019) tuvo la amabilidad de invitarme a visitarle en Luxemburgo, y en compañía de sus colaboradores interrogarme largamente sobre los métodos de funcionamiento de la oficina del Comisario, y cual creía yo que deberían ser sus objetivos esenciales y otros muchos extremos. Me impresionó porque durante los años pasados en el Consejo, nadie me había interrogado con tanta precisión e interés sobre mi visión institucional y métodos de trabajo. Pero más que añadir comentarios de mi cosecha, prefiero reflejar directamente lo que escribe el propio Juncker, después de agotado el primer mandato del Comisario y a la vista de la experiencia acumulada durante el mismo.

Veamos algunos párrafos del apartado específico que le dedica:

Por muy desarrollados que estén, los mecanismos de seguimiento del Consejo de Europa no pueden responder a todas las cuestiones. Es por tanto posible y por ello probable que la Unión Europea se interese en algún momento en relación con problemáticas específicas que escapan a estos mecanismos. En estos casos, las instituciones de la Unión Europea, deberían poder recurrir a la experiencia del Comisario de Derechos Humanos, al igual que pueden hacerlo los Estados miembros del Consejo de Europa.

El Comisario para los derechos humanos se beneficia, en virtud de su mandato, de una capacidad de actuar, mayor que la de los órganos de control cuyo funcionamiento está sometido a un convenio o un mandato más estricto

Efectúa misiones en contacto directo con los ciudadanos europeos y por tanto con sus problemas cotidianos. Publica, por una parte, informes sobre sus visitas en los Estados miembros. Facilita, por otra, consejos prácticos y ofrece sus servicios de mediador. Incluso ha llegado a negociar soluciones concretas sobre el terreno.

En la práctica, el Comisario para los derechos Humanos es una emanación directa del Consejo de Europa, pero su acción no está limitada a este marco. Trabaja tanto con la Organización de Naciones Unidas, el Comité Internacional de la Cruz Roja y el Alto Comisario para los Refugiados, como con la Unión Europea y los Estados miembros individualmente. Responde a solicitudes que se le dirigen en función de sus diferentes competencias, que son el "reporting", la negociación, la mediación, y la consulta. Su intervención se hace muy a menudo en el silencio, sin publicidad, de manera informal. Puede plasmarse en llamadas de teléfono directas, la movilización de diferentes redes o incluso el establecimiento de contactos entre los actores adecuados.

Aun cuando en el ejercicio de sus funciones sea finalmente aún joven, el Comisario para los Derechos Humanos ha sabido ganarse el respeto de todos los Estados miembros del Consejo de Europa.

Lo que se practica ya con éxito debería formalizarse, hacerlo más sistemático y consolidado. Es por ello que propongo la puesta en marcha de un mecanismo explícito de acceso por parte de la Unión Europea al Comisario para los derechos Humanos.

No me parece necesario añadir nada más por mí parte.

TERCERA PARTE

ENFRENTANDO
LAS SITUACIONES DE CRISIS

Tal y como he intentado explicar, a mi juicio el abanico de posibilidades de actuación de la Oficina del Comisario se podía circunscribir a tres áreas fundamentales. La primera la intervención en las situaciones de crisis (fueran estas armadas o no), otra debería abarcar las actuaciones que se correspondiesen a misiones ordinarias de inspección y completando ambas la tercera, que implicaba tanto el impulsar seminarios como mesas redondas y demás iniciativas para colaborar en la difusión y formación en materia de derechos humanos. A ello se sumaría la posibilidad de emitir dictámenes cuando le fuesen solicitados o elaborarlos a iniciativa propia. Al desarrollo de este sencillo esquema de trabajo dedique todos los esfuerzos desde el primer momento, y a él me ceñiré ahora para comentar más en detalle el desarrollo de cada una de ellas comenzando por las situaciones de crisis. En especial me referiré a dos de aquellas intervenciones que contribuyeron muy significativamente a marcar el rumbo, pues se produjeron en el primer año de mi mandato. Me refiero a las crisis suscitadas por los movimientos de independencia de Afjasia frente a Georgia y de Transnestria de Moldavia. Cabría añadir a estas dos y también en Georgia la surgida más tarde entre el gobierno central de este país y la región de Ajaria con veleidades separatistas. La tercera, la guerra de Chechenia merece un tratamiento más específico y en detalle.

1.- DONDE PESE A TODAS LAS DIFICULTADES, LA COLABORACIÓN INTERNACIONAL FUE UNA REALIDAD

Pronto comprobaría por mí mismo hasta qué punto era importante en determinadas circunstancias, contar con una fluida comunicación con los organismos internacionales con los que habría de colaborar y establecer leales vínculos de trabajo, si quería ser eficaz y operativo. Y esa lealtad y cooperación, se lo expliqué muchas veces a mis colaboradores, pasaba por una política de contactos abiertos e intercambio de información. Aunque en un primer momento no hubiese un retorno claro, lo que era normal hasta que no comprobasen el método de trabajo, el rigor y seriedad con la que afrontábamos el cumplimiento de unos objetivos que no ocultábamos. Tanto la política de la confidencialidad, como el deseo de ejercer un protagonismo desmedido, además de ser ridículo e irreal por la propia debilidad de la institución recién nacida, solo nos llevaría al ostracismo y al aislamiento en el mejor de los casos, o en el peor a un fracaso rotundo que pagarían las víctimas de las violaciones contra las que queríamos luchar. Creo que la manera más sencilla de explicar o entender el alcance de esta forma de colaboración, es narrar dos situaciones concretas que tienen por protagonistas a dos países del llamado espacio post soviético, concretamente Moldavia y Georgia. Mi primera visita a ambos fue en el año 2000, cuando apenas habían pasado unos meses desde mi llegada al Consejo y acababa de realizar la primera misión en Chechenia en guerra. Fue precisamente esa experiencia sobre el terreno, la que llevó a los gobiernos de ambos países a solicitar la visita oficial del Comisario.

1.1. El complejo caso de Georgia

Al producirse la disolución de la URSS, Georgia alcanzó su independencia en 1991 y casi de inmediato se sumergió en conflictos internos que crearon una enorme inestabilidad, dentro del país y en toda la zona del Cáucaso sur. Dos regiones generarían una especial tensión. La primera de ellas Afjasia porque decidió declarar unilateralmente la independencia en 1992, lo que desencadenó un cruento conflicto armado que no alcanzaría un alto el fuego hasta 1994. El ejército georgiano fue derrotado por los afjasos, ayudados por los rusos y combatientes chechenos que hicieron gala de una crueldad enorme. Según me comentaron algunas personas que vivieron de cerca el conflicto y que merecen credibilidad, parece ser que circularon fotos del guerrillero Shamil Basayev, personaje principal en la segunda guerra de Chechenia y muerto en ella, con sus amigos jugando al futbol con la cabeza de un soldado georgiano. Yo no he visto esas fotos, pero después de ver todo lo que he visto no me atrevería a descartarlo. Finalmente, y con mucho menor alcance, terminarían por explotar las tensiones surgidas entre el gobernante autócrata Aslan Abashidye, presidente de la región autónoma de Ajaria y el recién elegido presidente de Georgia Saaskashvili, aunque en esta ocasión la confrontación se resolvió con la huida del autócrata.

Cuando el 1º de junio del 2000, acompañado del entonces director de la oficina y un colaborador que además ayudaba en la interpretación, cruzamos la frontera entre la Federación de Rusia y Georgia por Larse (después de unos días de seminario en Vladikavkaz sobre la paz en Chechenia), no era totalmente consciente de la complejidad de los problemas que habríamos de afrontar cuando terminase aquel largo y fatigoso viaje hasta Tbilisi, recorriendo un bellísimo paisaje de escarpadas montañas y valles sonrientes. Para centrarnos en lo que aquí nos interesa, el objetivo del viaje era de una parte elaborar un informe de carácter general sobre el respeto de los derechos humanos en Georgia y de otra, realizar dos delicadas visitas. Una a la zona fronteriza entre Afjasia y Georgia, bajo el control de Naciones Unidas, en especial a los asentamientos de refugiados de la guerra y posteriormente a la propia república secesionista, apoyada únicamente por la Federación de Rusia. El otro viaje, también delicado, pero por otros motivos, me llevaría al valle de Pankisi. La misión de visitar esas zonas y la posterior de acceso a Afjasia, no hubiese sido posible sin la preparación de la misma por el embajador Dieter Boden, representante especial del Secretario General de Naciones Unidas, garante de la paz entre las partes en conflicto, que hizo posible el traslado a la capital Sujumi en uno de sus helicópteros, la preparación de las reuniones y el retorno. El viaje vía terrestre no era aconsejable. El objetivo esencial que guiaba esa visita, solicitada por el gobierno georgiano, era insistir por parte del Comisario en la necesidad de tender puentes entre dicho gobierno y los responsables políticos de Afjasia y si fuese posible sondear alguna fórmula (de orden constitucional) que facilitase reconducir la situación de independencia de facto de aquel territorio. También las diferentes ONGs de una y otra parte me habían pedido que ayudase a facilitar el paso de la población entre los dos territorios en conflicto, sobre todo para ir a hospitales en Georgia pues la situación sanitaria en Afjasia era lamentable. También hablamos de intercambio de prisioneros, posibilidad de establecer una lista común de desaparecidos en los combates y sobre todo del retorno a la zona de Gali de aquellos refugiados que quisiesen volver, garantizando Afjasia su seguridad. Recuerdo que hablamos de todas estas cuestiones con el presidente Ardzinba en su despacho y luego en la antigua "dacha" de Stalin, donde nos invitó a almorzar, y que tenía una maravillosa vista sobre el jardín botánico y el Mar Negro. Fueron unas largas conversaciones no exentas de tensión, pero finalmente fructíferas, que no hubieran sido posibles sin el esfuerzo de los embajadores Dieter Boden presente en nuestras conversaciones en Sujumi, y en Tbilisi contar con la colaboración inestimable de Jean-Michel Lacombe de la OSCE.

En todo caso y para no extenderme en exceso, se consiguió que los afjasos aceptasen considerar la instalación de una oficina de la ONU/OSCE en la zona de Gali, que los enfermos graves pudiesen pasar con facilidad a Georgia para ser tratados en sus hospitales mejor equipados y que se empezase a confeccionar una lista de desaparecidos elaborada por ONGs de ambas partes, para luego buscar sus cuerpos y entregarlos a las familias. Este acuerdo se decidió mantenerlo en máxima reserva, para que no fracasase. Finalmente, el presidente afjaso me pidió ayuda para encontrar un modelo de organización territorial que permitiese superar el aislamiento producido por la declaración unilateral de independencia y el no reconocimiento por la comunidad internacional, excepto Rusia. Este era un delicado encargo, pues la posición georgiana no era precisamente favorable a aceptar otra que no fuese la plena integración en Georgia, lo que los afjasos rechazaban de plano. Tuve la impresión que detrás de esa iniciativa estaba la mano de Moscú, que también había dado la luz verde a aquel encuentro y sin cuya complicidad era imposible dar ningún paso en aquella zona. Al objeto de ir avanzando poco a poco en la búsqueda de soluciones asumibles por todas las partes, aceptaron unos y otros la idea de hacer un seminario, con sesiones en Afjasia y en Tbilisi. El objetivo no sería otro que escuchar y discutir con expertos constitucionalistas, experiencias y formulas ya existentes en muchos otros países, entre otros en España con las Autonomías. La idea era marchar con prudencia hacia una fórmula de aceptación conjunta, que resolviese la situación creada por la declaración unilateral de independencia. Nada fácil por supuesto, pero al menos la parte afjasa aceptó por primera vez colaborar en este ejercicio de reflexión común. Ese día, cuando de retorno en Tbilisi los georgianos también aceptaron algunas de estas propuestas tuve el sentimiento de que tanto esfuerzo tenía sentido. También se abría una colaboración concreta entre Naciones Unidas y el Consejo de Europa, a la que podría asociarse perfectamente la OSCE. La Comisión de Venecia podría aportar toda su experiencia y buen hacer para organizar dicho seminario, como así hizo. Sentí un cierto descanso. No porque los problemas se hubiesen resuelto, eso era imposible por la gravedad de las heridas abiertas y el tiempo lo ha demostrado, sino porque al menos se podían vislumbrar algunos espacios concretos de colaboración positiva a explorar y de diálogo para defender la situación de los refugiados. Y el trabajo de mediación del Comisario en circunstancias como esta, cobraba todo su sentido.

El primer seminario titulado "State-Legal Aspects of the Settlement of the Conflict", convocado a iniciativa del Comisario, según lo acordado y organizado por UNOMIG (misión de Naciones Unidas de observación en Georgia), con la inestimable colaboración de la Comisión de Venecia del Consejo de Europa, se celebró el 12 y 13 de febrero de 2001, en Pitsunda (Afjasia). Asistieron delegaciones de Georgia, Abjasia, Consejo de Europa, UNOMIG, Amigos del Secretario General y OSCE. Siete representantes de los medios de comunicación fueron invitados y estuvieron presentes. El segundo no llegó a realizarse, porque días antes de empezar, derribaron un helicóptero de Naciones Unidas que normalmente hubiera tenido que llevar los participantes a territorio georgiano. Nunca se supo oficialmente quien o quienes habían sido, a que parte correspondían los agresores, pero sin duda el objetivo era boicotear esta iniciativa. Y tuvieron éxito. Esta vía de diálogo quedó paralizada por no decir muerta, aunque las ONGs de ambas partes siguieron el diálogo sobre cuestiones puramente humanitarias. Ignoro si posteriormente se ha vuelto a trabajar sobre aquella idea original de los seminarios y encuentros.

Y ahora una brevísima referencia a ese desplazamiento al valle de Pankisi, que respondía a razones oficiales que ahora detallaré y a otras menos oficiales, pero no por ello menos importantes. La razón oficial de haber incluido una visita a ese valle en concreto, radicaba en el hecho de que era frontera con Chechenia y en él tradicionalmente habían vivido grupos de origen checheno, los Kits, y en las circunstancias de guerra que estaban asolando aquella república se decía que cientos de chechenos se habían refugiado en aquel territorio; y con ellos no pocos combatientes acosados por el ejército ruso o heridos. También se decía por parte de las autoridades militares rusas basadas en Chechenia, que Pankisi era una base de recuperación de los heridos y de descanso y concentración de combatientes, que luego volvían a suelo checheno para seguir atacando a las tropas rusas. En el valle efectivamente existía un rudimentario hospital o más bien consultorio. La frontera estaba impracticable con la carretera minada, por lo que ese hipotético paso de guerrilleros habría de hacerse en circunstancias muy difíciles y por la montaña, lo que de otra parte no era nada imposible ni extraño pues los habitantes de ese valle se habían dedicado siempre al contrabando y era conocido que en ese momento formaba parte de la cadena de puntos de paso de drogas y armas. Ese lucrativo negocio estaba controlado por las diferentes mafias operando en la zona. En suma, era un valle sin ley y eso era sabido de todos. La situación que se vivía en el valle generaba una importante tensión entre las autoridades rusas y las georgianas a quienes los mandos del ejército ruso acantonado en Chechenia acusaban de connivencia con los combatientes que allí se refugiaban. Se estaban formando nubarrones amenazantes de un posible ataque del ejército ruso al valle en cuestión para hacer una operación de "limpieza", en la terminología que les era tan propia. Es decir, entrar a sangre y fuego y generar un conflicto mayúsculo con el país vecino, con la OSCE y con los países occidentales que apoyaban a Georgia. La visita del Comisario a aquel valle se enmarcaba por tanto en una misión de paz, en un contexto de clara tensión local. Y digo misión de paz porque si había aceptado hacer ese viaje a Pankisi no era porque de veras pensaba que iba a poder descubrir algo interesante que desmintiese lo que todo el mundo ya sabía. Era sencillamente porque el ministro de asuntos exteriores de la Federación de Rusia Igor Ivanov, al saber de mi viaje oficial a Georgia me había llamado por teléfono y sugerido informalmente la oportunidad de realizar dicha visita, para que el Comisario relatase con toda objetividad lo que en dicho valle viese. Si realmente había o no grupos armados o heridos en centros hospitalarios. La tensión reinante entre los responsables militares rusos en Chechenia aconsejaba disponer de un informe objetivo de una institución independiente y neutral sobre una cuestión tan delicada, antes de pasar a operaciones con graves consecuencias internacionales. Habiéndome solicitado reserva absoluta sobre esta conversación y los verdaderos objetivos de la visita solicitada no dije nada a nadie, ni siquiera a mis colaboradores. Era obvio que a este respecto se habían puesto de acuerdo el presidente de Georgia, entonces Shevardnadze e Igor Ivanov, aunque no podía probarlo.

Así que, una vez despachados nuestros compromisos con la situación de los refugiados y los encuentros relatados, nos fuimos a visitar el valle en un largo viaje en coche desde Tbilisi, acompañados de una escolta que amablemente nos dijeron que ellos no estaban dispuestos a acompañarnos más allá de la entrada del valle. Que allí nos esperarían de vuelta y buena suerte. Debo reconocer que el detalle no fue muy tranquilizador. Fuimos recibidos muy amablemente por algunos representantes locales, visitamos los dos únicos pueblos del valle, entramos en distintas casas para conversar con residentes y refugiados. Nos contaron sus penurias y carencias, sobre todo médicas. Efectivamente visitamos el famoso "hospital" en Duisi donde se decía que se curaban los guerrilleros y allí apenas trabajaban unos miembros de la ONG Norwegian Refugee Council, sin electricidad, prácticamente sin instrumental y aparataje y escasísimos medicamentos, y que nos negaron que allí se curase sistemáticamente a combatientes heridos. Es más, que cuando había un caso medianamente complicado tenían que mandarlo al hospital regional de Akhmeta o a Tbilisi. Después de varias horas recorriendo el valle hablando con unos y otros, lo cierto es que no vimos ni una sola persona armada, sino sobre todo ancianos y algún grupo de refugiados oficiales no tan mayores sentados al sol. ¿En edad de portar armas? Posiblemente. Y cuando ya dimos por terminada la jornada oficial de inspección, apareció como por encanto una cámara y detrás de ella un periodista que me interrogó sobre mis impresiones de la visita y si había visto grupos o personas armadas durante la misma, y obviamente dije la verdad. Que no los había visto. Lo cierto es que si me hubiese preguntado si podría confirmar que en el valle no había combatientes ocultos, no hubiese podido dar esa respuesta pues era obvio que en aquellos bosques y espacios vírgenes y salvajes se podía ocultar cualquier cosa o persona. Precisamente por eso era un sitio tradicionalmente dedicado al contrabando. Creo que esta visita ayudó momentáneamente a neutralizar un intento de los generales rusos, los halcones, de continuar la lucha contra los independentistas en suelo georgiano, cosa que supongo no le hacía mucha gracia ni al ministro de asuntos exteriores Igor Ivanov, ni a su amigo el presidente de Georgia Eduard Shevardnadze antiguo colega y predecesor suyo en el cargo. No pudimos abandonar el valle sin antes cumplir con el rito de aceptar una modesta comida y brindar abundantemente con vodka como es costumbre, lo que unido a la tensión vivida me hicieron pasar un mal viaje de regreso.

Al llegar a Tbilisi supe que la televisión rusa había retransmitido mi entrevista y añadido un comentario oficial sobre lo importante de esa aclaración, extendiéndose por su cuenta sobre la predisposición del gobierno georgiano de seguir controlando la situación e impedir la existencia de cualquier santuario de "bandidos terroristas". Tiempo después en una de mis últimas visitas a Grozni, en la base de KHankala el general al mando Valeri Baránov me echaría en cara lo que dije en esa entrevista, porque a raíz de ella le impidieron la operación de limpieza que consideraba fundamental. Desgraciadamente el general Baránov resultaría gravemente herido en el atentado del campo de futbol de Grozny en el que murió el presidente Akhmat Kadirov. Pero pese a todo, la persistente actitud de los combatientes chechenos de seguir utilizando este valle como base de operaciones obligó a Georgia un año más tarde a desplegar fuerzas militares en un intento de controlar la situación y evitar otro posible peligro de invasión del ejército ruso.

Volvería a este hermoso país cuatro años después, ya producida la revolución de las rosas encabezada por el ambicioso, e inestable Mikhail Saakashvili y que había obligado a renunciar a la presidencia a Shervardnadze el 23 de diciembre de 2003, después de ganar las elecciones. Al contrario de su predecesor, estaba decidido a emprender una política de recuperación de los territorios perdidos, en franca confrontación con Rusia y según algunas opiniones, alentado por los Estados Unidos.
Ya sabemos el resultado de todas estas aventuras, al menos las que tuvo con Afjasia y Osetia del Sur y como el mismo terminó de la peor de las formas. Pero no es sobre todos estos despropósitos sobre los que quiero ahora detenerme, sino sobre las razones de mi segunda y última visita a Georgia con motivo del conflicto latente y finalmente abierto con la Republica de Adjaria, que disponía de un estatuto de autonomía y estaba gobernada por un sátrapa casi de sainete, si no fuera porque estuvo a punto de provocar un serio enfrentamiento armado. Corría el año 2004 y en Georgia ya se habían producido los difíciles acontecimientos que habían llevado al poder a Saakashvili y estaban convocadas elecciones parlamentarias. Previamente las relaciones entre el gobierno de una Ajaria autónoma, presidido por Aslan Abashidze y Tbilisi se habían enfriado seriamente, porque a lo largo de los años precedentes Abashidje había llegado a establecer un importante poder personal y casi familiar (había

nombrado alcalde de la capital Batumi a su hijo) y en consecuencia reinaba un ambiente de corrupción y serios deseos de declararse prácticamente independientes de Georgia. Esta situación se agravó cuando Abashidze, una vez convocadas las elecciones del 27 de marzo decidió declarar el "estado de urgencia", imponiendo restricciones a la libertad de expresión y reunión de los partidos de oposición durante su campaña en Ajaria. Incluso detuvo a algunos candidatos de la oposición. En respuesta a esta actitud las autoridades centrales habían bloqueado militarmente y de forma temporal el acceso a Adjaria. Así las cosas, el gobierno georgiano a través de su ministro de asuntos exteriores me contacto discretamente para ver si aceptaría hacer una última gestión mediadora con Abashidze, para evitar la solución militar y el consiguiente agravamiento del conflicto, la liberación de los detenidos y que se realizasen con normalidad las elecciones parlamentarias también en Ajaria. El propio Abashidze también se puso en contacto con nuestra oficina para solicitar también esta visita y mediación. Era evidente que detrás de este inesperado interés, estaba otra vez la mano del ministerio de asuntos exteriores ruso, deseoso de no agravar la situación en esa parte de la región y menos de perder el control de una república con estatuto de autonomía en cuyo territorio tenían una importante base militar junto al Mar Negro. Formalizadas ambas invitaciones, ¿cómo decir que no a una propuesta de esta naturaleza y en unas circunstancias semejantes?

Así las cosas, viajé nuevamente a Georgia acompañado de Alexander Guessel, John Dalhuisen y Christos Giacoumopoulos, todos ellos miembros de mi equipo más próximo en Estrasburgo. Una vez en Tbilisi, nos reunimos de inmediato con el presidente Saakashvili en su despacho a donde llegó después de haber participado en un mitin a bastantes kilómetros de la capital. Me explicó lo delicado de la situación, y la negativa de Abashidze a permitir unas elecciones libres también en Ajaria, así como la detención de sus candidatos. No podía tolerar una situación semejante sin adoptar medidas drásticas para que se respetase la Constitución en toda Georgia. En suma, que o bien este personaje se avenía a rectificar o no le quedaba más remedio que movilizar el ejército contra él y si se producía un choque armado probablemente habría bastantes víctimas. Me preguntó si yo estaría dispuesto a hacer una misión urgente de mediación e intentar encontrar una solución pacífica. Caso contrario empezaría el conflicto de inmediato. Obviamente si estaba allí era porque ya había sopesado la responsabilidad de declinar una misión semejante, pero antes de lanzarnos sin más a ella era necesario realizar determinadas gestiones, empezando por informar a la OSCE de esta solicitud y saber su opinión. Igualmente pedí a mi equipo que hiciese una discreta averiguación sobre dos puntos. Primero si Abashidze estaba dispuesto a hablar de esta situación con el ánimo de llegar a un acuerdo y segundo si Moscú no iba a boicotear la misión. Cuando hube obtenido en las horas siguientes las respuestas positivas de unos y otros, confirmé al presidente mi disposición a hacer el viaje y el 23 de marzo empezó la aventura.

Viajamos hasta Batumi en un vetusto avión militar de hélice que hacía un ruido infernal, volaba bajísimo y pese a todo consiguió que tuviese un importante dolor de oídos pues la presurización brillaba por su ausencia. Llegamos al aeropuerto de Batumi a las 19,30 y allí estaba esperándonos el presidente Abashidze con toda la corte y nos trasladamos de inmediato a su residencia oficial para comenzar las negociaciones. Tengo un recuerdo de aquellas horas pasadas en Batumi, enfrascados en interminables discusiones, como si hubiese sido una verdadera pesadilla. Todos mis colaboradores han reconocido siempre que una de mis escasísimas virtudes, por no decir casi la única, es la de tener una generosa paciencia acompañada de algo de mano izquierda para poder torear situaciones complicadas. Sin embargo, Abashidze estuvo a punto de acabar con todas mis reservas. Nos sentamos a hablar prácticamente al final de la tarde y terminamos la primera ronda de conversaciones a las cuatro de la madrugada, sin haber alcanzado ningún resultado razonable. Parecía no entender lo delicada de su situación e insistía una y otra vez en la necesidad de defender su autonomía frente a la injerencia georgiana, sin comprender que él era autónomo administrativamente pero integrado en la República de Georgia y sometido al respeto de su Constitución y las competencias de Tbilisi, y entre otras la de convocar elecciones en todo el país. Igualmente era inaceptable la decisión de detener a candidatos de la oposición en las elecciones convocadas. No lo decía, pero en el fondo se consideraba independiente. Nos sentamos a hablar durante varias horas, pasamos a la mesa para cenar el típico banquete caucasiano interminable y seguimos hablando después con el vodka delante. Cada vez que llegábamos a un punto de acuerdo y reconocía que efectivamente tenía que aceptar determinadas cuestiones, se las arreglaba para diez minutos después volver a decir todo lo contrario y echar por tierra lo alcanzado. En el fondo estaba utilizando el milenario sistema de negociación oriental de dar mil vueltas a las cosas, ir y venir sin fin para fatigar a la otra parte y pretender no comprometerse en nada. Ya a las cuatro de la mañana, con el equipo agotado y Alexander absolutamente muerto de interpretar durante casi siete horas me levanté de la mesa, le dije que pensase todo lo que estaba en juego, que yo no era su adversario y que esperaba que al día siguiente antes de mi salida al final de la mañana, tuviese ya un criterio formado y una decisión definitiva adoptada. Nos fuimos al hotel y no eran aun las siete de la mañana cuando ya estaba el mismo Abashidje en el hall pidiendo que le acompañásemos para reiniciar las conversaciones con el desayuno en su residencia. Y aunque parezca mentira, volvimos a empezar la discusión que duró más de cuatro horas, aunque he de reconocer que al final y antes de volver a almorzar aceptó levantar el estado de urgencia, liberar los detenidos y autorizar los actos de campaña, con algunas restricciones sin sentido. Se acordó también el inicio de conversaciones entre ambos gobiernos para unas posibles modificaciones constitucionales que afectaban al régimen de autonomía de la región. Agotados, aun tuvimos tiempo para ir hasta el puerto en caravana oficial y presenciar un disparatado desfile militar para mostrarme su potencial bélico. Todo el despliegue bélico consistió en dos motoras armadas que pasaron delante nuestro a gran velocidad varias veces. Me acompañó en su coche mercedes último modelo hasta el aeropuerto y nos despidió con gran efusión. Nos derrumbamos en aquella lata volante y una vez en Tbilisi informé al presidente Saakashvili del resultado de las negociaciones y de lo volátil que me parecían las conclusiones, aunque positivas. Lo mismo con el embajador de la OSCE y algunos otros de países miembros del Consejo de Europa. Nos fuimos a descansar y al día siguiente salimos para una nueva misión, esta vez en Moldavia y Transnestria. Después hice llegar a Igor Ivanov, mis impresiones sobre la fiabilidad del personaje de Batumi, la posibilidad de que volviesen a producirse enfrentamientos y que se preparase para cualquier otra eventualidad. No sabía aún cuan pronto se iban a hacer realidad mis aprensiones. Efectivamente, luego supimos que se había enfrentado con Saakashvili cuando éste quiso pasar a dar un mitin de campaña en Batumi, y no le dejó entrar en la región pretextando que este quería invadirle. Voló todos los puentes de conexión entre Georgia y Ajaria y obviamente el ejército georgiano se dispuso a invadir. No tuvo que disparar ni un solo tiro porque el aguerrido ejército de Abasidze se pasó con armas y bagajes al georgiano y él mismo tuvo que abandonar precipitadamente el país con su familia en un avión que le enviaron con urgencia desde Moscú, donde creo que aún sigue exiliado. Lástima que todo este esfuerzo, sirviera para tan poco. Al menos me cabe el buen recuerdo de haber evitado un primer choque y hacer comprender a los rusos que la situación del personaje era insostenible y él, por decirlo en términos amables, un loco político importante.

1.2. Las dificultades de Moldavia

Una situación similar es la que tuve que tratar durante mis viajes a Moldavia país qué también en el 2000, y que se encontraba pasando una situación de crisis económica muy seria, con graves problemas sociales, de funcionamiento de la justicia, de falta de control ante la corrupción de una policía mal pagada y unas cárceles absolutamente abandonadas por falta de medios.

Para que el lector se haga una idea, cuando visité la prisión de Cricova, encontré que los presos con condenas más largas por los delitos más graves estaban acantonados en una sala común para unas treinta personas, sin luz eléctrica y sin calefacción. Charlamos en torno a una estufa de leña sentados en el suelo, con hombres que tenían condenas de hasta treinta años o más y tuve que irme por seguridad cuando se puso el sol. Les llevaban la comida las familias porque la prisión igual que no podía pagar la luz, tampoco podía suministrar una comida adecuada (el presupuesto era de aproximadamente un euro por interno y mes). Difícil de creer, pero cierto. En todo caso, en el país se vivía una fuerte tensión generada no solo por las dificultades económicas, sino también por la persistencia de problemas de organización territorial y convivencia de diversas minorías, que reclamaban su reconocimiento pleno y el uso de la lengua propia junto al moldavo. En especial la tensión era fuerte con aquellas que utilizaban el ruso. Pero al margen de esta cuestión espinosa donde las haya, se presentaba otro problema mayor para las autoridades de Moldavia y era la relación con la región de Transnestria, que se había declarado unilateralmente independiente y que estaba bajo la influencia y protección de Moscú, pues Rusia era el único país que les había apoyado y disponía de una importante base militar en aquel territorio. Unidades del ejército ruso actuaban como fuerzas de pacificación entre ambos territorios y la misión de la OSCE intentaba canalizar las relaciones entre Moldavia y Transnestria. Uno de los problemas de los que se ocupaba era el de la renovación del permiso de apertura en Transnestria de las escuelas de enseñanza en moldavo, cuyo funcionamiento estaba sufragado por Moldavia. Para los moldavos era muy importante el poder seguir utilizando libremente el alfabeto latino y no el cirílico en aquellas escuelas, como querían imponer las autoridades de Transnestria. Estas habían anunciado ya que estaban dispuestas a cerrar las escuelas que no siguiesen sus instrucciones. Nos coordinamos con el equipo de la OSCE para poder pasar a la región separatista y discutir estas cuestiones con las autoridades locales, intentando ayudar a los moldavos como nos habían solicitado. Obviamente antes de iniciar este viaje, había contactado con las autoridades rusas para que influyesen sobre el gobierno de Transnestria y que la visita no fuese un fracaso. El Comisario daba el paso de ir a visitar una república separatista y totalmente autoritaria, títere de Moscú, pero ellos tenían que poner algo de su parte. Obtuve ciertas garantías y por ello acepté pasar la línea de separación de la mano de la delegación de la OSCE que organizo esta parte del viaje. Como comentario al margen, diré que esa visita me impresionó bastante. El territorio, pequeño y con solo dos ciudades medianas, estaba repleto de estatuas de la época soviética. Monumentos a Lenin, Stalin y demás líderes soviéticos adornaban plazas y avenidas vacías de coches. Los despachos oficiales estaban presididos por la bandera roja y bustos varios de Lenin y el padrecito Stalin. Era como un salto atrás en el tiempo. El hotel en donde pasamos la noche solo tenía luz por unas horas, la puerta de la habitación no cerraba, no había agua caliente en la ducha y menos calefacción y hacia un frio que pelaba. Así que dormí con el abrigo como manta suplementaria. Tuvimos las conversaciones y el resultado fue que los permisos de las escuelas se renovaron, siguieron con el moldavo e incluso se habló de la firma de un posible convenio para resolver de futuro este problema. Convenio que los moldavos creo que no llegaron a firmar por miedo a que se considerase como un reconocimiento de la república separatista. Pero lo más interesante, es que ya en ese viaje plantee la situación de unos presos políticos (Iliascu y otros) detenidos desde hacía tiempo acusados de perpetrar acciones armadas, y cuyas garantías de proceso y detención eran objeto de una demanda en Estrasburgo ante el Tribunal Europeo de Derechos Humanos. Aquí se cerraron en banda y no hubo manera ni de verlos, ni de hacerles cambiar de opinión y liberarlos para bajar la tensión. No retomaría esta gestión en favor de los indicados presos hasta bastante después, cuando así me lo pidió el propio TEDH corriendo el año 2004. La idea era conseguir la liberación de aquellos presos que no pudimos ver en el primer viaje en 2000, cuya situación era humanitariamente extremadamente dura. La situación de estos presos era muy delicada y difícil, sobre todo para las familias. Mi impresión era que aun cuando se habían hecho presiones internacionales para liberarlos, sobre todo por parte de Rumania de donde ellos eran originarios, lo cierto es que la hipocresía política reinaba por lo bajo y para algunos daba la impresión que era más rentable mantenerlos en prisión y utilizarlos como ariete propagandístico. La ocasión de abordar específicamente esta cuestión surgió cuando el gobierno moldavo me pidió que viniese de nuevo al país para intervenir ante las autoridades de Transnestria que nuevamente amenazaban con cerrar las escuelas que enseñaban en moldavo e incumplir los acuerdos a que habíamos llegado en mi anterior visita. Volví por tanto a Chisinau el 22 de marzo de 2004 para tratar este tema y de paso abordar en la máxima discreción el otro, que no se podía hacer público para no correr el riesgo de estropearlo todo. Alexandre pasó mucho tiempo durante la preparación del viaje sondeando y empujando a los rusos para que convenciesen al presidente Igor Smirnov para que permitiese terminar con esa situación, aunque solo fuese por razones puramente humanitarias. Como parecía que había algunas esperanzas, volvimos a Tiraspol y reanudamos las conversaciones sobre las escuelas. El gobierno local accedió a realizar la inscripción oficial y dar la autorización de funcionamiento de las escuelas en cuestión nuevamente, en el marco de las renovadas negociaciones entre las partes que dirigía la OSCE, con el apoyo del Consejo de Europa. Creo que en principio y pese a algunas otras crisis, la situación se mantiene hoy en día estable para esas escuelas. Como inesperadamente nos llegaron algunas indicaciones positivas desde Moscú, nos decidimos a plantear la cuestión de los presos y su posible liberación. El gobierno de Tiraspol ya estaba informado con anterioridad de nuestras intenciones "no oficiales" y durante varias horas hablamos con los ministros de Justicia y de Interior, que obviamente habían sido tocados desde Moscú. Incluso hubo un momento en que barajamos la posibilidad de que los detenidos se viniesen con nosotros, con el compromiso de no hacer declaraciones y desaparecer discretamente.

Pero una vez en el despacho de Smirnov, su oposición fue terminante. Era obvio que subyacía un odio o enfrentamiento personal insuperable para él en ese momento. Aunque esas personas no suponían peligro alguno y apenas les quedaban por cumplir un año y poco más de condena. Demostró ser una persona extremadamente cruel y me parece que también poco inteligente, pues podía haberse apuntado una limpieza de imagen ante la opinión internacional. Pero este tipo de dictadores son inmunes a estos argumentos de mera humanidad y menos a los de legalidad, cuestión que les es totalmente ajena. Así que nos volvimos sin alcanzar el objetivo que buscábamos y sin poder hablar de ello para no empeorar la situación de los detenidos, ni dinamitar otras posibles iniciativas posteriores.

2.- LA ESPECIAL RELACIÓN CON LA FEDERACIÓN DE RUSIA

Mi relación con Rusia durante todo el período de mi mandato, estuvo muy marcada por las experiencias que tuve mucho antes, cuando no era aún Comisario. A ellas se acumularon las obtenidas a lo largo de mis años de presencia en aquel país ya siéndolo. Me ayudaron a intentar entender mejor los sentimientos de un pueblo que estaba saliendo de un larguísimo túnel del tiempo, así como el comportamiento de sus dirigentes. El pasado explica muchos aspectos del presente, aunque no justifique todos los errores y abusos de poder de sus gobernantes. También debería hacernos reflexionar sobre el comportamiento y el enfoque dado por "occidente" a las relaciones con la Federación de Rusia, tanto en la primera etapa de su transición, traumática para el pueblo ruso, como en el momento de la gravísima crisis de Chechenia. Viejos recelos, rencores y miedos lastraron desde el primer momento las relaciones entre la joven Federación de Rusia y los países occidentales, que contemplaron perplejos el súbito derrumbamiento de la Unión Soviética y muchos no pudieron escapar al sentimiento de alivio que ello suponía y menos aún al deseo de impedir a toda costa que Rusia volviese a ser una potencia mundial. Quisiera detenerme brevemente en el recuerdo de aquellos años iniciáticos en mi conocimiento del país y sus gentes.

2.1. El valor de la experiencia vivida

Michel Onfray dice que *"vivimos una época de renuncia a la memoria. Todo contribuye a ese holocausto del recuerdo"*. No le falta razón. Para mí el ejercicio de memoria ha sido siempre fundamental para poder entender el presente. Cuando tuve que hacer frente al importante reto de entender el conflicto checheno, el por qué y para qué de esa cruel guerra y trabajar para que terminase o al menos para frenar y perseguir las barbaridades que durante ella se cometieron, me fue muy útil mi pequeña experiencia y conocimiento de Rusia. Obviamente era una muy superficial aproximación a la realidad de tan inmenso país, su historia, su cultura y la gran variedad de pueblos que lo componen. Pero es cierto también que ese pequeño bagaje de conocimientos no se debía solamente a un estudio teórico, académico, sino a un contacto directo con la realidad, antes y después de la caída del régimen soviético. En especial la adquirida durante la llamada perestroika ha sido muy rica e interesante. Invitado como experto en múltiples seminarios de la entonces llamada Escuela de Estudios Políticos de Moscú y más tarde como miembro de su dirección académica, tuve la ocasión de vivir una experiencia que nunca agradeceré lo suficiente a su directora Lena Nemirovskaya, invitándome a participar en los seminarios que se celebraban en una ex residencia sindical soviética a unos cuarenta kilómetros de Moscú, en Golitsino y a Diana Pinto que me la presentó. Eran unos encuentros basados en la libertad absoluta de expresión y pensamiento, que nunca entusiasmaron a las estructuras oficiales y que desde la llegada al poder del presidente Putin, fueron objeto poco a poco de acoso hasta obligar a la escuela, primero a cambiar de nombre (hoy se llama School of Civic Education) y finalmente a tener que cerrar sus actividades en Rusia al ser calificados como "agentes extranjeros" según la nueva legislación de 2022, que vino a agravar la ya existente desde 2012. Sus dirigentes y algunos funcionarios han tenido que refugiarse en Riga. Me parece de justicia reconocer todo el inmenso trabajo que ha hecho la escuela en pro del asentamiento de la democracia en Rusia, por crear cuadros de futuros responsables políticos y sociales formados en los valores de la democracia. Un trabajo ingente, con miles de estudiantes que han pasado por sus cursos y que ha dado un testimonio de su valía hasta el punto de ser considerada como un peligro por los enemigos de la libertad y la democracia. Hoy más que nunca la Escuela es un testimonio de la libertad perdida, pero también un símbolo de la lucha por recobrarla.

En aquellos primeros años de la perestroika y de la libertad de reunión y pensamiento, nos reencontrábamos anualmente en aquella destartalada residencia en el verano y con un calor sofocante, más de un centenar de estudiantes (universitarios y jóvenes periodistas o cuadros electos de las regiones) venidos de toda Rusia y repúblicas ex soviéticas, y expertos conferenciantes de Europa, Estados Unidos o Asia, para debatir sobre las características fundamentales de una verdadera democracia; y lo que era especialmente interesante, conviviendo durante una semana y debatiendo con los asistentes no solo en las horas de clase programadas, sino hasta altas horas de la noche, apasionados como estaban por conocer cómo eran las cosas en las democracias occidentales y contarnos su realidad cotidiana. Por cierto, que ya entonces me extrañaba y en ocasiones irritaba, la insistencia de algunos expertos enviados por universidades americanas e inglesas empeñados en proclamar las bondades del capitalismo abierto y sin límites, favorecedor de una transformación de Rusia rápida desde el comunismo soviético al paraíso capitalista. Lo proclamaban sin pudor, sosteniendo que era innecesario establecer medidas de transición desde una sociedad de economía dirigida y en bancarrota a otra de mercado libre. Para ellos el sistema capitalista y sus reglas eran la garantía de una transición eficaz y exitosa. Para nada se planteaban lo real o irreal de esta posición en la Rusia de entonces y cuál sería el precio a pagar en ese tránsito sin medidas paliativas. Las tesis de la "Escuela de Chicago" en todo su esplendor, y sus terribles consecuencias del empobrecimiento de millones de rusos ya las conocemos. Y también los suculentos negocios de una oligarquía sin escrúpulos, creada al socaire de este disparate económico y político. Añádase a ello la inseguridad reinante por el derrumbe de las estructuras policiales y la justicia, con un campo abierto a la corrupción y libre funcionamiento de las bandas de mafiosos que campaban por sus respetos, sin contar con el derrumbe del sistema de protección social, que costó la vida a numerosas personas de los grupos sociales más vulnerables, empezando por las personas mayores. Eran las tesis económicas que aplicaba desde el gobierno Gaidar, provocando la implosión de todo el sistema de economía dirigida y en total decadencia. Privatizando las grandes empresas públicas por cuatro dólares, incluso utilizando el vergonzoso y engañoso sistema de dar a los obreros acciones de las fábricas en ruina donde trabajaban, que ellos vendían a la salida del trabajo por dos botellas de vodka o unos pocos rublos al oligarca sin escrúpulos dispuesto a hacerse con el negocio. Yo mismo conocí en una cena en Moscú para buscar fondos para la Escuela a un joven oligarca, que había obtenido una suculenta concesión para la explotación de minerales preciosos, por una cantidad irrisoria. Las fortunas de estos personajes que se movían en la órbita de la familia Yeltsin corrían pareja con la miseria creciente de una gran parte del pueblo ruso y en especial de sus jubilados, a los que sucesivas devaluaciones y esa brutal política económica había volatilizado sus ahorros, imposibilitándoles vivir con un mínimo de dignidad con sus pensiones y modestísimos sueldos. Se añade a ello la pérdida de la guerra de Afghanistan, donde los talibanes y con ellos Bin Laden con la ayuda de los Estados Unidos consiguieron expulsar a los rusos, que contaron sus bajas por miles. También la pérdida de la primera guerra de Chechenia, además de la vuelta a la patria de las unidades militares expulsadas de los antiguos países satélites en Europa que alcanzaban la independencia. Un ejército con moral de derrota, sin fondos para sostenerse y donde sus cuadros dirigentes estaban casi en la indigencia. El periodista de *Le Monde* Bernard Feron, publicó en la década de los noventa un breve pero excelente análisis de este periodo, en el que recoge la síntesis que del mismo hace su compañero Jan Krauze:

> *Es un lugar común decir que un año después del golpe, ha llegado el desencanto. Realmente el desencanto ha sido casi inmediato .....los precios disparatados la desaparición de todos los valores considerados como tales desde hace setenta años, la asimilación de la libertad económica al pillaje de los bienes públicos, el ejemplo que dan a este respecto ciertos "demócratas" muy en el candelero, el sentimiento de que todo está a la venta, desde los servicios del KGB hasta las islas Kouriles, pasando por los servicios de los altos funcionarios del Estado, los soldados que volvían en condiciones humillantes, expulsados de las colonias perdidas...*

Es difícil resumir mejor el estado de ánimo que cualquier observador honesto de la realidad rusa podía percibir con plena nitidez en aquella dolorosa transición.

2.2. Del desencanto al nacionalismo autoritario

Fueron tiempos de gran decepción del pueblo ruso en cuanto a los beneficios que esperaban que les traería la democracia y el capitalismo occidental. La consecuencia fue que no pocos terminaron por soñar con el "bienestar" y la seguridad de la época soviética y la necesidad de volver a tener un poder fuerte que impusiese orden y recuperase la "grandeza perdida". Ello también conllevó un crecimiento del sentimiento nacionalista en su faceta más reaccionaria y negacionista de los valores de la llamada "democracia occidental". El historiador José María Faraldo en su trabajo sobre *"El nacionalismo ruso moderno"*, sintetiza muy bien los orígenes, naturaleza y evolución de este fenómeno en la Rusia actual. En este renacer del nacionalismo no ha sido menor el papel de la iglesia ortodoxa rusa, muy vinculada al poder como iglesia de Estado, temerosa de la influencia occidental. Yo mismo he vivido esta férrea defensa de la iglesia ortodoxa frente a la casi simbólica presencia de la católica, en aquel entonces sometida a limitaciones muy severas, en mis conversaciones con el Patriarca Alexis II, en Moscú. Una persona extremadamente amable en el contacto personal pero intransigente en cuanto al reconocimiento de la libertad de funcionamiento de la que consideraba su competidora, porque ésta cometía el delito de lesa majestad de "hacer proselitismo", lo que consideraba intolerable. Sobre esa conjun-

ción tradicional entre iglesia ortodoxa, poder civil y rancio nacionalismo, la historia-
dora y filosofa Natalia Narotchnitskaïa, defensora de esta amalgama en su libro "Que
reste-t-il de notre victoire ¿Russie -Occident: le malentendu" (2008) nos da algunas
pistas. Y lo hace recomendando a sus compatriotas que se liberen del espejismo de
querer formar parte de la *llamada sociedad civilizada* (se sobreentiende occidente)
para poder terminar con su decadencia, de la que se aprovecharán siempre los occidentales. Este mismo occidente, afirma, ‹‹*diabolizará siempre a un líder que quiera
una Rusia fuerte e independiente*››. Y remata el mensaje recordando a sus compatriotas que ‹‹*la verdadera causa de la catástrofe y la incapacidad de los rusos para tener
una visión de conjunto sobre todo lo que les ocurre a ellos y a Rusia, reside en el
empobrecimiento espiritual y el abandono de la fe ortodoxa*››.

He aquí la amalgama perfecta, que pregona la vuelta a las raíces ancestrales, que
justifican la diferencia de Rusia frente a todos los demás que quieren su humillación y
debilitamiento. El lector puede comprender mejor ahora por qué los presidentes de la
Federación de Rusia en el periodo post soviético y aun hoy en día, acudían con frecuencia a los actos religiosos de la iglesia ortodoxa a la que permitieron reconstruir (y finan-
ció en parte) la catedral de Cristo Salvador de Moscú, dinamitada por Stalin; y el Pa-
triarcado por su parte estuvo siempre vinculado a las posiciones oficiales y el actual
Kirill aún más, llegando a bendecir la brutal y sanguinaria guerra contra Ucrania. Es el
mismo sentimiento nacionalista con tintes xenófobos y racistas y el discurso belicista e
imperialista que hoy propaga entre otros, el filósofo Alexander Douguine y todo su
entorno mediático muy cercano al Kremlin y del gusto del presidente Putin. Alientan
el distanciamiento de un occidente que consideran decadente y de sus valores y procla-
man el uso de la fuerza para imponer el retorno a la Rusia imperial. Es curioso que en
ocasiones este discurso populista y antidemocrático, se me asemeja muy similar al pro-
pagado por el "trumpismo" y su altavoz en Estados Unidos la cadena de televisión
FOX, donde las alabanzas a Putin no han estado ausentes. Una recuperación del orgullo
perdido de ser un imperio que se medía con Estados Unidos y China, y también de ese
peligrosísimo sentimiento de superioridad de lo eslavo frente a los "barbaros", como
ocurría con los caucasianos y en especial de los chechenos, victimas en Moscú de un
muy extendido sentimiento racista en aquella época de mis frecuentes visitas a Rusia.

En todo caso, fueron años de compartir valiosas experiencias con la Escuela,
no solo en Moscú sino a lo largo y ancho de Rusia, incluida la lejana Siberia donde
se celebró uno de estos seminarios en pleno invierno en Novosibirsk, donde también se encontraba un centro muy importante de investigación, filial de la Academia de Ciencias de Rusia, que no pudimos visitar por tener el acceso restringido.
En aquella ocasión tuve la oportunidad de escaparme por unas horas de los trabajos
académicos y visitar su estación de ferrocarril, una de las más grandes y faraónicas
de la línea del transiberiano y el más importante nudo ferroviario de Siberia. Me
sorprendió que su planta principal con grandes espacios revestidos de mármol y
decorados con profusos dorados, estuviese prácticamente vacía, pero mi gran
amigo Sacha me condujo a conocer otra realidad muy distinta. Era la parte baja o

especie de sótanos, donde se amontonaba una abigarrada muchedumbre de lo más variada, presta a subirse a los trenes allí estacionados. En aquel reducido espacio se amontonaban cientos de personas, sentadas por el suelo y calentadas por una estufa de leña. El ambiente era tan sofocante como fascinante, porque allí se mezclaban personas de todo tipo de etnias, tal vez por su cercanía a China y el comercio que ello generaba, siendo el mejor ejemplo que yo haya podido conocer de la diversidad de ese gran país. Recuerdo perfectamente qué en uno de los múltiples puestos de venta ambulante en la propia estación, compre una naranja (aunque parezca increíble) y camino del hotel se me heló debajo del abrigo, de tanto frío como hacía en aquellas calles convertidas en verdaderas trincheras entre la nieve. En otra ocasión uno de aquellos seminarios me llevó muy cerca de Yasnaya Polyana, la finca donde había nacido y vivido hasta su muerte, ese genio de la literatura que fue León Tolstoi. Tuve la ocasión de recogerme ante su tumba, un sencillo túmulo de tierra al pie de un monumental árbol y reflexionar hasta qué punto en su magistral "Guerra y Paz", con aquel pasaje del baile de Natacha nos muestra ese cruce de culturas de oriente y de occidente, que caracteriza a la nación rusa. Rusia ha contribuido de forma muy importante a la derrota del nazismo, con el sacrificio de millones de seres humanos, mérito que muchos rusos siguen atribuyendo a Stalin pese a todos sus crímenes e intentan minusvalorar el hecho de que la derrota del nacismo fue también la obra de occidente y del sacrificio de cientos de miles de soldados europeos y de sus colonias, norteamericanos y australianos, entre otros. En todo caso, nunca debe olvidarse que Rusia fue grande entre los grandes y que este convencimiento forma parte del haber cultural de todo ruso. Ignorar esta característica en los momentos difíciles de la perestroika, de su desgarradora transición del régimen soviético a la democracia, tal vez haya sido uno de los errores más importantes de las democracias occidentales a la hora de afrontar la caída del imperio soviético.

Fueron años de conocer el país más de cerca y a los grupos más concienciados de su sociedad, los responsables de las primeras ONGs combatientes y otros personajes que me encontraría años después ejerciendo responsabilidades políticas. Especial y emocionado recuerdo guardo de los hombres y mujeres que impulsaban Memorial, hoy perseguidos con ferocidad por el régimen del presidente Putin. Desde Andrei Sakharov su primer presidente, a Oleg Orlov o Svetlana Gànnushkina con los que tantas veces he dialogado. Una organización que surge con el deshielo de la perestroika y que realizó un trabajo inmenso para documentar los crímenes atroces del estalinismo y el periodo soviético, recuperando miles de expedientes de personas detenidas, juzgadas en secreto, fusiladas y tiradas a fosas comunes. O la historia de millones de seres humanos encerrados en campos de concentración hasta la muerte. Un pasado cuya ignorancia o negación no permitirá nunca construir una verdadera democracia en Rusia. Mi visita al gulag Perm-36, en la ciudad del mismo nombre cerca de los Urales, acompañado por un miembro destacado de Memorial que había nacido en aquel campo donde pasó una parte de su infancia al estar sus padres allí detenidos, me lo dejó muy claro. Cuando en diciembre de 2021 la Corte Suprema declaró el cierre de Memorial, aceptando los argumentos delirantes del fiscal de que era un agente extranjero al servicio de occidente para denigrar el glorioso pasado soviético, es decir las purgas estalinianas entre otras gloriosas actividades, dio la máxima prueba de hasta qué punto la justicia en Rusia es una burla. Un mecanismo de nuevo al servicio del poder, como siempre.

Pese a esta degradación de la democracia y la represión de las libertades fundamentales, la gran mayoría del pueblo ruso sigue a su líder, intoxicados o no, muchos de ellos añorando el pasado soviético. Rusia en todos estos años no ha realizado una verdadera transformación de sus valores ancestrales autoritarios y despreciativos de los democráticos. La realidad es que hoy en día no existe una verdadera sociedad civil, como nos gusta decir en occidente, con una mínima formación democrática. Una gran parte de la ciudadanía admira un poder fuerte que les de seguridad y responda al ideal de los valores nacionalistas de la gran Rusia imperial, la gran potencia que fue y qué según el mensaje oficial, los occidentales quisieron borrar para siempre aprovechando el momento de la perestroika. Por ello muchos añoran de nuevo Stalin que les condujo a ganar la Gran Guerra. Si no gozaron de libertad no les importa porque nunca la disfrutaron realmente y si hubo violencia represora y crímenes atroces, piensan que siempre los hubo. Desconocen lo que significa la seguridad del Estado de derecho, porque nunca se ha respetado realmente.

El pueblo que recibió entusiasmado a la perestroika, pronto se encontró desorientado y perplejo por los efectos indeseados de los excesos de la política de sus dirigentes y fueron las víctimas del desastre económico y social que comportó, al tiempo que testigo del nacimiento de un grupo de oligarcas sin escrúpulos que acumulaban unas inmensa fortunas creadas sobre el expolio de las riquezas naturales de la nación, la proliferación de mafias incontroladas y el derrumbe de la seguridad personal y colectiva. Esta es la realidad que han vivido con la llegada de la democracia oficial.

Giulano da Empoli en su novela "El mago del Kremlin", refleja con extraordinario acierto este estado de cosas en aquellos años noventa del siglo pasado en Rusia.

Al inicio de los años noventa, Gorbatchev y Eltsine habían hecho la revolución, pero al día siguiente la gran mayoría de los rusos se habían despertado en un mundo que desconocían, en el cual no sabían cómo vivir...Habían crecido en una patria y se reencontraban de repente en un supermercado...

Ese estado de ánimo social, esta desorientación con respecto al pasado que acababan de vivir y la inseguridad del presente, explican muy bien el ascenso fulgurante de una persona hasta entonces desconocido, sin trayectoria política conocida como era Vladimir Putin, oscuro director de los servicios secretos. Solo lo será cuando un personaje como Boris Berezosvky maniobra al calor de la "familia" para que este le haga primer ministro y de ahí dé el salto a la presidencia, en una operación perfectamente calculada para sacar de escena a un presidente en plena decadencia y dar paso a un joven que los oligarcas creían que podrían manipular. Alguien que les garantizase seguir controlando el poder. Que equivocados estaban. Esa misma masa ciudadana identificó el modelo ideal del imperio perdido con el mensaje político del presidente Putin que finalmente mejoró el nivel de vida del país y ha "recuperado" el honor patrio. Le sostuvieron mayoritariamente durante la guerra de Chechenia y aplaudieron con entusiasmo la ocupación de Crimea y ahora muchos de ellos la guerra contra Ucrania, convencidos de que luchan por los derechos patrios y contra los nazis ocultos, argumento de gran fuerza histórica en Rusia. Argumentos sabiamente utilizados por la propaganda monopolista del régimen, intoxicando a la población, al tiempo que reprimiendo a la disidencia y la oposición. Estamos ante la reconstrucción del régimen soviético y sus métodos de actuar. Y la iglesia ortodoxa rusa, al menos sus cabezas dirigentes, bendice esta política y la guerra. Si no queremos ver y entender esta realidad, entonces nunca comprenderemos nada de lo que pueda ocurrir en el futuro. En todo caso es de justicia rendir un gran homenaje a todos aquellos, a esa valiente minoría que no ha bajado la cabeza ante el dictador y ha seguido defendiendo su derecho a vivir en libertad, en democracia, pagando por ello el precio del destierro o la cárcel. El testimonio más claro de estas conductas ejemplares nos la da el opositor Aleksei Navalni, a quien quisieron asesinar y que de vuelta a su país ha sido recluido en una prisión, víctima de diversos procesos fraudulentos, en el mejor estilo estalinista y donde finalmente ha encontrado la muerte en circunstancias aún no aclaradas. ¿Pudimos los occidentales mitigar o impedir esa evolución anti democrática de Putin, con otro enfoque en las relaciones con Rusia en aquellos años de 1999 y siguientes? ¿O la evolución hacia el mundo de la oscuridad era inevitable? Es una pregunta que me sigo haciendo hoy en día. Pero la historia no admite marcha atrás.

3.- CHECHENIA: ENFRENTANDO LA GUERRA

Con independencia de mi intervención en las crisis que ya he comentado, lo cierto es que el inicio de mi mandato también estuvo marcado de forma decisiva por el estallido del conflicto armado en Chechenia. Son muchos los recuerdos y experiencias que se acumulan al escribir estas líneas, pero intentaré elaborar un relato lo más resumido y coherente posible. Afrontar prácticamente en solitario la responsabilidad institucional de ser en aquel primer momento los ojos y oídos del Consejo de Europa en esa parte del Cáucaso donde se sitúa la República de Chechenia y sus vecinos más cercanos, Ingusetia y Daguestán sin olvidar Georgia y Osetia del Norte, no dejaba de ser un reto de proporciones considerables. En aquel territorio de la Federación de Rusia se estaba librando nuevamente una guerra sin cuartel, en la que se mostraba en todo su horror el fanatismo y crueldad de los rebeldes y de otra parte la brutalidad de los métodos de represión incluso criminales, de unas fuerzas armadas y de seguridad sin verdadero control y envilecidas por el odio y la corrupción. Y esa intervención se iba a realizar en un ambiente no precisamente fácil ni exento de serias tensiones, pues en el Consejo de Europa imperaba por aquellas fechas en relación con Rusia una dura reacción occidental contra el presidente Putin.

Con el inicio de esta segunda guerra se reavivaron todas las tensiones subyacentes entre Rusia y un grupo importante de países que aún guardaban y guardan, un profundo resentimiento hacia ella y los rusos en general, fruto de la ocupación comunista y la represión que tuvieron que soportar hasta la caída del régimen soviético. Por parte de las democracias occidentales ya veteranas, había posiciones más matizadas que iban desde los países que contemplaban la situación con prudencia; y quienes desde el primer momento se alinearon con los más radicales anti rusos, asumiendo la política de confrontación tan propia de la guerra fría. De todas formas, siempre hubo una gran diferencia entre las posiciones mantenidas en el seno del Comité de Delegados, más matizadas por el criterio de algunos países reacios a militar en una posición anti rusa por sistema y los debates en el seno de la Asamblea parlamentaria, donde las diferentes delegaciones, algunas muy radicales, mantenían una batalla sin cuartel que finalmente terminó no solo negándole a Rusia la presidencia de la Asamblea cuando le correspondía según las propias reglas establecidas entre los grupos parlamentarios, sino incluso suspendiéndole el derecho a voto. Siempre me ha costado entender cómo era posible que algunos países tan resentidos con Rusia y no les faltaba razón para ello, no fuesen capaces de analizar con un mínimo de perspectiva histórica los matices del tablero político en juego. Ser incapaces de analizar con rigor las causas de la guerra de Chechenia y lo que había detrás de ella, o mejor dicho lo que se dilucidaba en ese terreno de guerra sobre el futuro del Cáucaso. El triunfo o la derrota del islamismo radical, entre otros factores importantes. Y, sobre todo, caso de perder la guerra Rusia, que posible panorama de desestabilización se podría producir, interna y regionalmente. ¿De veras podían pensar que lo único que se dilucidaba era una posibilidad de debilitar a la Federación de Rusia como potencia que tanto miedo causaba, sin tener en cuenta las consecuencias que para todo Occidente podría tener una segunda derrota en Chechenia y en especial para la seguridad de Europa? Y no debemos ignorar que estamos hablando de un periodo muy incierto y convulso de Rusia que se inicia en 1999 con la llegada de Putin al poder, que en ese momento aún no se manifestaba con las tendencias dictatoriales que hoy le caracterizan, ni la paranoia nacionalista que le ha conducido al enfrentamiento con todo occidente y a enfrascarse en una guerra contra Ucrania que nunca ganará, pero dejará heridas de una profundidad y consecuencias que aun hoy no podemos valorar.

3.1. El contexto

Retornando al despeje de mis recuerdos, me parece que ha llegado el momento de abordar con un poco más de detenimiento, aquellos que se corresponden con el conflicto de Chechenia. Estábamos ante el desarrollo de una verdadera guerra sin cuartel, que el gobierno ruso se empeñaba en calificar de "operación especial". Igual que ocurre hoy con la guerra de Ucrania. Da la impresión de que los ideólogos del Kremlin, inventándose estas terminologías del absurdo solo buscan engañarse a sí mismos, porque es evidente que no lo consiguen con nadie más. La guerra entrañaba un enorme peligro, no solo para aquel torturado pueblo checheno víctima de la guerra, sino también para aquellos ciudadanos rusos que, siendo verdaderos demócratas, no alcanzaban a encontrar un espacio para vivir en democracia en semejante clima enrarecido En cuanto al acierto de cómo se enfocó en el seno del Consejo de Europa el tratamiento de aquella guerra, tengo serias dudas. Denunciar todo tipo de abusos, reaccionar con firmeza ante ellos llegado el caso, es algo indiscutible e irrenunciable en una organización de protección de los derechos humanos como el Consejo de Europa. Pero también sin dejar de lado la acción mediadora, diplomática y humanitaria para intentar resolver esas situaciones de crisis. Siempre he pensado que una de las tareas más importante que debería haber desarrollado el Consejo de Europa, especialmente a la caída de la Unión Soviética y el muro de Berlín, era ayudar a construir una nueva entente entre los rusos que llegaban por fin a la democracia y los pueblos que en Europa habían vivido bajo la dominación soviética y soportado la férrea dictadura comunista. Trabajar para cerrar las heridas entre los nuevos Estados post soviéticos de Europa y la propia Federación de Rusia, como supieron hacerlo Francia y Alemania al terminar la Segunda Guerra Mundial. Ello conllevaba el imprescindible compromiso ruso de reconocer su responsabilidad en el robo de la libertad de estos pueblos y de las atrocidades cometidas contra sus poblaciones. Los tímidos pasos de reconocimiento de los crímenes del bosque de Katyn, fueron rápidamente abandonados después de la torpe reacción de Polonia ante el accidente aéreo en el que murieron importantes líderes de aquel país. Pero también debería aflorar una cierta contrapartida, mostrar un sincero deseo de superación del dolor y daño sufrido por parte de algunas de las nuevas democracias, mostrando un espíritu más abierto y una sincera mano tendida. Superar no significa olvidar. La mejor plataforma donde poder llevar a cabo este formidable proyecto de convivencia y comprensión mutua, no podía ser otro que el propio Consejo de Europa, del que formaba parte Rusia y todos estos países. Pero ese trabajo histórico no hemos sido capaces de hacerlo. Desgraciadamente el Consejo de Europa se ha convertido en un campo abonado para todo lo contrario. Es más, me dicen que ha empeorado últimamente a causa de la guerra de Ucrania, al exigir algunos países la expulsión del Consejo de Europa no solo de Rusia como país, lo que han conseguido, sino también de los funcionarios de nacionalidad rusa por el solo hecho de serlo, aunque durante años hayan trabajado lealmente por la defensa de los derechos humanos y aun cuando también tengan la nacionalidad de otro país europeo. Si ello es cierto, el Consejo de Europa se ha vuelto un espacio de odio, venganza y confrontación. No puede haber mayor contradicción con los fines a que debe responder y los valores y derechos fundamentales de la persona que debe guardar y hacer guardar. Su razón de ser.

Pese a este clima de tensión, también creo que es de justicia reconocer que hubo intentos de establecer puentes entre las delegaciones parlamentarias rusa y las de los demás países miembros. En esta tarea tuvieron un papel significativo en los temas chechenos y en la relación con Rusia no siempre negativa, personajes como Lord Judd (Reino Unido) o Rudolf Bindig (Alemania) del grupo socialista, que tenían una visión más completa y ecuánime de la situación. Otros, como el diputado Landsbergis (Lituania) llegó a preguntarme en una comparecencia "si trabajaba con las autoridades chechenas democráticamente elegidas y en especial con Maskahdov". ¿Ignorancia, provocación? Pero esta actitud mayoritaria de la Asamblea radicalmente crítica para con un país miembro de la organización, debilitó de hecho su capacidad de mediar eficazmente en el conflicto y obtener a corto plazo algunos resultados importantes para el pueblo checheno. Muy pronto las autoridades rusas percibieron que no existía atisbo alguno de cierta neutralidad en la mayoría de la Asamblea parlamentaria y ello les dio el pretexto perfecto para cerrarse en banda, acusando a los demás países de adoptar una posición de persecución "sistemática" de Rusia, lo que no era cierto. Pero resultó ser música celestial para los oídos nacionalistas y los sectores más integristas de Rusia y obviamente para el ejército que se liberaba así de una más eficaz presión exterior. Algunos medios de prensa muy importantes, también se apuntaron con entusiasmo a esta visión de las cosas. Lo que de verdad se vendía eran las fotos, videos e historias de las brutalidades cometidas por el ejército de un gran país. La búsqueda de la verdad, era otro cantar. No siempre era prioritario. Esta visión simple, oportunista o cínica (el lector puede quedarse con la versión que más le convenga) venía en gran parte determinada por lo obscuro de la historia del propio presidente de la Federación de Rusia y de las condiciones en las que asumió el poder como ya he comentado. Un hombre que evolucionó hacia el autoritarismo más radical, buscando en la confrontación con occidente y sus valores de libertad y democracia, un renacer de lo que él y otros como él consideran que es la verdadera identidad de Rusia Pese a todo, esta visión muy común del líder ruso en occidente, no puede considerarse como motivo de justificación o descargo de los crímenes y violaciones de derechos humanos cometidos por las fuerzas de seguridad y el ejército durante y después de la segunda guerra de Chechenia. Los combatientes chechenos también tienen un triste historial en este terreno, pero Rusia era formalmente una democracia admitida en el Consejo de Europa que había ratificado un conjunto de tratados internacionales que le obligaban a mantener un comportamiento absolutamente distinto del que achacaba a los "terroristas" que combatía. No se puede defender la libertad ni la democracia frente a los que consideramos como terroristas (sea ello cierto o no), utilizando métodos criminales y manteniendo la impunidad de los autores de crímenes extremadamente graves. Una y otra vez he manifestado este punto de vista en mis informes y declaraciones de prensa.

Pero con solo destacar estos factores ya de por si importantes, nos quedaríamos cortos. Ha de tenerse en cuenta también, que esta segunda guerra se inicia cuando Rusia ha perdido la primera, al ceder Yeltsine a las exigencias de los rebeldes chechenos frente a la Federación y dando paso a una república de facto independiente y sometida a la ley islámica. Un territorio formalmente parte de la Federación rusa, pero desde el que en diversas ocasiones sus líderes más radicales no dudaron en atacar a las repúblicas vecinas y desde donde se dirigía un lucrativo negocio de todos conocido, de secuestros y extorsiones. Se estableció una falsa paz y quedo un ejército humillado y derrotado por los combatientes chechenos. Eso en Rusia, para cualquiera que conozca un poco la historia de la relación de los zares con la conquista del Cáucaso y en concreto de Chechenia y la historia posterior, sabe que deja una herida difícil de cerrar. Entre las organizaciones de derechos humanos rusas, se llegó a pedir un Tribunal Internacional para dilucidar responsabilidades del ejército en aquella primera guerra. La Fundación Glasnost impulsó una comisión pública de investigación y Elena Bonner directora de la Fundación Sakharov y viuda del Premio Nobel, apoyaba la idea (Moscú 1995). Además, estos antecedentes de derrota vienen a producirse en un momento histórico en el que Rusia acababa de endosar otro fracaso importante en la región. Efectivamente en 1979 había enviado tropas y ocupado Afganistán, iniciando una guerra con los guerrilleros afganos, armados en parte por los Estados Unidos, que terminaría en 1989 con la derrota del ejército soviético y su salida de aquel país, dejando el campo abierto a la proliferación de los movimientos radicales islamistas, cuya política terrorista culminaría en el ataque a las Torres Gemelas. La periodista Svetlana Alexeivich describe magníficamente en su libro "Los ataúdes de zinc", el drama que esto supuso en la sociedad rusa y muy en especial en el seno de las familias que tuvieron que soportar la muerte de sus hijos, enviados a luchar por una sociedad mejor y devueltos a casa muertos. Por miles. La asociación de madres de soldados, que hunde sus raíces en estos antecedentes y en el drama de la matanza de jóvenes soldados en la primera guerra, ahora ha de afrontar otra nueva, con total desesperación como bien pude comprobar en las conversaciones que mantuvimos a lo largo de esos años. Son muchas guerras perdidas para un ejército acostumbrado a vender sus éxitos en un clima de dictadura sin crítica.

Por si no fueran pocos todos estos antecedentes, esta segunda guerra se inicia con una característica que la diferencia de la primera, y es la naturaleza y razón última de los objetivos chechenos. Está claro que en esta ocasión no se trataba de recuperar la independencia de Chechenia porque de facto ya lo era, ni de luchar contra violaciones de derechos humanos cometidos por los rusos, porque ya no quedaba prácticamente ninguno en territorio checheno después de la primera guerra. En realidad, el objetivo lo anunció abiertamente Shamil Basáyev escoltado por Ibn Al-Khattab llamado "el árabe" por su origen saudí e instalado en Chechenia desde 1994, y comandante de los combatientes muyadines que le siguieron. El ataque a Daguestan según anunciaron, era el inicio de una operación cuyo objetivo era instaurar un nuevo "califato" en el Caúcaso (la república islámica caucasiana). Ello conllevaba también la necesidad de atacar a otras repúblicas colindantes, y unirlas por la fuerza a su proyecto, como era el caso de Ingusetia y Osetia del Norte. No es casualidad que, en la confrontación entre Abjasia y Georgia (cristiana), combatiesen contra Georgia Basáyev y sus chechenos. Nada es casual en aquellas tierras y menos cuando en Afganistan ya estaba asentando un régimen islamista que impulsaba estas iniciativas. Para ser justos, es necesario decir también que esta actitud de Basayev no era la oficial de la República Chechena de Itchikeria, como se llamaba después de la primera guerra y que su presidente Aslan Maskhádov, que había sido coronel del ejército soviético, se opuso desde el primer momento a estos excesos, pero no pudiendo controlar a Basayev y sus hombres se vio arrastrado al desastre por sus locuras. De hecho y hasta el último momento en que según la versión más fiable cometió un error técnico que permitió que los rusos lo mataran con un proyectil tele dirigido hacia su propio teléfono, luchó por llegar a un acuerdo para poner fin a la contienda y firmar la paz. La periodista Anna Politkovskaia asesinada en Moscú por su valentía en la denuncia de las atrocidades y corrupción del ejército ruso y en especial sus Unidades de Información, mantuvo que parte de los combatientes chechenos eran proclives a un cierto occidentalismo, más que orientalistas y que detestaban a Khattab y soportaban mal a Basayev. Mantuvo que esa tercera fuerza de sentimiento más pro occidental, debería haber sido reconocida y sostenida por occidente para evitar que Chechenia se islamizase. Este y otros muchos testimonios escritos de periodistas y diversos analistas, ponen de relieve lo compleja que era la composición sociológica de los combatientes chechenos y la falta de voluntad de Moscú en buscar de una solución negociada, antes de haber quebrado por completo toda resistencia armada y "limpiado de terroristas" el territorio checheno, siguiendo el lenguaje oficial. En realidad, se libraron varias guerras al mismo momento. La del gobierno federal por recuperar su autoridad en todo el territorio nacional y la de los chechenos más radicales con el objetivo que ya he descrito. Su falta de realismo o su fanatismo les condujo a dar la oportunidad a Rusia para iniciar la suya. El resultado final con tanto dolor, brutalidad, crueldad y miles de víctimas, con un país destruido, fue que perdieron los radicales en sus objetivos. El precio de tanta locura ha sido terrible.

3.2. En marcha

Cuando en la tarde del 29 de noviembre de 1999, despegaba del aeropuerto de Frankfurt camino de Moscú, para iniciar el que sería mi primer viaje a la Chechenia en guerra, la verdad es que no sabía muy bien cómo demonios debía orientar la visita y menos aún cuales habrían de ser las líneas futuras de mi intervención, a la luz de lo que pudiésemos ver y constatar. En cuanto a la forma, itinerario y programa, tendríamos que concretar los últimos detalles al llegar a Moscú, pero era evidente que no estaba en condiciones de imponer un programa concreto, pues el desarrollo de las confrontaciones armadas, lo condicionaba en gran manera. Dependiendo de las circunstancias y el resultado de las negociaciones entre el Ministerio de Exteriores y los de Interior y Defensa había que concretar un programa que no fuese un fiasco y lo que para ellos era muy importante, garantizar nuestra seguridad. Además, no se me ocultaba que de cómo estuviese organizada y se desarrollase esta primera visita, se podría valorar el alcance de la voluntad política de la presidencia no solo en cuanto a autorizar este viaje, sino también al grado de colaboración leal y transparencia que se practicase durante su desarrollo. De todo ello dependería también el clima reinante para otras futuras misiones. Era obvio que aun cuando fue el presidente Boris Yeltsine quien había autorizado la visita (dimitió apenas dos meses después), era el jefe del gobierno Vladimir Putin quien realmente decidía, aunque formalmente no apareciese para nada. La visita se realizaba pues en un momento de final de reinado y con una transmisión de poderes en marcha, lo que no facilitaba mucho las cosas. Tampoco se me ocultaba que, dada la sensibilidad de las autoridades rusas en estas circunstancias, no podía permitirme ningún error "diplomático" durante la visita pues de ello dependía el que la puerta abierta al Comisario, se cerrase o no para el futuro. Para facilitar aún más las cosas, dejaba detrás también una importante expectación política tanto en el Comité de Ministros, como en el conjunto del secretariado del Consejo, y la propia Unión Europea o la OSCE. Era evidente que, me gustase o no, del resultado de esta apuesta dependía en gran parte el propio futuro de la institución que presidía. Así qué ante tanta incógnita hice lo único que se podía hacer en tales circunstancias. Me dormí pacíficamente hasta Moscú, mientras Muller Rapart y Jeremy Moakes, trabajaban sobre la agenda de la visita.

Los resultados de esta primera experiencia en tierra chechena fueron positivos desde diferentes puntos de vista, aunque obviamente no tuvieron la espectacularidad de detener la guerra, como yo mismo hubiera podido idealmente desear. Pero permítanme que al menos solo esta vez, me detenga un poco más en los detalles de esta primera visita. Al llegar a Moscú nos alojamos en el Ukraina, que para entonces era un vetusto hotel de los tiempos soviéticos, un poco acicalado y en el que por la noche te molestaban por teléfono ofreciendo sus servicios quienes ustedes se pueden suponer, hasta que montando en cólera exigías de la seguridad que te dejasen dormir. La idea de alojarnos en este hotel fue de mi director, siempre celoso de no gastar más de lo estipulado en las dietas de desplazamiento. Luego constataría la sorpresa de mis anfitriones que no daban crédito a que una delegación internacional de este nivel, se alojase en semejante sitio. Desde luego corregí para el futuro este primer error de imagen. Pero yendo a lo importante, la conversación con el ministro de exteriores en su despacho al día siguiente de nuestra llegada y antes de salir para Chechenia fue muy cordial y esclarecedora, con independencia del incidente con la delegación de la OSCE (convocada al parecer por el ministro al mismo tiempo que nos recibía oficialmente, lo que no sabíamos en ese momento). Me expuso el recorrido que íbamos a hacer, que incluía visitas en territorio checheno ya ocupado por las fuerzas rusas y algunas de las repúblicas limítrofes, como Daguestán e Ingusetia, donde había campos de refugiados, para que pudiese hacerme una idea de conjunto. Tuvo la amabilidad de regalarme un plano de la región en el que estaban dibujadas las líneas de combate y la situación de las diferentes unidades militares, plano que aún conservo.

Comprendí la importancia que estaban dando a esta visita cuando me informaron que me acompañaría el ministro de Justicia Yuri Chaika y Nikolai Koshman vice primer ministro del gobierno federal y su representante oficial para Chechenia, además de funcionarios de exteriores, justicia y de la presidencia. Una escolta del ministerio del interior estaría presente en todo momento, además de las medidas de seguridad en territorio ocupado por el ejército. Volamos en un avión del ministerio del interior desde Moscú a Kabardino-Balkaria, donde dormimos en la casa del propio

Sr. Koshman, si mal no recuerdo. Desde allí partimos en caravana de automóviles blindados, hasta territorio checheno donde pude visitar la luego famosa prisión de Thernokosovo, que era un verdadero espanto. Había sido prisión utilizada por los rebeldes y las celdas eran diminutas, insalubres, algunas redondas con un poste en el medio de un suelo de tierra del que colgaban unas cadenas que se supone, servían para retener a los detenidos, aunque no vimos ninguno físicamente sujeto a aquel sistema de tortura. En todo caso, sobre esa prisión siempre se dijo que era lugar de torturas y las diferentes ONGs recogían múltiples testimonios en ese sentido. Nosotros, hablando con algunos detenidos, no pudimos confirmar este extremo, pero tampoco desmentirlo, aunque lo cierto es que no pudimos ver unos vagones de ferrocarril que, según supimos más tarde, estaban llenos de otros detenidos. Luego en Gudermes tuve la oportunidad de saludar y conversar con Akhmat Kadyrov, entonces líder de los chechenos leales a Moscú y que había sido uno de los jefes separatistas hasta el inicio del conflicto armado. Mas tarde sería presidente de la República de Chechenia y moriría en un atentado en el estadio de futbol de Grozny en 2004. Kadyrov padre (su hijo sería más tarde también presidente) era un muftí, líder religioso sufí integrado en una de las "qadiris" de la Qadiriya del Caúcaso Norte. Con el me entendí siempre bien y admiré la serenidad con la que asumía el título de traidor que le otorgaban los hombres de Basayev, que no se detuvieron hasta asesinarle. No soy experto en la materia, pero me parece muy interesante el estudio que del sufismo han hecho Alexandre Bennigsen y Chantal Lemercier-Quelquejay (Le soufi et le commisaire), al mantener que «*los grupos qadiris del Caúcaso tienen una cohesión ideológica y política, desde el vértice a la base, muy fuerte*» y que «*el sufismo es una reacción al aparato oficial musulmán sumiso al comunismo*». Esta tradicional cohesión social en torno a los clanes y estos con las "qadiris" sufistas, es un factor a no menospreciar en el análisis de la histórica resistencia chechena a la integración en Rusia. Kadyrov padre insistió en que viese una escuela en ese momento vacía de estudiantes, en Gudermes donde vivía. Los profesores que me acompañaron me explicaron que los hombres de Basayev, habían quemado la biblioteca y el laboratorio de química, por ser focos de conocimientos contrarios a la Sharia. El implantar la Sharia como ley básica de la república, sustituyendo a la Constitución de la Federación, fue una concesión del presidente Aslan Maskadov en febrero de 1999 al sector más radical que le disputaba continuamente su autoridad. Comprobar hasta qué punto podía llegar el fanatismo religioso de algunos sectores de los rebeldes, no dejaba de impresionar. No podíamos ir más allá de Gudermés, pues en esas fechas empezaba ya el asalto final a Grozni y los bombardeos masivos de la ciudad. Podíamos oír el martillar continuo de los cañones en la lejanía. Así que retornamos a Kabardino -Balkaria.

Al día siguiente continuamos nuestro viaje en helicóptero, con dos últimas etapas, Daguestan e Ingusetia. El paso por Daguestan era inevitable, pues allí se iniciaron los enfrentamientos armados que darían paso a la guerra total, cuando Basayev decidió invadir la región de Botlikh, para comenzar a sentar las bases del famoso califato. Pero también tuvo el interés de acercarnos a la imponente y bellísima Cordillera del Cáucaso, con picos de más de cinco mil metros, casi intransitable y donde tantos combates han tenido lugar. El helicóptero se detuvo en un risco en el que, según los rusos, los chechenos habían tenido un asentamiento con esclavos secuestrados para que trabajasen para ellos. Olía mucho a montaje publicitario, pero las vistas de los valles y las paredes oscuras de la cordillera, eran impresionantes. Una vez en Makhachkalá, nos esperaba un encuentro con el presidente de Daghestan y un típico e interminable almuerzo, cargado de discursos, brindis estilo de la región y demás, en el que me regalaron un enorme sable que aun guardo. Descubrí que al presidente le servían el vodka para los brindis de una botella especial, en realidad llena de agua, como pude comprobar al indicar con delicadeza a que me sirviesen de esa misma botella. Durante esta visita tuve que declinar la invitación no prevista en el programa para realizar una visita a los asentamientos de rusos exilados de Chechenia. No teníamos tiempo si queríamos llegar a Ingusetia antes del anochecer. Pero lo cierto es que la población de origen ruso establecida en Chechenia había sido objeto de una política de discriminación, degradación y ataques físicos que la obligaron a huir y refugiarse en las repúblicas cercanas, entre otras en Daghestan. Según las cifras del Ministerio federal ruso del Interior, manejadas en la cumbre de la OSCE en Estambul, la cifra se elevaría a más de 200.000 para los que tuvieron que marcharse como "emigrantes forzosos" y unos 7.800 entre julio de 1992 y noviembre de 1994, apenas un mes antes del inicio de la primera guerra que se prolongaría hasta agosto de 1996. No me fue posible visitarles, pero no quiero ahora ignorar a estas víctimas del odio y el fanatismo nacionalista checheno de aquellos años. Como tampoco lo hice en mi informe al Comité de Ministros. A mi vuelta a Moscú pude entrevistarme con los dirigentes de la asociación de expatriados chechenos Adamalla, entre otras muchas organizaciones, expertos, y periodistas. Con retraso evidente, continuamos viaje a Ingusetia, a donde llegamos casi de noche. Pude visitar los distintos asentamientos, tanto de tiendas de campaña como de trenes en vía muerta que conformaban el campo "Severnyi", con mucho frio y nieve. No puedo olvidar el extraordinario trabajo del diplomático Igor Kapyrin que con extraordinaria profesionalidad me traducía las terribles quejas y acusaciones de los refugiados hacia el comportamiento de su gobierno. Ya al anochecer pude acercarme al punto de la carretera por donde llegaban cada día los refugiados de Grozni, el famoso paso fronterizo "Caucasus 1", y a la luz de los faros de los coches, vislumbrar la zona donde posiblemente esperaban a pasar al día siguiente los cientos de personas que transitaban entre ambas repúblicas y que tan bien ha descrito la periodista de Libération, Anne Nivat en su libro "Chienne de guerre". Un trabajo interesantísimo que relata el periodo de su estancia en el lado de los rebeldes chechenos (el gobierno ruso no le dio permiso para ir oficialmente a Chechenia, por lo que tuvo que trabajar en el otro lado), calculo que precisamente en las fechas en que estábamos haciendo esta visita y cuenta sus peripecias para poder pasar a Ingusetia precisamente por este paso. Me aseguraron los oficiales presentes en ese momento, que tenían orden de no disparar durante el día y solo a partir de la entrada en vigor del toque de queda, por la noche, a los vehículos no oficiales circulando sin permiso. En este paso se concentraba la única vía de escape de Grozni, un verdadero corredor de seguridad, por el que circulaban diariamente cientos y en ocasiones miles de personas camino de Ingusetia. Unas 230.000 personas se habían acogido ya al refugio en Ingusetia, cuya población no ascendía en ese momento a más de 317.000 habitantes. El control fronterizo era relativamente sencillo cuando se trataba de ancianos, niños o mujeres, pero se complicaba cuando la persona tenía una edad en la que se suponía que podría ser combatiente o simpatizante. Querían, según nos dijeron, evitar que el campo de refugiados fuese infiltrado por combatientes. Los relatos de los refugiados fueron muy impresionantes, su desesperación por volver a ser víctimas de una segunda guerra y de perderlo todo de nuevo, dejaba un nudo en la garganta. Aunque de siempre Ingusetia ha sido territorio donde han vivido familias chechenas, pues en un momento de su historia estuvieron unidos, lo cierto es que en esta ocasión las casas particulares de familiares no daban abasto, y ya acogían a 164.000 huidos. Otros 26.000 se amontonaban en las tiendas de campaña y los vagones de tren, soportando la escasez de comida y elementos básicos, como ropa o medicamentos. Las autoridades locales nos dejaron bien claro que no recibían ayuda suficiente del gobierno federal y que la situación se hacía insostenible por momentos. La experiencia fue muy fuerte. Fue también para mí el primer contacto con la realidad de la guerra, mi primera experiencia de pisar el suelo donde se libraban combates sin cuartel. Donde la barbarie y la crueldad estaban a la orden del día. Donde las víctimas de aquella locura, deambulaban por la calle o permanecían resignadamente recogidas en unas tiendas de campaña o unos vagones de tren destartalados, y te miraban de aquella forma tan especial e intensa. La que te hace ver hasta qué punto el miedo era su compañero constante, lo que han tenido que pasar, lo que están pasando y la incertidumbre del futuro. Algunos ni hablaban al preguntarles, con aquella resignación de quienes piensan ¿para qué contarles a estos señores de Europa lo que es evidente? En unas horas estarán muy lejos y nosotros nos quedamos aquí. Y no les faltaba razón. Y yo no he olvidado, ni creo que olvidaré nunca aquellas caras, aquellas miradas. Antes de volver a Moscú, tuve la oportunidad de conversar con el presidente de Ingusetia, Ruslán Áushev antiguo teniente general del ejército ruso y "héroe" de Afganistan. En un momento de la conversación me reconoció que existían contactos y conversaciones entre ambos bandos en guerra e incluso que de vez en cuando Maskadov al que conocía bien (también fue militar ruso), acudía a una casa en Ingusetia donde en secreto se veía con su esposa. Obviamente estos detalles nunca formaron parte de mis conversaciones en Moscú o Estrasburgo y menos se reflejaron en los informes, pero me permitió sospechar que, en ese momento, por parte del gobierno checheno en la montaña, había interés por llegar a un final de la guerra negociado y que los rusos toleraban esta situación. Había pues que animar a las partes, sin darme oficialmente por enterado, a que caminasen por esa senda. De vuelta en Moscú, pude transmitirle al ministro Ivanov y al ministro de justicia, mis impresiones globales y hacerles determinadas recomendaciones. Transmitirles la necesidad de mandar más ayuda a Ingusetia para los campos de refugiados, así como medicinas y atención médica. También la de cerrar la prisión de Gudermes, recomendación que repetí ante los periodistas antes de salir para el aeropuerto camino de Estrasburgo. Y sobre todo y lo más importante, la urgencia de suspender las hostilidades armadas, de no bombardear a la población de las ciudades masivamente, para no generar víctimas inocentes y permitir que la población no combatiente pudiese salir de Grozni y buscar refugio. Yo sabía que esta última recomendación no sería aceptada fácilmente porque en la primera guerra que Rusia perdió, los combates fueron prácticamente cuerpo a cuerpo, especialmente en Grozni y el precio en vidas humanas que tuvo el ejército ruso fue enorme. En esta ocasión no estaban dispuestos a pagar ese precio y por ello antes de entrar en la ciudad la machacaban con la artillería, convencidos de que en las casas como en la vez anterior se escondían los combatientes para entablar ese cuerpo a cuerpo, en el que los combatientes chechenos eran temibles. Incluso un ministro llegó a decirme que no entendían esa crítica, puesto que la OTAN había hecho lo mismo bombardeando desde el aire la antigua Yugoslavia en el contexto de la guerra de Kosovo, sin autorización del Consejo de Seguridad de Naciones Unidas y ocasionando numerosas "víctimas colaterales". Obviamente no son situaciones comparables, pero no voy a entrar aquí en ese debate. En todo caso no atendieron mi solicitud de terminar con los bombardeos masivos y la guerra y en cuanto a la prisión solo en parte, y una promesa en firme de enviar más medios a Ingusetia para atender a los refugiados. Además de acordar otras iniciativas a las que me referiré más adelante.

Salí de Moscú con la tranquilidad de que el objetivo principal estaba cumplido, sin incidentes y con libertad suficiente para ver, hablar y transmitir mis impresiones. Pero también con el convencimiento de que el papel del Comisario en Chechenia en el futuro no iba a ser anecdótico. Que habíamos asumido ante aquellas gentes una gran responsabilidad. La de trabajar por la paz, por su seguridad, por el respeto de las garantías del Estado de derecho. Dicho así parece irónico, pues en el fragor de aquella barbarie, ¿Quién se preocupaba por las garantías del Estado de derecho? Pero ese era precisamente el reto. Retorné a Estrasburgo el 4 de diciembre por la tarde, y el 7 di cuenta del resultado del viaje al Comité de Delegados acompañado de un informe oficial redactado por el director de la oficina, que por cierto tenía la costumbre de tomar notas durante el viaje en pequeños trozos de papel, la cobertura de cajetillas de tabaco y similares. La verdad es que redactaba informes de excelente calidad. En mi informe al Comité de Delegados dejé claro que todo Estado tiene el derecho a defender su integridad territorial, pero que los métodos utilizados para ello tenían que ser proporcionados y en todo caso nada justificaba que se persiguiese a quienes se consideraban "terroristas" con métodos terroristas, desapariciones forzadas y crímenes contra la población civil. También les informé de los primeros acuerdos cerrados con las autoridades rusas. Expuse las propuestas hechas a los ministros en Moscú, que fueron aceptadas y a las que me referiré más adelante. Acuerdos concretos, modestos, con enormes dificultades para llevarlos a buen término, pero que marcaban una línea clara a nuestra misión para el futuro. Yo no quería hacer solo visitas formales, redactar impactantes informes y rasgarme las vestiduras con la constatación de las brutalidades que a diario se cometían. Eso era sencillo y podía dar muy buena prensa. La denuncia sin más, cuanto más dura, proporciona excelentes titulares de prensa. Lo difícil era poner en marcha iniciativas para cambiar las cosas, para buscar ese respeto efectivo de los derechos humanos, en el estrecho margen de maniobra que las circunstancias e intereses en juego permitían. Pensar ante todo en las personas víctimas de esa terrible situación y ver cómo podríamos mejorar su día a día en cuanto a su seguridad y respeto a su dignidad de seres humanos. Esta táctica exigía renunciar a una cierta dosis de protagonismo y trabajar con las autoridades nacionales y locales.

No obstante, la presentación de mi informe no estuvo exenta de discrepancia. Al finalizar mi exposición y como es costumbre, intervinieron prácticamente todos los embajadores, pero fue significativa la primera de ellas, la del embajador de Países Bajos, una excelente persona con la que me entendía perfectamente, y que al empezar su disertación dejó claro que lo hacía siguiendo instrucciones precisas. En concreto las de manifestar el disgusto de su gobierno por la visita del Comisario a Chechenia pues entendían que esta no era su competencia, sino que correspondía a la OSCE realizar tales misiones y no al Comisario para los Derechos Humanos del Consejo de Europa. Aún recuerdo la cara de estupefacción del conjunto de los embajadores, que a renglón seguido de la intervención del de Suiza entusiasmado con el viaje y lo conseguido, fueron absolutamente favorables a mi iniciativa, afirmando que precisamente el Comisario estaba para hacer esas cosas y que me felicitaban y animaban a seguir en este camino. La verdad es que yo sabía la razón de por qué el pobre embajador holandés tuvo que cumplir el papelón que le endilgaron en su ministerio, y me reí en mi fuero interno por la astucia diplomática de los rusos. Todo traía causa de que cuando nos recibió en Moscú el ministro de Asuntos Exteriores, Igor Ivanov para presentarnos la delegación oficial que nos acompañaría a Chechenia y discutir los últimos detalles del programa, al parecer nos citó en el ministerio al mismo tiempo que a una delegación de la OSCE presidida por el ministro de Asuntos Exteriores de Noruega, que tenía por finalidad pedir al gobierno ruso que permitiese una visita de aquella organización a Chechenia. El ministro Igor Ivanov les hizo esperar mientras me recibía y parece ser que les dijo que no era necesaria ninguna visita de la OSCE porque ya estaba en marcha una del Consejo de Europa, presidida por el Comisario. Lo cierto es que nosotros nos enteramos de todo esto después, pero obviamente esta jugarreta diplomática irritó a la OSCE (y en especial a los Estados Unidos) que en ese momento estaba presidida por Noruega. Esto explica el rebote en Estrasburgo. Como no quisieron encomendar esta tarea crítica al embajador noruego, pues ello hubiese sido demasiado evidente lo encomendaron a Holanda, cuya delegación en la OSCE se alineaba plenamente con las posiciones norteamericanas. Este incidente, aunque produjo alguna tensión en el primer momento (luego el embajador holandés me pidió disculpas a título personal) tuvo un resultado magnifico para lo que yo buscaba. No solo quedaba marcada la línea fundamental de actuación futura del Comisario, sino que ésta obtenía el respaldo absoluto del Comité de Ministros, feliz de ver como el Consejo de Europa tenía un cierto protagonismo internacional y ellos en sus ministerios. Por cierto, que no me resisto a comentar aquí una sutil operación de presión venida de fuera del Consejo de Europa, pero muy significativa de cómo se estaban analizando con lupa mis primeras iniciativas.

Efectivamente el 10 de diciembre de ese mismo año recibí una carta del embajador de los Estados Unidos en Francia en su calidad de observador permanente en el Consejo de Europa, en la que me comunicaba que *«Washington me ha pedido que les informe de cómo ve Ud. la situación en Chechenia»* y acto seguido me adelanta como la veían ellos, es decir *«que la comunidad internacional debe seguir insistiendo con Rusia en la importancia de buscar una solución política duradera y a largo plazo en Chechenia»*, y precisa que:

Entendemos que en breve dará Ud. a conocer su informe sobre la reciente visita de la delegación del COE a Rusia. Entendemos que este informe será aceptable para todos los estados miembros del COE. También somos conscientes de que Rusia está buscando foros en su esfuerzo por obtener apoyo internacional para sus acciones

Y sigue la carta desgranándome lo que debe hacer el Consejo de Europa en este tema. Y se sobreentiende que el Comisario también. El 14 de ese mismo mes le contesté muy amablemente, comunicándole mi total acuerdo con la necesidad de buscar una solución política al conflicto, en el más amplio sentido de la palabra, pero que:

También creo que es esencial que el Comisario de Derechos Humanos del Consejo de Europa mantenga su integridad y objetividad en relación con las violaciones de los derechos humanos. No me corresponde a mi juzgar los aciertos o errores de la política actual del gobierno de la Federación de Rusia, sino cuestionar las violaciones de los derechos humanos porque contravienen las normas aceptadas del Consejo de Europa.

Estoy seguro que le complacerá saber que el informe del Comisario de derechos Humanos del Consejo de Europa busca presentar una imagen precisa y equilibrada de la situación en Chechenia en base a la información disponible.

Los Estados Unidos siempre han tenido cierta dificultad para entender que las instituciones independientes internacionales no abracen con entusiasmo su visión de los conflictos. Recuerdo que incluso en una de mis visitas a Moscú, recibí una invitación imperiosa para que acudiese a la Embajada de los Estados Unidos a reunirme con el embajador. Comprenderá el lector que declinase dicha invitación, transmitiendo al embajador a través de mi gabinete, que con mucho gusto le recibiría en el Hall de mi hotel, donde tenía previsto saludar a otros embajadores de la Unión Europa. En todo caso esta primera visita tuvo tres importantes consecuencias. La primera abrir el camino que luego seguirían otras organizaciones internacionales para estar presentes y trabajar en territorio checheno; la segunda acordar la creación de una institución especifica de defensa de derechos humanos a la que me referiré más adelante, y finalmente dar el primer paso en el camino de la reconstitución institucional de la Republica y del diálogo entre las partes enfrentadas, poniendo en marcha una serie de seminarios con este objetivo. En principio el gobierno ruso no había rechazado este plan de actuación tan elemental, y eso ya era mucho. Afortunadamente habíamos dejado abierta la puerta para futuras visitas, y poder trabajar para alcanzar estos objetivos. También era necesario diseñar y poner en práctica una estrategia para abordar institucionalmente el conflicto checheno, que abarcase no solo a la parte rusa sino necesariamente a la rebelde para poder llevar a la práctica y en la medida de lo posible una actividad de mediación entre ambas partes, en pro de la paz. Este sería el papel de los "seminarios".

3.3. Los retos

Como consecuencia de esta visita a Chechenia y vistos los términos de mi conversación con los ministros Ivanov y Chaika, quedaron claros cuales serían los objetivos prioritarios de nuestra política con respecto a este conflicto para el resto del mandato. Los retos a superar.

Los resumiría en estos cinco esenciales:

a) Promover iniciativas para reforzar la seguridad de las personas en territorio checheno, interviniendo para impedir o al menos dificultar al máximo, las detenciones arbitrarias, fuente de torturas, muertes sumarias y desapariciones forzosas. En suma, mitigar y en el mejor de los casos terminar con el terror entre la población civil durante lo que quedase de guerra y al terminar esta.

b) Exigir que se persiguiese a los responsables de la comisión de estos delitos atroces contra la población civil.

c) Ayudar a reconstruir sobre el terreno una mínima estructura institucional, que respondiese a las pautas de un Estado de Derecho. Es decir, volver a hacer que funcionase la justicia y un gobierno civil, no solo militar.

d) Trabajar para posibilitar un diálogo entre las partes combatientes y terminar con el reguero de ataques guerrilleros y respuestas militares indiscriminadas contra los pueblos en donde pensaban que estaban ocultos los combatientes. Si fuese posible sacar al ejército de primera línea de respuesta y potenciar unas fuerzas de seguridad no militares.

e) Intentar poner en práctica, como en Kosovo, un trabajo conjunto entre Consejo de Europa y gobierno de Rusia, con el apoyo de la Unión Europea, para buscar a los desaparecidos de ambas partes, identificarlos y entregar a las familias sus restos.

A nadie se le oculta que cumplir estos objetivos era un desafío enorme, muy superior a nuestras solas fuerzas institucionales y por ello, ni por un momento se me ocurrió que la oficina del Comisario pudiese llegar a cumplir todos estos objetivos de forma unilateral. Ni tenía medios, ni fuerza política, ni tampoco era mi misión exclusiva. Era necesario impulsar un esfuerzo conjunto. Y, cuando me refiero al trabajo conjunto, pensaba tanto en el Consejo de Europa, como en la OSCE, la Unión Europea y la propia Federación de Rusia; como en la Cruz Roja Internacional o las Naciones Unidas, en la medida de lo posible para cada una de ellas. El mensaje a enviar a las autoridades y al pueblo ruso, así como al checheno fuera cual fuese su posicionamiento en esta guerra, debía dejar claro el compromiso y la unidad de todas las organizaciones internacionales en colaborar para terminar con ella y sus terribles efectos. Pero también que este objetivo sería difícilmente alcanzable sin el compromiso firme y activo de Rusia de restaurar la democracia y el Estado de Derecho en Chechenia, incluida la clarificación y persecución judicial de los crímenes cometidos por unos y otros, sin excluir las atrocidades cometidas por sus fuerzas de seguridad y el ejército. Obviamente esta visión no era claramente compartida por algunos de los actores políticos en el Consejo de Europa, a los que me he referido o al menos parte de sus integrantes y suscitaba reticencias, pues siempre es más rentable para algunas mentalidades seguir jugando a corto plazo en el terreno de los bloques enfrentados. Las visiones simples y obviamente interesadas, son siempre el peor enemigo de quienes buscan soluciones aceptables a medio y largo plazo, para todas las partes implicadas. Sobre todo, si no se está en el lugar de quienes son víctimas de esta situación todos los días. Pero tampoco era posible reducir este esfuerzo común, a las solas organizaciones internacionales. Era necesario contar también con la comprensión y apoyo de las no gubernamentales más significativas a escala internacional y especialmente de Amnesty International y Human Rights Watch; y entre todos defender la fundamental misión de denuncia de las organizaciones no gubernamentales rusas y chechenas, que estaban sufriendo la persecución de las autoridades en muchas ocasiones y víctimas también de la incomprensión de la opinión pública rusa. Intentaré abordar los citados retos, en su orden.

3.4 Cómo afrontarlos

3.4.1. La lucha por la seguridad y contra la impunidad

Con respecto a este primer punto, partíamos de una situación tremenda. Las denuncias de brutalidades de los hombres del ministerio del interior, de las llamadas unidades de información del ejército operando en Chechenia, cometidas con casi total impunidad durante el periodo de guerra y después cuando fue oficialmente declarado el fin de la misma, seguían siendo continuas. El territorio estaba sembrado de multitud de controles en las carreteras, a las entradas y salidas de las poblaciones y en ellos se producían detenciones sistemáticas de la población civil, totalmente arbitrarias y en muchos casos simplemente para pedir dinero a los viajeros o robarles parte de las mercancías que llevaban. En algunas ocasiones cuando se producían detenciones en estos puestos de control, las personas eran llevadas a unidades militares para ser identificadas e interrogadas bajo la sospecha de ser terroristas o colaboradores con los rebeldes y en muchos casos no se volvía a tener noticias de ellos. Simplemente desaparecían, después de una ejecución sumaria. Enterrados en lugares ocultos o hechos desaparecer sus cuerpos. La impunidad era total. Esta fuente de inseguridad diaria se completaba con las incursiones que hacía el ejército, tanto en los pueblos como en la ciudad, en búsqueda de sospechosos de colaboración con el enemigo o rebeldes escondidos en domicilios particulares. Un reguero de detenidos acompañaba a cada una de estas operaciones. A muchos no se les volvía a ver. Todas estas actuaciones se hacían por el ejército a iniciativa propia, sin control de la magistratura ni presencia de la *prokuratura* civil (fiscalía) como establecía la ley. Esta era otra fuente inagotable de desapariciones de los detenidos en esas operaciones totalmente irregulares. Hasta tal punto era grave la situación y normal este macabro comercio, que las familias de los detenidos se apresuraban a reunir unos cientos o miles de dólares, contactar a un intermediario conocido e intentar lograr la liberación del detenido, previo el pago correspondiente. O en el peor de los casos, también para recuperar el cadáver. Cerrando este círculo de violencia, tampoco podemos ignorar las muertes y secuestros realizados por los combatientes chechenos o simplemente los que eran consecuencia del bandidismo común.

Era urgente poner en marcha algún mecanismo de control sobre estas actuaciones descontroladas y criminales. Pero en aquel momento no era posible contar con las instituciones tradicionales porque la administración de justicia estaba desmantelada y tampoco existía institución alguna a donde las víctimas y sus familiares pudiesen acudir para denunciar estos crímenes. La impunidad del ejército y fuerzas de seguridad era absoluta. No digamos la de las mafias locales. Así que en mi conversación con el ministro Ivanov le formulé una propuesta que desde mi llegada a Chechenia había estado madurando en mi cabeza y que ya había adelantado en el avión de vuelta al ministro Tchaïka. Dado que la justicia ordinaria estaba desmantelada y no funcionaba, propuse crear en la república de Chechenia una oficina de recepción de quejas de los ciudadanos ante los casos de detenciones ilegales, malos tratos o desapariciones. Mi idea estaba basada en mi experiencia como Defensor del Pueblo en España. Es decir, crear algo similar a lo que sería un Ombudsman de guerra con todas las similitudes y diferencias que las circunstancias impondrían. Para dar credibilidad a dicha oficina podrían colaborar en ella algunos expertos enviados por el Consejo de Europa. Algo inédito, pero tal vez útil en aquella tierra sin ley ni justicia. Estaba seguro de que a no pocos políticos y funcionarios del Consejo de Europa esta idea les iba a parecer absolutamente peregrina, de una inocencia rayana en la estupidez y posiblemente inútil, pues lo realmente importante era que terminase la guerra, funcionasen las instituciones y entre ellas la justicia y que esta hiciese su trabajo. Una visión totalmente valida y lógica para una mentalidad puramente burocrática a varios miles de kilómetros del epicentro de la barbarie. De lo fundamentado de esta posible crítica, era plenamente consciente. Pero daba la casualidad de que en Chechenia aún se desarrollaba una guerra cruenta y devastadora como pocas, que había dejado a la población en un desamparo total, con las instituciones cívicas y políticas y entre ellas la Justicia desmanteladas, inexistentes por el momento. Llevaría tiempo reconstruir un mínimo aparato judicial, probablemente años. ¿Qué hacer entonces, aquí y ahora para luchar contra esta situación de indefensión real y diaria, hasta que funcionase lo ideal si es que llegaba a funcionar algún día? Pensaba, que constituir esta oficina en Chechenia era una vía útil para lanzar a los ciudadanos el mensaje de que no estaban solos, de que podían acudir a un centro donde se les escucharía, se registrarían sus quejas o denuncias y se trabajaría para esclarecerlas. Claro que dadas las circunstancias no se le puede pedir a un pueblo machacado, en la miseria, con un drama prácticamente en todas las familias, que acudan a una oficina atendida por funcionarios rusos. Eso no hubiera funcionado nunca. Por ello mi iniciativa conllevaba la necesidad de que en esa oficina pudiesen trabajar dos o tres expertos internacionales, los cuales no solo ayudarían a montar la oficina, formar a los locales en una actividad como aquella, sino que también velarían porque todas las denuncias quedasen registradas e impulsar el trabajo de investigación con los miembros de la prokuratura (fiscalía) que aun estuviesen en Chechenia. De esta forma se daría una imagen de transparencia y credibilidad. Añadí a esta propuesta la necesidad de proceder con urgencia a poner en marcha las instituciones de la República, nombrar los titulares chechenos de los órganos judiciales y otras instituciones de gobierno local y formar y asesorar en todos estos campos. Por ello le propuse al ministro que considerase la magnitud de la tarea a realizar y que en esta tarea la Federación de Rusia podría contar con el Consejo de Europa, pero también se debería sumar a este esfuerzo de colaboración a la OSCE, los organismos competentes de Naciones Unidas e incluso volver a restablecer la colaboración con el CICR de forma más plena. Todo ello ayudaría también a reforzar la credibilidad del gobierno federal, al poner en marcha instituciones en Chechenia que ayudarían a restablecer el Estado de derecho y luchar contra la impunidad.

Como es natural no podía ignorar que la propuesta entrañaba que la Federación de Rusia además de aceptar el crear esta oficina, que no sería muy grata para las fuerzas federales de seguridad y el ejército, también aceptase la presencia de extranjeros trabajando en ella, con una misión no solo de cooperación, sino también testimonial de las violaciones de derechos humanos que se cometiesen en territorio checheno. Y que su testimonio tendría un valor muy diferente que el atribuido a las denuncias muy valerosas de las ONGs rusas y chechenas trabajando en aquel territorio o las informaciones de prensa. Y posiblemente también operaría como un freno a la barbarie establecida.

Por último, además de todos estos mensajes a enviar en Chechenia de la mano de esta oficina y su utilidad en el día a día, para mí también estaba presente otro fundamental dato y era la realidad de que, solo funcionando esta oficina con personal internacional podríamos llegar a tener un censo real de las denuncias y violaciones de los derechos humanos atribuidas a las fuerzas de seguridad y al ejército, para poder exigir investigaciones rigurosas y acciones legales contra los criminales. En aquel momento esa relación era imposible de obtener de fuentes oficiales. Complementariamente a esta primera propuesta de la oficina de derechos humanos en Chechenia, los ministros Igor Ivanov y Chaika, me plantearon la posibilidad de realizar un seminario en territorio del Cáucaso Norte, para empezar la tarea de identificar objetivos fundamentales sobre los que centrar los esfuerzos de reconstrucción de la estructura institucional de Chechenia (parlamento, gobierno, justicia, etc.) redacción de las normas imprescindibles, para lo cual la colaboración del Consejo de Europa, en especial la Comisión de Venecia y otros organismos internacionales, podría ser ya un hecho muy positivo. Un primer paso. No se me escapaba que el acuerdo con el Comisario para celebrar aquella primera visita, posiblemente también formaba parte de una inteligente táctica para afrontar la creciente crítica internacional y que también había sido un paso que les había permitido frenar la presencia de otras organizaciones internacionales en aquel primer momento, más difíciles de aceptar por los sectores duros del régimen. Y en un aparte le dejé claro al ministro que yo era muy consciente de esa circunstancia, pero que obviamente una política de declaraciones de buena voluntad ya no bastaba. Recuerdo que el ministro Ivanov me escuchó, junto con el ministro Chaika, con mucha atención. Me dijo que lo tenían claro y que ya podía ir trabajando en la línea acordada. Ellos harían lo mismo en Moscú.

3.4.2. De lo teórico a lo práctico

A partir de ese momento, de vuelta ya en Estrasburgo y después de obtener el apoyo del Comité de Ministros, no solo a mi viaje como ya he relatado, sino también a la puesta en práctica de ambas iniciativas, me lancé a diseñar y ejecutar un plan de trabajo lo más realista posible. Para ello era imprescindible obtener la colaboración del Secretario General que en ese momento era Walter Schwimmer y también el de las direcciones implicadas (derechos humanos y asuntos jurídicos), al tiempo que otros organismos internacionales. Me parecía importante no intentar jugar en solitario, sino compartir información y objetivos. Para cerrar el círculo y que no hubiese malos entendidos, mi relación con el embajador ruso en Estrasburgo Andrey Vdovin muy inteligente, permitió que el ministro de exteriores estuviese al tanto de lo esencial de este trabajo preparatorio. No oculto que ello también me servía de táctica para presionarles suavemente, para obtener la luz verde definitiva y facilidades para implementar las iniciativas que estaban sobre la mesa.

Y mis esperanzas se vieron recompensadas con un primer gesto por parte del gobierno ruso. El 17 de febrero del 2000, apenas dos meses después de mi primera visita, el presidente Vladimir Putin firmó un decreto por el que se nombraba el "Representante especial del Presidente de la Federación para la defensa de los derechos y libertades del hombre y del ciudadano en la República de Chechenia". He de reconocer que el título de este decreto y en las circunstancias en que se dictaba, podría parecer un tanto pomposo, pero lo importante era constatar la voluntad de colaborar con el Comisario y el

Consejo de Europa, dando una cobertura legal y política a los acuerdos de Moscú. El decreto no solo nombra a Vladimir Avdachevitch Kalamanov como representante oficial del presidente, sino que describe con claridad sus funciones:

- *Velar para que se den las condiciones, de forma permanente, para que el Presidente de la Federación pueda ejercer sus funciones constitucionales de garante de los derechos y libertades del hombre y del ciudadano en Chechenia.*
- *Coordinar, por los medios oficialmente atribuidos, sus actividades con los medios internacionales, las ONG y las organizaciones extranjeras, a fin de elaborar una visión concertada, para la salvaguarda de los derechos y libertades del hombre y el ciudadano en Chechenia.*

Para mí el segundo punto era el más interesante pues abría la puerta a una verdadera cooperación internacional, cuyo alcance y términos tendríamos que empezar a diseñar y hablar con los responsables gubernamentales y especialmente con Kalamanov. De una forma indirecta, mi propuesta de abrir el abanico de cooperaciones internacionales había sido aceptada.

Una última consideración no escapó a nadie. El decreto estaba firmado por el propio presidente, no dejando dudas de su compromiso con la experiencia. Eso era fundamental para obtener el respeto y acatamiento de sus órdenes por parte de las autoridades militares. Cualquier otra firma hubiera sido irrelevante para estos sectores decisivos.

3.4.3. Afianzando el proyecto

Apenas una semana después aterrizaba de nuevo en Moscú, en esta ocasión no solo para concretar con las autoridades el posible alcance de la colaboración internacional en la que luego llamaríamos coloquialmente "oficina Kalamanov", sino también para hacer una nueva visita a Grozni, pues aun cuando los combates ya habían finalizado "oficialmente", seguían cometiéndose todo tipo barbaridades por parte de las fuerzas de seguridad. Permanecí en Moscú el 24 y 25 de febrero del 2000, antes de iniciar mi segundo desplazamiento a Chechenia e Ingusetia, que terminaría el 29 con nuevos encuentros en la capital. Son muchos los recuerdos que se agolpan en torno a este viaje, pero intentaré sintetizarlos, lo que no es fácil. Antes de llegar a Moscú, nos detuvimos un día en Varsovia, para conversar con el embajador Stoudmann, director del ODIHR, que estuvo acompañado por la señora Tagliavini, representante personal para el Cáucaso del presidente en ejercicio de la OSCE. Conocedores de la situación me confirmaron que estaban dispuestos a colaborar plenamente, en la medida de sus posibilidades si las autoridades rusas lo permitían y que en ningún caso querían competir con el Consejo de Europa en este terreno. Se lo agradecí sinceramente. Ese mismo día 23 de febrero me entrevisté con el entonces ministro de asuntos exteriores de Polonia, Bronislaw Geremek. Una persona extraordinariamente inteligente. Antiguo combatiente contra la ocupación soviética de su país, y más tarde eurodiputado, profesor en La Sorbona y el Colegio de Francia en Paris, así como colaborador con Jacques Delors en algunos proyectos de reflexión sobre Europa, en los que tuve el honor de participar años más tarde. Fue una gran desgracia su fallecimiento en un accidente de tráfico que segó la trayectoria de un gran europeísta. En la entrevista que tuvimos en el despacho de su ministerio, le expuse claramente los objetivos de mis iniciativas para con la cuestión chechena. Un hombre abierto como él no dudó ni un momento en darme su apoyo, pese a sus obvias reticencias con respecto a mis interlocutores rusos, que se visualizaron muy claramente cuando al momento de despedirnos me entregó un pequeño trozo de metralla, según él recogido en Chechenia, diciéndome "para que no olvide". Aún lo conservo.

Así que el 24 de febrero por la tarde llegábamos a Moscú desde Varsovia, nuevamente nuestra minúscula delegación compuesta en esta ocasión además de por mi persona, por el director de la oficina y Sergey Belayaev, cedido para la ocasión por el Tribunal Europeo de Derechos Humanos como nuestro interprete de confianza. Los dos días que permanecí en Moscú antes de emprender el segundo viaje a Chechenia fueron muy intensos por la cantidad de entrevistas que tuvimos, y su importancia para el futuro. Baste decir que además de tener un primer contacto con el Sr. Kalamanov, que me parecía de una categoría política muy superior a Koshman, persona muy poco clara por decir algo y que había sido cesado, tuvimos la ocasión de hablar nuevamente con el ministro Ivanov sobre nuestra propuesta. Ivanov me confirmo que por parte del gobierno ruso no se planteaban obstáculos a la constitución de la "oficina Kalamanov" en Chechenia con la colaboración de expertos internacionales como dejaba abierta la puerta del decreto presidencial que conocemos. Pero me transmitió el deseo de que dicha colaboración internacional fuese controlada y pilotada por la Oficina del Comisario quien, para el gobierno reunía las garantías suficientes de independencia y operatividad. No me esperaba esta propuesta lanzada en la reunión de ambas delegaciones en el ministerio de exteriores. Y obviamente tuve que agradecerle muy sinceramente al ministro una confianza que me honraba, pero también le dije que creía que tal vez no fuese la mejor fórmula. Le propuse que fuese el Consejo de Europa en cuanto tal, que se ocupase de esta tarea no solo porque tenía los medios suficientes y la experiencia acreditada, sino también porque de esta forma el compromiso institucional era más fuerte y el mensaje más potente. La verdad es que en ese momento también tenía presente que mi oficina era casi virtual y que no podría asumir esa responsabilidad sin dar participación institucional al resto de la organización. También me parecía qué dado el ambiente reinante en algunos sectores del Consejo de Europa de desconfianza hacia la labor del Comisario, el involucrarles en esta gestión era un signo claro de que mi ánimo de futuro no era jugar a la "vedette" política sino realmente trabajar en equipo, y en esa tarea debíamos estar todos. Ivanov lo aceptó, pero al salir de la reunión me llevó a un aparte y me dijo que respetaba mí opinión pero que me equivocaba y que contaba conmigo para que se hiciesen las cosas bien. Visto con la perspectiva del tiempo pasado, reconozco que no le faltaba razón al ministro. Era evidente que conocía mejor que yo los entresijos del Consejo de Europa. Si hubiese aceptado aquella propuesta que sin duda no era inocente, pues los rusos pensaban que era más fácil ponerse de acuerdo conmigo que con el Secretario General, es posible que la gestión de aquel reto no hubiese sido tan compleja. Si los rusos hubieran impuesto que solo aceptaban a la Oficina del Comisario como interlocutor válido, la situación hubiese sido muy delicada para mí, pero no imposible. En el seno del Consejo de Europa el Comité de Ministros no hubiese perdido esa oportunidad, que arrastraba la de la posible presencia de la OSCE y Naciones Unidas otra vez operativas en Rusia, rompiendo el veto hasta entonces existente. En ese escenario la organización tendría que haber dotado al Comisario de medios y personal suficientes para gestionar ese reto. Hablando con la OSCE y con las ONGs lo hubiésemos conseguido. Pero el precio a pagar era muy alto, pues tendría que dedicar todas mis energías a esta tarea y prácticamente abandonar el resto de mi mandato. Eso no parecía razonable. En todo caso, la oficina Kalamazov fue una iniciativa que permitió lanzar un mensaje de lucha contra la impunidad y apoyo a la población civil y ONGs trabajando en la región. Cuando me entrevisté con algunas de ellas, como Memorial y la Fundación Sakharov entre otras, para explicarles el sentido de esta iniciativa, todas estuvieron de acuerdo en que era útil siempre y cuando realmente tuviese una presencia internacional y las organizaciones de defensa de los derechos humanos actuando en Chechenia pudiesen cooperar con ella. Kalamanov me había pedido la colaboración internacional con funcionarios "ad hoc" del Consejo de Europa y financiados por este, así como ayuda financiera para comprar ordenadores y demás material. Las puertas estaban abiertas a un importante trabajo conjunto en favor del pueblo checheno. Desde un primer momento comprendí que poner en marcha esta iniciativa, no iba a ser fácil. Cuando hablé con el Secretario General para explicarle el sentido de esta operación, su importancia táctica y de fondo, así como que fuese el propio Consejo el que la pilotase, no se mostró en absoluto convencido y menos entusiasmado, pero aceptó el encargo. A partir de ese momento las decisiones sobre la colaboración con la oficina Kalamanov se adoptaron por el secretariado directamente. No recuerdo que el Secretario General me llamase ni una sola vez para comentar la marcha de aquellos trabajos y menos para pedirme una opinión al respecto. Por otros canales me llegaban sus informes al Comité de Delegados sobre el funcionamiento de la oficina. Eso era todo. El secretariado, muy preocupado por la seguridad de las personas a enviar a aquella oficina, decidió que había que comprometerse con esta iniciativa lo mínimo, enviando expertos poco experimentados. Es cierto que la elección de algún responsable de aquella oficina, en un primer momento no fue un acierto, pero no se puede negar que los equipos que allí trabajaron hicieron un gran esfuerzo para que aquello funcionase lo mejor posible. Y corrieron un riesgo personal innegable. Cuando un tiempo después de su puesta en marcha, acudí a ver cómo funcionaba dicha oficina, me di cuenta de la naturaleza de las dificultades que afrontaban. Por eso siempre me ha parecido injusto el ataque que tuvieron que soportar por parte de algunas ONGs internacionales (HRW, Amnesty International y FIDH) cuando durante la sesión parlamentaria de enero de 2001, les acusaron de ineficacia. No era cierto y los datos que mandaron para demostrarlo lo dejaban claro.

Pero volvamos al viaje a Chechenia que estaba comentando. Durante el mismo pude establecer por primera vez contacto con una persona clave y que sería en adelante mi enlace seguro con la presidencia de la Federación y con quien habría de tratar en el futuro cuestiones muy delicadas. Me refiero a Sergey Yastrzhembsky, consejero del presidente para asuntos de Chechenia. Hombre culto, que había sido embajador, rápido en los análisis y siempre dispuesto a sacar partido de las diferentes situaciones, a favor de su presidente y de su país. Durante el viaje me dio pruebas palpables de su inteligente forma de proceder. Fue muy interesante trabajar con él, pues las cartas estaban claras y solo era cuestión de saberlas jugar. Permítanme que les cuente un ejemplo de esta colaboración, por supuesto discreta y no pública, es decir sin trasladarla a los medios. Por esas fechas estaba en pleno auge el escándalo de la desaparición en Chechenia del periodista Babitsky, muy crítico con el gobierno ruso y que había escrito artículos sobre la guerra que habían irritado sobremanera al ejército por sus denuncias. El hecho es que había desaparecido, se supone que secuestrado, según las ONGs y otros periodistas que me abordaron en el viaje, no precisamente por los rebeldes y ello podía suponer que tal vez no se le volviera a ver. Abordé esta cuestión con Sergey y le transmití mi preocupación por la seguridad de esta persona por su vida y además por lo que este secuestro pudiera suponer de ataque a la libertad de prensa. Le rogué que hiciese todo lo posible por localizar a esta persona y conseguir su libertad. Obviamente me negó que las fuerzas de seguridad o el ejercito tuviesen nada que ver en este asunto y que esta persona muy conflictiva, según las autoridades, había contactado directamente con los rebeldes, lo cual estaba prohibido. En todo caso me prometió que iba a enterarse y que haría todo lo posible para localizarlo y en su caso liberarlo, pero no me garantizaba nada. Al terminar el viaje a Grozni y ya de vuelta a Moscú, se me acercó y me dijo que afortunadamente habían podido localizar al periodista y que ya estaba de vuelta a Moscú sano y salvo, aunque tendría un procedimiento judicial por contactos prohibidos con terroristas. Se lo agradecí y no hablamos más del tema. Yo tampoco lo comenté con nadie.

3.4.4. Grozni: el infierno de Dante

Este segundo viaje me produjo un profundo choque emocional, no solo porque volvimos a ver los campos de refugiados en Ingusetia, donde nada había mejorado y los refugiados estaban furiosos, sino porque la visita en si a Grozni me dejó un recuerdo imborrable. Desde que llegamos en helicóptero militar al aeropuerto aún cerrado al tráfico civil hasta nuestra salida, no paramos de ver y asumir la magnitud de la tragedia que había tenido que vivir aquella ciudad y sus habitantes. Los helicópteros en los que volamos malamente sentados entre dos grandes depósitos de combustible, lo hacían con una de las puertas abiertas y con un soldado armado mirando el campo que atravesábamos a muy baja altura. Solo nos elevábamos para sobrepasar las líneas de alta tensión, evitando así que los combatientes nos pudiesen descubrir con tiempo para dispararnos y derribarnos. Al momento de aterrizar disparaban unos cohetes que dispersaban una multitud de hojitas de aluminio o algo así, cuyo objetivo según nos dijeron era despistar un posible ataque con cohetes al aterrizar. No obstante, no recuerdo haber tenido una sensación grande de inseguridad. Desde el aire la visión era dantesca. Pero ya en tierra circulando por entre escombros, barrios enteros con casi todos sus edificios en ruinas o a punto de derrumbarse; con conexiones de gas ardiendo en solares y calles sin que nadie pudiese pararlo, sin agua corriente, sin luz, sin servicios de transporte, sin servicios sanitarios. El ejército ofrecía una escasísima comida a una cola enorme de pobres seres humanos mal vestidos y aguantando el frio. Todavía tengo presente el recuerdo de una mujer ya de cierta edad a la que me acerqué a saludar en la cola e interesarme por su situación. Apenas hablaba, asustada por todo aquel mundo de autoridades militares y periodistas que me rodeaba. Solamente pude obtener de ella, a través de mi interprete, unas pocas palabras y fueron solo para pedirme que le dijese a su hijo en Moscú que estaba viva. Temblaba de frio pues solo estaba calzada con viejos periódicos y supongo también que de miedo. La intensidad de los bombardeos había dejado a su paso una ciudad fantasma, en la que se unían las cicatrices aún sin cerrar de la primera guerra con la destrucción sistemática de la segunda. Una ciudad en la que en ese momento la duda era si había que derribar todos los edificios y volver a construir o restaurar al menos algunos.

No quiero detenerme en la descripción de aquella fantasmal visión, pero desde luego no se me borrarán nunca aquellas imágenes de destrucción, el dolor reflejado en el rostro de los supervivientes y las miradas deshumanizadas, casi vacías de sentimientos, de aquellas gentes que se deslizaban entre los escombros o hacían paciente cola para obtener una ración de comida en el comedor militar de campaña. Creo que todos aquellos que deciden iniciar una guerra y sembrar la muerte y la destrucción de tantos seres humanos, deberían poner los pies en el barro y las ruinas y mirar de frente a las víctimas de sus decisiones. Nos despedimos de la ciudad con una experiencia aún más dolorosa. Los periodistas que me acompañaban, sobre todo las televisiones occidentales, filmaban sin parar las ruinas y el desastre y en un momento dado uno de ellos me comentó que las autoridades que me acompañaban me estaban engañando con el recorrido, que era necesario ir a la plaza Minutka donde se habían producido durante la guerra combates feroces y había grandes destrozos. Mi perplejidad fue total. ¿Pero cuantos más destrozos y desastres querían que viésemos, si toda la ciudad que habíamos recorrido estaba en ruinas, destruida en el ochenta por ciento sino más, con sus habitantes desamparados, sin viviendas u ocultos en sótanos infrahumanos? Claro que habíamos visto un hospital de campaña, un mercadillo y unas pequeñas viviendas o casitas no destruidas. ¿Era eso una manipulación? Pero le transmití a Sergey esta solicitud de los medios. Me dijo que no había problema alguno para hacer la visita, pero que debía avisar antes para tomar medidas de seguridad, pues en la ciudad aún había francotiradores ocultos entre las ruinas y espacios minados que era necesario asegurar convenientemente.

Finalmente, la caravana enfiló unas calles sin muchos escombros y llegamos a la gran y mítica plaza Minutka. Un espacio despejado con las casas prácticamente destruidas en su totalidad, en muchos casos por la barbarie del propio ejército que buscando combatientes ocultos lanzaba en los sótanos granadas de mano, para no arriesgarse a entrar y ser heridos. En esa salvaje misión murieron mujeres, ancianos y niños refugiados por causa de los bombardeos. Esos sótanos fueron sus tumbas. Algunos vecinos mal vestidos y muertos de frio, deambulaban entre los escombros. Nada más ni menos que lo que habíamos visto en el resto de la ciudad. Salvo poder decir que habían estado en aquella plaza de tan triste y terrible recuerdo. Salimos de nuestros vehículos blindados y los periodistas pudieron hacer las tomas que tanto deseaban sobre la miseria y el dolor humanos reinantes en la plaza. Pero ese capricho tuvo un alto precio. La vida de un soldado, al parecer uno de mis escoltas, enviado de urgencia a tomar una posición entre las ruinas para garantizar nuestra seguridad, que pisó una mina enterrada y murió allí mismo. Eso no lo supieron los periodistas. Y si lo supieron nunca lo contaron, que yo sepa. Aunque las autoridades rusas no me lo dijeron en el momento, más tarde lo supe. Y siempre me ha pesado el haber cedido a este capricho de los medios.

3.4.5. Consolidando garantías

No creo que sea necesario pormenorizar todas y cada una de las iniciativas concretas puestas en marcha a lo largo de mis años de mandato en relación con Chechenia, pero no puedo por menos de recordar algunas y reconocer que esta cuestión fue una constante durante todos aquellos años. En ese tiempo volví al territorio checheno y la zona limítrofe, al menos cinco veces, y a la Federación de Rusia ya ni me acuerdo A lo largo de todos aquellos años, seguí presionando para que los procuradores generales civiles y militares se moviesen contra la impunidad. Esta impunidad hundía sus raíces en la propia forma de operar del ejército. Cuando detenían una persona la llevaban a sus cuarteles, no la entregaban a la autoridad civil, como era su obligación. Y en esas unidades militares el procurador civil (fiscal) no podía entrar y el militar no podía actuar más que en el caso de detenidos o acusados militares. Total, absoluta impunidad del ejército e indefensión del detenido. En conversaciones en Moscú conseguí que el Procurador General dictase un decreto, el nº 80, por el que se creaban unas comisiones conjuntas de procuradores civiles y militares en Chechenia, para poder entrar en las unidades militares y comprobar las denuncias que se hubiesen formulado. Fue un paso muy importante en medio de aquel desastre general, pero de eficacia limitada pues los militares lo boicoteaban en muchas ocasiones y a los procuradores civiles les faltaba el valor para imponerse y menos aún a la incipiente justicia que se fue organizando en esos años. No faltaron casos de procuradores desaparecidos o muertos, y no precisamente por los rebeldes.

Los procesos contra militares que habían cometido verdaderas atrocidades eran pura formalidad, y cuando no se les declaraba inocentes, eran condenados a unos días de privación de libertad.

Pero el caso del coronel Boudanov, estaba siendo un verdadero escándalo. Este oficial, había detenido a una joven en su unidad militar, la había violado y posteriormente asesinado. Recibí al padre de la víctima en una de las visitas que hice, un hombre de una dignidad impresionante que solo me pidió justicia, pues el tribunal que había juzgado a este personaje estaba en la ciudad de Rostov, donde se encontraba el grueso del ejército, no en Chechenia y lo habían absuelto porque así lo había decidido el jurado, compuesto solo por rusos y sin garantía ninguna de imparcialidad. Una burla a la justicia. La cuestión era sumamente delicada porque no podía trascender que intentaba influenciar en el funcionamiento de la justicia. Eso era una cuestión interna. Por ello opté por acudir a la discreta vía de mantener una conversación con el presidente del Tribunal Supremo de la Federación, al que le transmití mi inquietud sobre lo que ese juicio sin garantías había supuesto para denigrar la justicia ante el pueblo checheno, así como el ruego del padre de la víctima. Me prometió que haría lo posible por enderezar este disparate y supe un tiempo después, que había habido una apelación y en el nuevo juicio se condenó al susodicho comandante, creo que a varios años de cárcel. Al menos quedó salvada la dignidad de aquella familia y un tanto restablecida la maltrecha justicia. Pero lo cierto es que todas estas detenciones ilegales y desapariciones continuaron durante años. La actuación del ejército siempre fue el mayor foco de denuncias por desapariciones y detenciones ilegales, en especial en los infinitos puestos de control en calles y carreteras, y la destrucción indiscriminada de pueblos y bienes de los civiles, en operaciones de respuesta a actos de resistencia armada, las famosas *zachistki*. La desproporción en la réplica siempre era desmesurada y cruel, alimentando un clima imposible de respirar. Aunque forzamos el que las autoridades militares dictasen una resolución por la que no podía volver a realizar este tipo de operaciones sin la presencia de un procurador, los vehículos con matrícula visible y los soldados identificados, lo cierto es que no siempre se respetó y los abusos siguieron hasta que años después, el ejército fuese retirado de primera línea de seguridad.

Mi último encuentro como Comisario con el presidente Putin, el 27 de mayo de 2005 con motivo de la entrega del informe general sobre Rusia, debo reconocer que me sorprendió. Cuando llegamos al Kremlin y nos condujeron a donde habría de celebrarse la entrevista, Alexander Guessel me advirtió que estuviese preparado, que en esta ocasión sería diferente. Ante mi sorpresa me adelanto que los servicios de protocolo acababan de advertirle que el encuentro tendría una mayor solemnidad, que se celebraría en una sala mayor, más formal y que cuando me diesen una señal debería entrar en ella y caminar hacia el presidente Putin que entraría por la puerta de enfrente y nos saludaríamos exactamente en el medio, al encontramos. Toda esta parafernalia me dejo estupefacto e inquieto, pero no tuve tiempo para mayores reflexiones pues se abrió la puerta de mi lado que daba a la sala y ya vi salir por el otro al presidente, así que me lancé al encuentro ceremonial y nos saludamos muy cordialmente ante un muy numeroso grupo de cámaras de televisión y fotógrafos. Como suele ser costumbre en estos casos, las primeras palabras de ambos, las del presidente saludándome y agradeciendo el informe y las mías por recibirme, se hicieron ante los medios que, inmediatamente después fueron desalojados de la sala. Después comenzó el verdadero cambio de impresiones durante el cual, además de contarle mis impresiones sobre la situación y problemas observados en el conjunto de las regiones que habíamos visitado, me detuve especialmente en la situación de Chechenia. Le dije sin rodeos que creía que el ejército en Chechenia se había convertido en la causa más evidente de que no se avanzase en la construcción de una verdadera paz, a la vez que generador muy principal de la inseguridad absoluta reinante, agravado todo ello con los bombardeos indiscriminados sobre poblaciones enteras, en represalia por ataques puntuales de guerrilleros. Fue una conversación difícil, durante la cual me miraba fijamente sin manifestar ninguna emoción particular. No obstante, me agradeció aquel informe y su objetividad pese a la dureza de algunas de sus denuncias, y al terminar la audiencia y antes de despedirnos me pidió hablar un momento a solas, con la única presencia de Alexandre Guessel, que ejercía amablemente las funciones de interprete mío. Nos apartamos de la larga mesa de reuniones, donde discretamente reinaban los micrófonos que todo lo graban, y nos fuimos junto a unas columnas, creo recordar, mientras los representantes del ministerio de exteriores nos miraban con evidente inquietud. Tomó la palabra y pausadamente me dijo que era muy consciente de cuanto acababa de decirle, es decir de las brutalidades que cometía su ejército en aquellas tierras. Y a continuación, mirándome muy fijamente, me dijo que *"por desgracia solo tengo ese ejército"* pero que me prometía que en breve sustituiría a las unidades militares en esa labor de represión y policía, sustituyéndolas por fuerzas locales. Inocencia la mía en ese momento, le pregunte al presidente si él tenía confianza en estas unidades chechenas entonces al mando de Kadyrov hijo, y me contestó mirándome de nuevo de frente, *«yo no tengo confianza en nadie».*

También me adelantó que esperaba que en dos meses estaría resuelto este tema y quedamos en que por mi parte yo guardaría reserva sobre este punto y lo que acababa de decirme hasta que él actuase. Yo cumplí y él cumplió rigurosamente, pues a los dos meses recibí una comunicación, informándome que el presidente de la Federación de Rusia había firmado un decreto por el que se transfería el mando de las operaciones antiterroristas en Chechenia, del ejercito al Servicio de seguridad Federal (FSB).

3.4.6. Una reflexión sobre el ejército en Chechenia

Ya he comentado anteriormente que el ejército ruso libraba esta segunda guerra con un espíritu muy distinto al de la primera. No estaba dispuesto a perderla y disponía de una superioridad numérica, técnica y armamentística abrumadora. Pero también era un factor determinante el contar con un apoyo político en Moscú sin fisuras, firme e incluso sin límites, tal como lo dejó claro desde el primer momento el presidente

Putin. Además, las acciones de guerra de Bassayev el islamismo que representaba y los actos terroristas en Moscú y demás lugares donde dejaron su marca brutal, reafirmaba el apoyo de la opinión pública a esta guerra y a las acciones represivas del ejército, lo que no ocurrió en la primera guerra y menos aún en la de Afganistán. Esta guerra se había iniciado con una justificación suficiente como era defender a Daguestán de una agresión armada y restablecer la integridad de su territorio y la seguridad de sus fronteras, lo que suponía también defender la integridad del territorio de la Federación de Rusia. Pero aprovechando esta circunstancia, el gobierno ruso también decidió terminar con un régimen separatista que desde el primer momento había dado signos de debilidad en el control de sus elementos más extremistas, cuyos objetivos eran un peligro no solo para la seguridad de la propia Federación rusa, a la que también pertenecía Chechenia, sino de todo el Cáucaso. Este segundo objetivo, tenía un más discutible fundamento. Se une a ello el que en esta ocasión el ejército había aprendido la lección de la primera guerra y estaba dispuesto a pagar el menor precio posible en victimas propias, sin importarle las ajenas. Por ello los bombardeos masivos de Grozny, para evitar en la medida de lo posible el combate cuerpo a cuerpo en el que los guerreros chechenos ya habían demostrado su valor y terrible eficacia.

Por último, anidaba en las filas del ejército ruso un sentimiento de venganza y revancha por la derrota anterior, sobre todo entre los oficiales. Si a ello añadimos que una gran parte de las unidades combatientes estaban compuestas por soldados de remplazo, es decir no profesionales y llenos de miedo al encuentro con los chechenos y su aureola de crueldad y guerra sin piedad, se comprende que con mucha facilidad y posiblemente bajo el efecto de las drogas, en no pocas ocasiones sus reacciones sobre el terreno fuesen brutales e incluso cruelmente irracionales con respecto a la población civil globalmente sospechosa de ser pro separatista. Bajo el pretexto de luchar contra elementos terroristas, el ejército no dudó en utilizar métodos de represión impensables para cualquier otro ejército europeo y desde luego su misión no era pacificadora, sino claramente de venganza. Las unidades chechenas leales a los rusos y actuando a las órdenes de Kadirov hijo, no se quedaron a la zaga.

Era evidente que los mandos del ejército miraban la intervención del Comisario no solo con serias reservas, sino también con una actitud casi hostil. Que una institución extranjera viniese a interferir en sus acciones represivas con argumentos de derechos humanos en lo que ellos consideraban una situación de guerra, les irritaba seriamente. Solo el apoyo que me dio en ese momento el presidente Putin y ellos lo sabían bien, no solo por las ordenes que recibían, sino también por la importancia de las personas vinculadas al Kremlin que me acompañaban, impedía el boicot de las visitas. O tal vez algo peor. Por tanto, me pareció útil buscar un contacto directo con los máximos responsables militares del ejército acantonado en Chechenia y también si fuera posible, con alguna de las unidades operando en el terreno. Me parecía interesante escuchar y que me escuchasen directamente, sin intermediarios. En algunas de las entrevistas preparatorias del segundo viaje a Grozni, deslizamos esta posibilidad, que fue aceptada y constituyó para mí una experiencia de gran valor, que me ayudó a comprender no pocas cosas. La experiencia se concretaría en un tercer viaje, celebrado entre el 25 de febrero y el 4 de marzo de 2001 y se desarrolló en dos fases, con una nueva visita a la ciudad de Grozni. En esta ocasión viajamos de Moscú a Mineralnye Vody en el krai de Stavropol y en coche seguimos hasta Zamenskoe, donde estaban las oficinas de Kalamanov y pudimos visitar el campo de refugiados "Sur", en un clima de alta tensión por la desesperación de los refugiados ante su precaria situación. La escolta que me acompañó en esta ocasión, perteneciente a la guardia presidencial, estaba realmente inquieta y tuve que hacer verdaderos esfuerzos para que me permitieran seguir hablando y escuchando a aquella gente. Las dos noches que pasamos en aquel pueblo dormimos en la casa del alcalde Zavgaev que nos acogió amablemente y que días más tarde sería asesinado por los rebeldes. El ambiente era muy tenso y difícil y recuerdo perfectamente que un soldado de la escolta, bien armado, durmió toda la noche tumbado ante la puerta de mi habitación. Luego supe que yo había sido un privilegiado que había dormido en una cama, la de la habitación del alcalde. La mayor parte del equipo incluido Alexandre Guessel que me acompañaba por primera vez, sobre unas alfombras en el suelo.

A la mañana siguiente continuamos viaje a Grozni en una caravana de automóviles blindados por unas carreteras intransitables, deteniéndonos en Gudermes para una nueva entrevista con el presidente Kadyrov, y finalmente llegar a la base de Khankala donde nos esperaban los altos mandos del ejército en Chechenia. En aquella base tuvimos un encuentro con la oficialidad en el cuartel general del ejército bajo el mando del general Baranov, comandante de todas las unidades federales. Estuvieron presentes un nutrido grupo de oficiales de su Estado Mayor, en un clima de cierta tensión. El general me expuso su preocupación por el trato que los rebeldes daban a los jóvenes soldados rusos hechos prisioneros, sobre el que la prensa occidental no se hacía nunca eco, ni se denunciaba por los organismos internacionales, donde solo se hablaba de las brutalidades del ejército y fuerzas de seguridad rusas. Para remachar su irritación, pasó a proyectar una cinta de video en la que unos combatientes chechenos, entre risas y gritos, degollaban brutalmente a unos jóvenes soldados aterrorizados. La filmación la enviaban luego a las familias y a las unidades estacionadas en Chechenia. Realmente era una grabación de una crueldad atroz, que contemplé sin bajar los ojos ni un instante, hasta que un oficial del FSB de alta graduación que me acompañaba desde Moscú ordenó cortar la proyección, visiblemente irritado, diciendo que ya era suficiente. Si pensaban que iban a intimidarme con ese tipo de procedimientos, se equivocaron. Al terminar la proyección me volví hacia el general y le dije que lo que acabábamos de ver era un crimen execrable y que quienes lo habían cometido y los que lo habían permitido, debían ser puestos a disposición de la justicia y castigados por ello. Pero semejante barbarie no amparaba el que las autoridades de un Estado democrático que pertenecía al Consejo de Europa actuasen con los mismos métodos criminales en la represión del terrorismo. Esa diferencia de actuar es lo que caracteriza a un Estado de derecho. Y le pregunté si estaba de acuerdo conmigo. Después de unos segundos de silencio, me respondió *tengo órdenes de*

Moscú de decirle que sí". Toda una respuesta, que no he olvidado y que repitió a la salida del encuentro ante la prensa internacional que nos esperaba impaciente. Me regaló la película. Por cierto, que el general aprovechó también para decirme que no había entendido mis declaraciones a la prensa en Georgia cuando visité el Valle de Pankisi, circunstancia a la que ya he hecho referencia en páginas anteriores. Su irritación era evidente. Terminada aquella tensa conversación y ya de nuevo en el helicóptero que nos trasladó a Ingusetia para visitar otro campo de refugiados y volver a Moscú, le pedí al piloto que diese una vuelta por la ciudad para que Alexandre Guessel pudiese ver el destrozo de la ciudad con cañerías de gas ardiendo, ruinas por todas partes y fantasmas que se deslizaban entre los escombros. No pude por menos de decirle *"este es el resultado de la locura de los hombres"*.

El segundo encuentro fue en la base militar de Severna (2004) también en Grozny con motivo de una de mis visitas, donde tuve la oportunidad de dirigirme a un grupo numeroso de tropa, en una conferencia improvisada sobre la importancia de respetar los derechos humanos en todas las circunstancias y especialmente en las más difíciles como era la que estaban viviendo. Alexander traducía mis palabras y yo intentaba escrutar aquellos rostros impenetrables (los oficiales estaban presentes). Sorprendentemente al terminar hicieron preguntas bastante interesantes y espontáneas. En plena conferencia entró un destacamento de chechenos leales a rusia, que venía de unas operaciones en el exterior y que tenían un aspecto digamos que muy particular. No puedo negar que todo aquello tenía rasgos muy surrealistas. La cena posterior con algunos oficiales de la base fue muy correcta, pero era difícil no tener presentes las acusaciones de torturas y asesinatos que posiblemente se cometiesen en ese centro militar, aunque lo negasen terminantemente. Como no había hoteles ni ningún otro alojamiento, dormimos allí mismo. Fue una experiencia extraña. Antes de retirarnos a descansar recuerdo que tuve una larga conversación con el coronel Ilia Shabaldi, creo que era del FSB, acompañado de Pilar Bonet, paseando por aquel acuartelamiento. Intente hacerle ver que un ejército regular de una nación perteneciente al Consejo de Europa, no puede actuar como un grupo de terroristas y con sus mismos métodos. Pero el coronel no estaba muy convencido de esta teoría. Para él lo fundamental era liquidar a los "bandidos". Un diálogo desesperante.

Durante todos aquellos años tuve continuas conversaciones con las autoridades judiciales militares y poco a poco fueron colaborando en esta tarea, aunque de forma no muy entusiasta. Las comisiones mixtas de fiscales militares y civiles para visitar los centros de detención militares o la ampliación de estas con la presencia de miembros de la oficina de Kalamanov, incluido los expertos internacionales, y otras varias que no voy a describir aquí, fueron sentando las bases para hacer posible la decisión final del presidente Putin que ya he comentado.

4.- LA RECONSTRUCCIÓN INSTITUCIONAL Y EL DIÁLOGO ENTRE LAS PARTES EN CONFLICTO

4.1. Abriendo camino

La guerra había desmantelado toda la infraestructura judicial, disuelto el parlamento, anulado la Constitución de la república y desde luego disuelto los partidos políticos y organizaciones sociales. Solo imperaba el poder de facto de la Federación ejercido directamente por ella a través de sus órganos centrales. Aunque había formalmente un presidente checheno nombrado por Moscú, Akhmat Kadyrov, obviamente su poder era más simbólico que real.

Era evidente qué sin una mínima estructura institucional, en línea con los que son requisitos básicos del Estado de derecho, todo lo demás no pasaría de ser parches de urgencia que no podían perpetuarse indefinidamente. A ello habría de unirse la exigencia de invertir fuertemente en la reconstrucción material de ciudades e infraestructuras destruidas, así como favorecer el retorno de los huidos que mal vivían en Ingusetia y otras repúblicas cercanas.

4.1.1. El seminario de Vladikavkaz

El gobierno ruso también era consciente de esta necesidad y por ello decidimos celebrar un primer seminario sobre "Democracia, Estado de derecho y Derechos Humanos", siguiendo los acuerdos cerrados con los ministros Ivanov y Tchaïka en mi primera visita a Chechenia (1999). Finalmente, no tuvo lugar en Daguestan como sugirieron en un primer momento las autoridades rusas, sino en Vladikavkaz capital de Osetia del Norte, los días 30 y 31 de mayo de 2000, es decir mucho antes de que la guerra fuese declarada oficialmente terminada. Este seminario tuvo importancia, no solo porque institucionalmente suponía reconocer que las visitas del Comisario y sus conversaciones con el gobierno ruso no se habían limitado a la emisión de informes. Se estaban configurando las dos facetas de actuación del Comisario, la operacional sobre el terreno y la promocional de la ayuda a la implantación de la democracia en la fase de post guerra. Fue materialmente organizado por el secretariado del Consejo de Europa en acuerdo con el gobierno ruso y la participación resultó ser de gran calidad por ambas partes. Tanto es así que, entre otros participantes en representación del Secretario General, acudieron tanto el director de asuntos políticos (H-P FURRER) como el de asuntos jurídicos (M.G de VEL), miembros de la Asamblea parlamentaria, del Congreso de los poderes locales y regionales y un número importante de expertos. Debemos añadir a esta lista de "occidentales", a los representantes de la OSCE, Comisión Europea, Alto Comisionado de Naciones Unidas para los Refugiados (HCR), y del Comité Internacional de la Cruz Roja. Por parte rusa la representación fue igualmente importante, pues además del ministro de Justicia, estuvo el vice ministro de Interior, miembros de la Duma, Kalamanov, Mironov (entonces Ombudsman de la Federación), entre otros. La llamada sociedad civil estuvo representada por organizaciones como Glasnost, Memorial, Federación para la Paz y el entendimiento y representantes de Amnesty International. En total algo más de cien personas. El presidente de Osetia del Norte, presidió la clausura y a mí me tocó pronunciar el discurso de apertura y leer las conclusiones.

Si me he detenido de forma un tanto prolija en la enumeración y calidad de los asistentes, es por resaltar lo que suponía qué en aquellos momentos, con la paz aun no declarada, se sentasen en torno a una mesa representantes no solo gubernamentales o simpatizantes con la postura rusa, sino también organizaciones abiertamente críticas con la guerra y las violaciones de derechos humanos que se seguían produciendo en Chechenia. Además, la presencia de las organizaciones internacionales, algunas de las cuales hasta entonces tenían dificultades para volver a tener presencia en territorio ruso, reforzaba la importancia de este encuentro y las conclusiones que en él se aprobaron. Obviamente los medios de prensa nacionales e internacionales, siguieron los trabajos del seminario que se celebró en la Universidad de Vladikavkaz. Si a ello añadimos que en las conclusiones se dibujaron iniciativas concretas a poner en marcha, la Unión Europea manifestó estar de acuerdo en participar y financiar algunas de ellas y se tendieron algunos otros puentes entre el gobierno ruso y el CICR, por ejemplo, pues no puede decirse que los resultados fueron banales.

En nota al Secretario General del Consejo, preparando su reunión con el ministro Ivanov, la dirección general de Asuntos Políticos, refiriéndose a este seminario, afirmaba tajantemente que sus "conclusiones sirven de base para un nuevo programa (joint programme) entre el COE y la Comisión Europea, especialmente enfocado al Cáucaso Norte". Entre esas conclusiones a las que me referí en su lectura al final del seminario, creo que merecen destacarse dos que quedaron referenciadas en aquel documento en estos términos:

Aun cuando se han expuesto puntos de vista diferentes a lo largo del seminario sobre el método de proceder, todo el mundo está de acuerdo tanto en la urgencia de normalizar la situación en Chechenia en interés de la población chechena, tanto como en el interés de la población de las repúblicas vecinas, así como en la necesidad de buscar lo más rápidamente posible una solución política del conflicto checheno en el marco de la Constitución federal rusa.

Esta referencia a la necesidad de buscar una solución política y no solo militar al conflicto, fue lo que permitió dejar abierta la puerta a posteriores encuentros en los que participaron los representantes de los disidentes chechenos y las ONGs rusas críticas con la postura oficial. Fue un primer paso, solo eso, pues éramos muy conscientes que la violencia de la represión seguía ejerciéndose en territorio checheno entonces y lo seguiría aun tiempo después. Pero los encuentros posteriores de Estrasburgo y Grozni nunca hubieran sido posibles sin este primer paso.

4.1.2. Los encuentros de Estrasburgo

Animados por las conclusiones del seminario de Vladikavkaz, y la necesidad de seguir tendiendo puentes entre las partes enfrentadas, todo el equipo se puso a trabajar para intentar hacer realidad un inicio de conversaciones en busca de una solución política al conflicto. La fórmula que utilizamos para ello, fue la tan socorrida de organizar un seminario en Estrasburgo. Lo de los seminarios siempre dio mucho juego. Para que ello fuese posible tuve que desplazarme de nuevo a Moscú el 13 y 14 de septiembre de 2001, para una larga ronda de entrevistas en la Duma, Yastrjembsky, Kalamanov, el Fiscal general Ustinov y naturalmente el ministro de asuntos exteriores Igor Ivanov. Éste último en carta del 11 de noviembre me confirmó la asistencia de una importante delegación oficial rusa que incluía no solo representantes de su ministerio, sino también de la fiscalía y de la Oficina de Kalamanov, además del presidente de Chechenia y su equipo. Por nuestra parte ya habíamos invitado a las ONGs rusas más importantes. Todos los palillos estaban tocados. Solo faltaba cruzar los dedos y que no hubiese un incidente de última hora que diese al traste con aquel primer intento de diálogo. De común acuerdo el seminario trataría sobre el "Respeto a la protección de los derechos humanos como base de la reconstrucción democrática de la República Chechena. No hay paz sin justicia", con el objetivo nunca declarado oficialmente de facilitar un espacio en terreno neutral, donde pudieran encontrarse representantes del interior de Rusia y Chechenia y otros en el exilio no vinculados "oficialmente" a grupos combatientes, pero participando como ONGs activas por la paz. La propia agencia AFP, informando sobre este encuentro, afirmaba qué, si bien el presidente Maskhadov y su gobierno, oficialmente estuvieron ausentes del seminario, al mismo han asistido "ciertos simpatizantes suyos".

Por mi parte, también había informado al comisario Patten en carta del 11 de septiembre, sobre los pasos dados desde el inicio de mi mandato en relación con la guerra de Chechenia, la creación de la oficina Kalamanov y el proyecto de este seminario en Estrasburgo y su objetivo. Era importante no dejar cabos sueltos. De hecho, el apoyo económico de la Unión Europea fue decisivo. Aunque es cierto que el objetivo real del seminario nunca se explicitó oficialmente, la verdad es que la presencia de personas como el presidente Kadirov, dejaba claro que no estábamos ante un encuentro puramente técnico. Incluso en el discurso suyo en la inauguración del seminario, lanzó una propuesta de vuelta a Chechenia de todos los chechenos de buena voluntad que habían tenido que irse de su país con motivo de la guerra, para participar en la reconstrucción del mismo. No obstante, los primeros momentos fueron de alta tensión al encontrarse unos y otros en la sala de reuniones del Consejo de Europa donde se desarrollaron las sesiones e incluso en un momento dado algunos de los participantes, fuera de ella llegaron a las manos, sin que el incidente pasara a mayores.

Tranquilizadas las aguas y según pasaron las horas, unos y otros fueron hablándose y conociéndose mejor, la parte oficial y la "crítica", por situarla de alguna forma. Como el lector habrá comprendido esta iniciativa solo se pudo llevar a cabo después de intensísimas negociaciones a ambas bandas y he de reconocer que Moscú hizo un gesto positivo decidiendo acudir la parte rusa con una delegación seria y competente, especialmente los procuradores trabajando en Chechenia, así como las ONGs alarmadas por las continuas desapariciones de personas y la impunidad reinante. No fue posible suscribir unas conclusiones conjuntas, pero en las que yo formule como convocante, se recogieron algunos puntos que más tarde se fueron desarrollando sobre el terreno. Los procuradores (fiscales) reconocieron las dificultades del trabajo en aquella república, incluso los riesgos físicos que corrían y la falta de medios. Aceptaron la colaboración de las ONGs en el día a día de su trabajo, a condición de que realmente aportasen datos útiles para perseguir los delitos y también se abrieron los despachos de la oficina de Kalamanov para que trabajasen con ellos, ya que habían criticado la poca eficiencia de aquella. A petición de estas últimas y para intentar superar la desconfianza de la población local hacia las autoridades rusas, se acordó exigir con todo rigor el cumplimiento del Decreto 46/2001 del Procurador General de la Federación de Rusia, sobre la presencia de un procurador en todas las operaciones de control de identidad y residencia en los pueblos y casas, realizadas por el ejército y las fuerzas de seguridad. Me consta que semanas después ya se habían entablado conversaciones en Chechenia entre las ONGs y las autoridades judiciales, para poner en práctica los *"acuerdos"* de Estrasburgo.

4.1.3. Los años de plomo

Los años transcurridos con posterioridad al seminario de Vladikavkaz, donde tantas esperanzas se anunciaron, fueron extremadamente difíciles desde el punto de vista de la supervivencia material de los chechenos y desde luego en cuanto al respeto de los derechos humanos. La vuelta de los huidos de Chechenia era urgente, pues la permanencia en los campos de refugiados era insoportable moral y materialmente. Pero la enorme destrucción de los pueblos y ciudades, y especialmente de Grozny, hacia muy difícil este retorno con un mínimo de garantías. Las autoridades arrastraban los pies en cuanto a los planes de reconstrucción y al envío de fondos para las indemnizaciones a aquellos que lo habían perdido todo y querían reconstruir su casa. Esas indemnizaciones eran pagadas con cuentagotas y eso cuando se les pagaba, pues lo normal era retener una parte para el bolsillo de funcionarios corruptos.

La llamada oficina Kalamanov, que fue remplazado por Sultygov en julio de 2002, siguió reuniendo y tramitando denuncias contra el ejército y las fuerzas de seguridad hasta finales del 2003, en que fue sustituida por un Ombudsman provisional. Kalamanov sería nombrado embajador ante la UNESCO en París en el verano de 2002. Durante ese año 2002, hice todo lo posible para presionar a las autoridades judiciales y especialmente la prokuratura (fiscalía) para que se involucrase más en la tarea de lucha contra las desapariciones. Impulse el acuerdo de crear una comisión mixta entre la oficina Kalamanov y la prokuratura civil y militar para forzar las indagatorias conjuntas. Nada fue suficiente. Como denunciaban las ONGs locales, el ejército continuaba actuando sin respetar ninguno de estos procedimientos. Y nada pasaba. Esta situación me llevó a formular una recomendación de carácter general al gobierno ruso, sobre la necesidad imperiosa de respetar los derechos humanos y las garantías del Estado de derecho en los supuestos de detenciones realizadas en las llamadas operaciones de "limpieza", verdaderas razias brutales contra la población civil indefensa en los pueblos, como reacción a alguna incursión de los guerrilleros. Fue largamente debatida en el Comité de Delegados y en la Asamblea, pero que yo recuerde nunca contestada oficialmente por el gobierno ruso. No obstante, sí hubo una reacción a esta dura crítica como fue la publicación de la Orden n° 80 del general Moltenskoï sobre las operaciones de limpieza y la necesidad de cumplir determinados requisitos y garantías para las personas detenidas y también el Decreto 46 del Fiscal General creando la comisión conjunta a la que me he referido.

Pero el ejército seguía sin respetar plenamente ninguna de estas disposiciones y finalmente las propias ONGs rusas dejaron de colaborar con las autoridades en señal de protesta por la situación insoportable que se había creado. Esta llegó a tal punto que el propio presidente Putin hizo unas declaraciones diciendo que había que terminar con las llamadas "operaciones especiales". Dudo mucho de la sinceridad de aquellas declaraciones, pues la situación seguiría igual casi hasta el momento en que el ejército fuese separado de sus funciones de seguridad en Chechenia en 2005. Fueron unos años en los que la violencia reinaba en su plenitud. Desde el ajuste de cuentas entre diferentes clanes y la acción de los guerrilleros, a las intervenciones de las fuerzas de seguridad fuera de todo control efectivo.

Pero el periodo posiblemente más complejo fue aquel en el que se decidió por parte de las autoridades rusas reconstruir las instituciones chechenas, la redacción de una constitución y su aprobación en referéndum fijado para el 23 de marzo de 2003, respondiendo así a una exigencia de las nuevas autoridades chechenas ansiosas por escapar del control directo y absoluto de Moscú. Este paso, esencial para poder empezar a trabajar en lo que podríamos llamar inicio de una normalización de la vida política y social en Chechenia, planteaba no obstante serios interrogantes y uno de ellos era garantizar la fiabilidad del proceso de realización de ese referéndum. Me tocó volver a Chechenia en febrero de 2003 para convencer al presidente Kadyrov de la necesidad de dejar votar a los chechenos en los campos de refugiados fuera de Chechenia y que la campaña fuese lo más transparente posible, permitiendo expresarse a los críticos, pues ello era esencial para su credibilidad y para que resultase útil como paso adelante en la política de reconciliación. Finalmente, el referéndum tuvo lugar sin muchos problemas y el siguiente paso fue la realización de elecciones para componer un parlamento, y empezar a legislar. En medio de ese clima de violencia, se produjo el asesinato del presidente Kadyrov el 9 de mayo de 2004 que fue verdaderamente traumático para los inicios de normalización. No obstante, la elección de Alkhanov como nuevo presidente permitió seguir avanzando.

Con el presidente Alkhanov tuve que tratar los últimos años de mi mandato y preparar el que sería mi última iniciativa para asentar la normalización democrática y la reconciliación en aquella república maltrecha. La Conferencia de Grozny.

4.1.4. Un encuentro en el Elíseo

Pero, antes de seguir adelante en el análisis de las distintas iniciativas desplegadas con respecto a Chechenia, permítanme que haga un inciso y relate una experiencia muy interesante que me tocó vivir también aquel turbulento año 2003, precisamente en relación con la situación en aquella república del Cáucaso.

Por aquel entonces tuve la oportunidad de conocer a un gran periodista y analista político, especializado en la Unión Soviética como era Alexandre Adler. Inesperadamente en uno de nuestros encuentros, comiendo en un magnífico restaurante libanés de Paris, me soltó de sopetón que todo lo que le había contado de la situación en Rusia y en especial en Chechenia, debía contárselo al presidente Chirac, si no me parecía mal. Al parecer era consejero suyo en algunos temas o simplemente tenía un contacto regular y podía sugerir este encuentro. Naturalmente no me opuse. Pasado un tiempo, recibí una llamada de la secretaria del presidente invitándome a acudir a Paris a una entrevista con él. Obviamente acepté. El encuentro tuvo lugar en el Elíseo en el despacho del presidente, estando presente su consejero para asuntos diplomáticos Maurice Gourdault-Montagne, un extraordinario diplomático. No estoy seguro de la fecha exacta, pero sí que la entrevista discurrió mientras se estaba celebrando en New York la sesión de Naciones Unidas donde se debatía la guerra de Irak, pues durante la misma el presidente fue interrumpido por una llamada de su ministro de exteriores Dominique de Villepin presente en aquellas sesiones y que tuvo una muy brillante intervención oponiéndose en nombre de Francia a aquella guerra. El presidente deseaba conocer mi opinión sobre la situación en Rusia y en especial en Chechenia, dado que se estaba preparando una posible visita a Paris del presidente Putin y esta cuestión les inquietaba. Le explique con toda crudeza como estaban las cosas y las dificultades que yo tenía para hacer avanzar algunos proyectos para ayudar a la democratización del país y en especial con respecto a Chechenia. En un momento de la conversación me preguntó cómo podía ayudarme en estos esfuerzos y en ese momento se me ocurrió sugerirle que con ocasión de esa visita que se estaba preparando podía indicarle al presidente ruso que se comprometiese en este apoyo al proyecto de democratización en Chechenia y que apoyase la política del Comisario con respecto a sus iniciativas en Chechenia. Sin dudarlo un momento me dijo que sí. Por parte francesa flotaba una duda, la de si hacer o no una rueda de prensa conjunta de ambos presidentes, lo que obviamente era muy positivo para Putin necesitado en esos momentos del oxígeno y reconocimiento que le podía dar una imagen conjunta de esa naturaleza. Y precisamente por ello me atreví a sugerir que tal vez fuese interesante hacer llegar el mensaje a la parte rusa de que un compromiso como el solicitado al presidente Putin facilitaría la realización de esa rueda de prensa conjunta. Al presidente Chirac le pareció bien la idea.

Terminada la entrevista le comenté a Gourdault-Montagne que yo tenía una relación fluida con Serguei Yastrjembsky, muy cercano al presidente ruso y que podría llamarlo y hacer yo mismo un tanteo para ver si la idea era también aceptable para ellos, sin que el Elíseo tuviese que implicarse en esta fase. Le pareció bien y quedamos que le transmitiría cuanto antes la respuesta. Todo pasó muy rápido. Al salir del Eliseo y paseando por la calle, llame a la oficina de Yastrjembsky en Moscú y dije que quería hablar con él. A los pocos minutos tuve una llamada suya directa anunciándome que estaba precisamente en New York. Le conté la iniciativa y como se había producido y en qué contexto. Me pidió un tiempo para consultar y me volvió a llamar confirmándome el acuerdo por parte rusa. Volví a contactar con el Eliseo, transmití el mensaje y me fui a cenar con la cabeza dándome vueltas. Por mi parte he guardado reserva sobre los términos de este encuentro hasta este momento, en que no creo que tenga la más mínima importancia comentarlo. Pero si quiero dejar testimonio de mi agradecimiento al presidente Chirac por su sensibilidad ante los temas referentes a la defensa de los derechos humanos y la ayuda que sin duda me prestó. Mi agradecimiento también a su consejero diplomático. No volví a tener más noticias, pero sí pude comprobar en los meses siguientes a la visita del presidente Putin a Paris, que había cambiado el grado de comprensión y colaboración de las autoridades rusas hacia las iniciativas del Comisario en relación con Chechenia.

Escribiendo estas líneas he conocido el fallecimiento de Alexandre Adler. Siempre le recordaré como el gran intelectual que fue, con sus conocimientos enciclopédicos sobre Rusia y su espíritu visionario.

4.1.5. Debatiendo en Grozny

Todos nuestros encuentros de trabajo o seminarios habían tenido lugar en Moscú, Osetia del Norte o Estrasburgo, es decir fuera del territorio de la república de Chechenia, bajo la excusa de las autoridades rusas (que no lo era tanto) de que la seguridad de los participantes era difícil de garantizar. De hecho, después del seminario de Vladikavkaz explotó una potente bomba en el mismo mercado en donde la corresponsal de El País Pilar Bonet y yo habíamos estado pululando y viendo la forma de comprar un poco de aquel magnífico caviar, que se vendía al peso. Y en Ingusetia los enfrentamientos armados ya eran graves.

En todo caso, desde el encuentro de Estrasburgo habían transcurrido ya más de tres años, en los que la situación de seguridad personal y jurídica de los ciudadanos chechenos y el respeto de los derechos humanos en aquel territorio aún eran una asignatura gravemente pendiente.

Se iniciaba el año 2004 y ya hemos visto que durante el anterior se habían dado algunos pasos para ir construyendo una estructura institucional nueva que, aunque precaria y discutida por una parte de los chechenos y de las organizaciones internacionales, era la única vía posible en ese momento para avanzar en la construcción de un mínimo orden democrático. Pero en mi opinión, la fuerza de nuestras iniciativas por la paz, la seguridad y la reconstrucción institucional, dependía seriamente de que pudiésemos debatirlas abiertamente en territorio checheno con la colaboración de las autoridades locales y las organizaciones civiles allí operando. Ello solo fue posible en septiembre de aquel año, con la situación un poco más estable que permitió convocar y celebrar con la colaboración del Consejo de Estado de la República Chechena, una *"Conferencia sobre los problemas de los derechos humanos en la República de Chechenia"*, repitiendo el modelo de asistentes que ya conocemos. Es decir, sentar en una misma mesa a los representantes del gobierno federal, los de la república chechena y las organizaciones civiles con implantación no solo nacional, sino especialmente locales. Este encuentro en Grozny tenía para mí un especial significado. En primer lugar, porque acababa de ser asesinado Akhmat Kadyrov que había sido elegido presidente en 2003 y al que había conocido en mi primera visita en 1999 y tratado luego en diversas ocasiones y especialmente con motivo del seminario de Estrasburgo. Un muftí, checheno independentista, metido a guerrillero en la primera guerra, que evoluciono posteriormente, posiblemente por la deriva hacia al wahabismo de una parte de los combatientes y su peligrosa influencia de futuro, lo que era contrario a su concepción del islam. Una persona con la que se podía hablar, y a la que siempre respeté. También era un momento especial, porque había tenido que esperar cuatro años de pelea continua, viajes y presiones para arrancar a las autoridades rusas compromisos más serios en la lucha contra la impunidad y la inseguridad en Chechenia. Esa era la cuestión clave a tratar en Grozny. Sin resolver este problema no podíamos pensar que hubiese paz verdadera, ni progreso para el país aún sumido en la pobreza, la miseria, sin arrancar la reconstrucción y con una corrupción creciente.

La fiscalía de Chechenia me había reconocido que en esas fechas y desde que se aplicaba plenamente el derecho ruso en aquella república, se habían instruido 1.749 investigaciones penales que afectaban a 2.400 personas desaparecidas, pero que la gran mayoría estaban, pura y simplemente, suspendidas. Una realidad inadmisible que me obligó a tratar de nuevo a mi vuelta a Moscú con el Procurador General, Vladimir Ustinov que esta vez sí, prometió poner un plan de revisión de todos estos expedientes, comenzando por los años 2003 y 2004. Una batalla sin fin.

Así que el día en que arrancó el seminario con la asistencia de casi setenta personas, con no solo las autoridades federales y locales, sino también con ONGs de signo conocidamente contrarias a la política oficial y muy críticas con los secuestros y desapariciones impunes y desde luego cercanas al presidente Maskhadov, sentí que algo estábamos avanzando. Un especial recuerdo merece la participación de Vladimir Lukin, Ombudsman federal o Ella Panfilova presidenta de la Comisión de derechos humanos de la presidencia de la federación, Orlov de Memorial, Alexeeva presidenta de Helsinki Federation o Gannushkina presidenta de la ONG Ayuda muta, o Madres de Checenia. Todos luchadores e implicados en la defensa de los derechos fundamentales de las personas. Hoy, en los tiempos oscuros que vive Rusia muchos de ellos han sido perseguidos y sus organizaciones declaradas fuera de la ley. Quiero tener un especial recuerdo para Oleg Orlov, que siempre me ayudo con informaciones rigurosas, veraces y valientes, un verdadero patriota, y que hoy está sentado en el banco de los acusados, sometido a uno de esos procesos penales tan propios de las dictaduras que bien conocemos.

En Grozny el ambiente era extraordinariamente tenso pues dada la situación de inseguridad la "Conferencia" tuvo que realizarse en los locales fortificados donde estaba establecida la administración chechena, víctima de un gran atentado apenas dos semanas antes. Administración donde varios jóvenes que incluso un tiempo antes habían estado combatiendo junto a Basayev y Maskhadov, ahora solo pensaban en una alternativa en paz para su país y rechazaban las posiciones de los radicales islamistas por peligrosas para su propia seguridad y sobre todo por ser ajenas a las ancestrales tradiciones chechenas. Pero para mí lo más importante en ese encuentro fue la toma de conciencia pública por parte de todos los asistentes de la necesidad de terminar con la impunidad de los crímenes de secuestro y desapariciones, y hacerlo público. Así consta en las conclusiones finales, que el presidente Alkhanov tituló de "Declaración de Grozny" y afirmó que sería la hoja de ruta para su política en materia de defensa de derechos humanos. De esta sensibilidad generalizada es buena muestra este párrafo de la declaración final redactada no por ONGs contestatarias, sino por los representantes del Consejo de Estado checheno asistentes al encuentro:

Garantizar el respeto a los derechos humanos en la República de Chechenia sigue siendo hoy un problema grave y urgente. La violación de estos derechos reviste aún un carácter masivo. El hecho de que la causa provenga no solo de los terroristas, sino también de los militares y fuerzas republicanas, suscita inquietudes y preocupación. La práctica de las "limpiezas" de poblaciones, los bombardeos de noche que hacen sufrir a la población civil, las ejecuciones sumarias, las detenciones, las desapariciones de inocentes, los secuestros, el robo masivo en los puestos de control, no han sido erradicados. Estos crímenes quedan casi siempre impunes. Y lo mismo ocurre con la práctica muy extendida en la Republica de retrasos burocráticos, extorsiones y sobornos ligados al pago de las compensaciones y a la resolución de otros problemas esenciales para la vida cotidiana de la población. Todo esto agravado por el paro masivo, que priva a las tres cuartas partes de la población activa de medios para atender a sus necesidades.

En este párrafo desgarrador, está todo dicho y por las propias autoridades chechenas.

De aquellos debates, de los que estuvieron activamente ausentes o en silencio los representantes de la fiscalía o del ejército (alguno miraba por la ventana cuando otros hablaban), lo realmente importante es que se hubiesen podido realizar. Que hubiesen podido escucharse unos chechenos a otros y que quedó claro que no habría posibilidad real de avanzar en la vía democrática sin antes terminar con la violencia de los federales y de los combatientes. En aquella tierra nada era semejante a otros supuestos. No podría haber normalización institucional sin tener en cuenta la estructura tradicional de clanes. En Chechenia nunca hubo realmente una estructura institucional operativa como la que conocemos en occidente, ni siquiera tal y como precariamente funcionaba en otras regiones de Rusia. El poder de los clanes como estructura de gobierno real, era un hecho innegable y la aplicación de su particular justicia para resolver los conflictos entre familias o de cualquier orden, era otra realidad, hasta el punto de que raramente acudían a los tribunales oficiales y funcionaba el sistema de los pozos, donde se metía al deudor recalcitrante hasta que pagaba la deuda al ofensor, o por cualquier otra causa. El futuro sistema democrático tendría que tener en cuenta necesariamente estas tradiciones tan arraigadas y realizar un inmenso trabajo de formación para erradicarlas en su expresión más brutal. En suma, pasar por esta experiencia compartida a la que no hemos llegado en ningún caso, porque el gobierno del presidente Kadirov actual es la manifestación del poder de un clan, posiblemente compartido con algún otro en menor término, pero en todo caso sin gota del imprescindible complemento democrático.

Para que no faltase nada, en plena conferencia, algunas ONGs locales me advirtieron qué en un centro de detención de la ciudad, especial para terroristas, había un grupo de detenidos a los que estaban torturando. Como es natural pedí visitar ese centro y allí fuimos Lukin, Panfilova, Alexandre, John y yo. El centro de detención ORB-2, no era precisamente un ejemplo de arquitectura alegre, pero una vez dentro constatamos que había 15 detenidos y pedimos hablar con algunos de ellos, a solas.

Así lo hicimos con varios en sus propias celdas, que no estaban ni mejor ni peor que otras muchas que ya había visto a lo largo y ancho de Rusia. A nuestras preguntas y sorprendidos por nuestra presencia, contestaron que no estaban sufriendo malos tratos, aunque se quejaban del tiempo que llevaban detenidos, sin acusación ni posibilidad de acceso a un abogado. Finalmente, esta queja es la que transmití a las autoridades, aunque como el lector comprenderá siempre me quedó la duda y a todo el equipo, de hasta qué punto esta declaración había sido realmente autentica (aunque no aparecían con lesiones a la vista), máxime sin poder comprobar que no hubiese micrófonos en las celdas. En todo caso, el solo hecho de la visita, el constatar sus nombres y la posibilidad de visitar cualquier parte de aquel centro, ya suponía una seguridad para sus vidas. Posiblemente era eso lo que realmente buscaban las ONGs locales que me denunciaron esta situación.

Pero antes de dejar Grozny, quisiera referirme a otra iniciativa que pude concertar con el presidente Alkhanov en la conversación que tuvimos al finalizar el seminario. La verdad es que, desde mi visita en Kosovo al laboratorio forense del centro de búsqueda e identificación de desaparecidos, me rondaba la idea de intentar poner en marcha en Chechenia algo parecido. Se lo comenté al presidente y la idea le pareció buena especialmente teniendo en cuenta que en aquella torturada Republica era rara la familia que no tenía un miembro muerto o desaparecido, y de inmediato la asumió como propia, lo que me pareció magnífico. De hecho, me pidió que hablase en mi informe al Comité de Delegados en Estrasburgo de su interés en la creación de este laboratorio y la necesidad de buscar fondos. Así lo hice.

Como un mes más tarde de finalizado este seminario visitó Estrasburgo el presidente Alu Alkhanov, invitado a participar en una reunión de seguimiento de la Asamblea parlamentaria, aprovechamos para retomar la reflexión sobre esta iniciativa y analizar las posibles acciones a impulsar. Durante la cena en mi casa, el presidente me volvió a insistir sobre la importancia de mi iniciativa de buscar a los desaparecidos y también se concretó definitivamente con el procurador general militar Fridinski que en enero de 2005 tendríamos una reunión de trabajo para analizar los avances en materia de desaparecidos. En esa cena también convinimos que el Comisario podría tener un delegado suyo en Chechenia, integrado en la oficina del Ombudsman y para ello designé a una persona de toda confianza, Mahmet Madaev. De esta forma podría trabajar directamente con las autoridades chechenas, y disponer de una información directa. Por cierto, que hablamos también de la posibilidad de formar policías chechenos en España. Esa visita de formación tuvo lugar del 9 al 15 de abril de 2005.

Pero el encuentro de Grozny fue aún más rico en resultados potencialmente positivos para una paz futura. Me refiero a que terminado este me visitaron en Estrasburgo el 8 de octubre de 2004 una delegación del parlamento checheno en el exilio, presidida por el vice ministro de asuntos exteriores del gobierno rebelde. Al margen de manifestar algunas dudas sobre su asistencia a un seminario que estaba organizando el parlamentario suizo Gross, y de que seguían manifestando que la Republica de Itcheria era un Estado soberano al que representaban, lo que hablamos fue de la posibilidad de empezar a explorar un posible futuro pacto "inter checheno", entre clanes a iniciativa del Comisario, para establecer las bases de una nueva gobernanza, incluyendo los recursos petroleros, garantizando la integridad de Rusia y a ser posible con una presencia militar limitada. Este planteamiento suponía un cambio importante y la búsqueda de una salida para los rebeldes, visto que globalmente la población chechena estaba agotada y harta de guerra. Esto explicaría en parte también el ataque terrorista a la escuela de Beslan por parte de los elementos más radicales, en un intento desesperado de extender el conflicto fuera de Chechenia.

El tenor de la posición oficial de los representantes del gobierno checheno en la conferencia, muy críticos con la situación actual, y el no rechazo de plano por parte de los rusos de tales críticas, les hacía pensar que tal vez Moscú no se opondría a trabajar en esa línea. Aunque trabajamos en muchos frentes y muy intensamente, no hubo tiempo material por mi parte, a meses ya de terminar el mandato, de implicarme de lleno en explorar este camino que por otra parte el tiempo demostraría que realmente no tenía mucho futuro.

4.2. El laboratorio perdido

Uno de los efectos más traumáticos de cualquier guerra es la dificultad de las familias de las víctimas para asumir el que sus seres queridos se den por desaparecidos. Por muy doloroso que sea, la posibilidad de enterrar a los familiares o amigos muertos en combate o en cualquier otra circunstancia similar y cumplir con el duelo debido, ayuda a que el tiempo mitigue los peores recuerdos del drama humano que subyace en estas situaciones, se cicatricen heridas y se puedan ir creando las condiciones para una paz verdadera.

De hecho, nunca he comprendido la crueldad de no entregar a las familias los cuerpos de los terroristas muertos por las fuerzas de seguridad, como por ejemplo ocurrió con los chechenos muertos en el atentado del teatro de Moscú. O la venganza de destruir la vivienda familiar en sus pueblos de origen, castigando a toda la familia por los hipotéticos hechos de uno de sus miembros. Con ello no se evita el crear héroes para los fanáticos. Simplemente se añade un acto de venganza e innecesaria crueldad hacia la familia, a la que se culpabiliza. Y si se quiere evitar crear lugares a donde vayan los partidarios a venerarlos una vez terminada las hostilidades y la guerra totalmente, esa no es razón suficiente para impedir que la familia pueda cumplir el deber de enterrar debidamente a los suyos y descansar en paz. Ni siquiera los norteamericanos cuando mataron a Bin Laden, el enemigo público número uno de los Estados Unidos, le negaron un simulacro de entierro formal en alta mar. Qué conducta tan distante de aquel ejemplo de proceder, admirablemente narrado en aquella escena de la Ilíada cuando autorizan al rey Príamo para recoger el cuerpo de su hijo Héctor en la misma tienda de Aquiles. No olvidaré una larga conversación con el ministro de defensa Serguei Ivanov, durante mi viaje de septiembre de 2004, en la que ante mi insistencia en la necesidad de frenar la brutalidad de las actuaciones del ejército en Chechenia y las desapariciones continuas, me explicó claramente cuáles eran los parámetros por los que se regía el funcionamiento de las tropas a sus órdenes en aquellas tierras. Puede resumirse en estos términos:

Tenemos nuestras tropas especiales, que son tres mil. Organizamos operaciones en los bosques del sur de la república. Nuestros hombres van allí, combaten, en los combates no hay supervivientes, y se vuelven. Los cadáveres no se recogen. Los cadáveres locales son recogidos por los familiares, pero los cadáveres de los mercenarios extranjeros quedan allí al aire libre. No llevamos contabilidad, no identificamos. No tenemos tiempo para eso. No somos un servicio funerario.

Es difícil tener una concepción más brutal y cínica de sus funciones y responsabilidades. Pero, además salí con el convencimiento de que me mentía descaradamente, pues en qué cabeza cabe que los servicios de seguridad no identifiquen los guerrilleros muertos en estas operaciones, para determinar el grado de infiltración exterior en las fuerzas de los rebeldes. Lo contrario hubiera sido un signo grave de incompetencia por parte de los servicios a sus órdenes. Y hasta ese punto, no me lo creo. Siempre he pensado que trabajar para terminar con los secuestros y desapariciones, y hacer un esfuerzo para encontrar a estas víctimas, identificarlas y entregar sus cuerpos a las familias era algo que merecía una especial atención por parte de la oficina del Comisario y el propio Consejo de Europa. Además, había también en mi opinión un factor añadido de significación política no desdeñable. Un laboratorio de esta naturaleza instalado en Grozny con el apoyo y cooperación no solo del Consejo de Europa como nos estaban pidiendo, sino también de la Unión Europea, era mandar un mensaje de solidaridad con el pueblo checheno y ruso por parte de las instituciones europeas. La bandera azul con las estrellas amarillas, símbolo del Consejo de Europa y de la Unión Europea ondeando junto a la de la Federación de Rusia, sería una prueba indiscutible de que occidente estaba allí con ellos y con todos aquellos que deseasen la paz y la reconciliación.

Naturalmente antes de lanzar oficialmente el proyecto en el Consejo de Europa, hice discretas gestiones en Bruselas que fueron bien acogidas, especialmente por Javier Solana que comprendió de inmediato el alcance de la operación y me hizo saber que podríamos disponer de una cantidad importante de euros (unos seis millones) para convertir en realidad esta propuesta, siempre y cuando la materialización se llevase a cabo por el Consejo de Europa con el acuerdo de Rusia. Financiando sí, pero sin un protagonismo que pudiese irritar a las autoridades federales. Una vez que sabía que contaba con el apoyo político de la Unión Europea y la posible financiación del proyecto, entablé discretas conversaciones con las autoridades rusas en Moscú, las cuales en un primer momento rechazaron la idea pues entendían que para eso ya estaban los servicios del ejército en Rostov. Hubo que explicarles que se trataba de realizar un trabajo rápido con medios y personal suficiente y sobre todo dando confianza y credibilidad a las familias, lo que era imposible hacer tragar si las pruebas de identificación las hacían los mismos forenses del ejército al que se acusaba de ser el causante de gran parte de las desapariciones y asesinatos. El decidido apoyo de Alkanov a la idea del laboratorio forense en Grozny fue decisivo para vencer las resistencias que en un primer momento se suscitaron en Moscú. Además, la cooperación de las instituciones europeas, daría credibilidad ante la opinión pública chechena a una iniciativa de esta naturaleza y calado. Al final se superaron las reticencias y se aceptó oficialmente la propuesta con la condición de que la dirección del laboratorio sería llevada por técnicos rusos con la presencia de forenses europeos y en territorio de la Federación, es decir Grozny como quería él presidente Alkanov y con el liderazgo del Consejo de Europa y la financiación de la Unión Europea. Debo añadir un último dato que creo tenía su importancia. Los chechenos rebeldes también estaban de acuerdo en cooperar al buen fin de la iniciativa, indicando los lugares donde habían enterrado a personas, soldados o no, hechas desaparecer por ellos. De esta forma el laboratorio no haría ninguna distinción en cuanto a desaparecidos.

Obtenida la luz verde de Moscú, Chechenia, y el apoyo de Bruselas en los términos que hemos visto, se lo hice saber al Secretario General Terry Davis para que no se perdiese esta oportunidad única de estar presentes sobre el terreno, colaborando en una operación de largo alcance y consecuencias positivas para la paz. Y el Consejo de Europa tenía la oportunidad de pilotar esta operación, pues esa era la condición fundamental que impusieron tanto el presidente checheno como el gobierno ruso. La cuestión se trató formalmente en el seminario de Kislovodsk sobre "Reforzando el papel de la justicia en la protección de los derechos humanos", celebrado el 29 de julio de 2005, y organizado con la colaboración de la Dirección General de asuntos Jurídicos del Consejo de Europa que informo sobre los pasos que se estaban dando y se reflejó en sus conclusiones.

Todas estas gestiones quedaron perfectamente descritas en un memorándum de 2005 firmado por Guy De Vel, en aquel entonces director general de asuntos jurídicos, en el que describe minuciosamente todos los pasos que se dieron para responder a la solicitud del presidente Aljkanov e incluso reconoce haber recibido el 26 de agosto de 2005, *"la garantía final del Presidente de la República de Chechenia para asegurar los aspectos de seguridad de la misión"*, (de los expertos que habrían de ir a Chechenia) requisito que había sido requerido por el Secretario General al presidente en carta del 8 de julio de 2005. Se designó para liderar ese equipo el Sr. Derrick Pounder, experto del CPT que ya había ido varias veces a Chechenia y le acompañarían una experta en odontología forense de la Universidad de Helsinki, un experto en ADN de la Universidad de Munich y otra experta en medicina forense y social de la Universidad de Estrasburgo. Un excelente equipo, que según ese mismo memorándum estaba previsto que cumpliese su misión en septiembre de ese año. No obstante, en este mismo documento ya se deja caer varias veces que el Consejo de Europa había llegado al acuerdo con las autoridades rusas de "no jugar un papel principal" en cuanto a la búsqueda de donantes para la compra de material e instalación del laboratorio y destaca que dilucidar si el Consejo de Europa debe o no ser "socio" en este proceso es un tema abierto a discusión. En todo caso el director general ya advierte que piensa que el papel del Consejo debe limitarse a "que la licitación cumpla con las recomendaciones de los expertos". Además, reconoce expresamente que "somos conscientes de que el Comisario de derechos Humanos tuvo contactos directos con el Embajador Franco (UE) y las autoridades rusas durante la Conferencia de Kislovodsk para apoyar la implementación de este proyecto. Entendemos que, entre otras cosas, el Comisario le pidió al Embajador Franco que reservara algunos fondos para las fases dos y tres del proyecto".

El resultado fue según ese memorándum, que la dirección jurídica le paso al embajador la información requerida por este. Acto seguido se supo que la Unión Europea había incluido el financiamiento del equipo y la capacitación de personal del laboratorio de Grozny en la lista de proyectos a financiar a través de TACIS en Chechenia, con la precisión de que se contaba con la Organización Mundial de la Salud como socio para esta operación. Pero, pese a todo este trabajo preparatorio realizado con eficacia por el Consejo de Europa, la dirección jurídica insiste a lo largo de todo el documento que en su opinión el papel de la organización debería ceñirse solo a la labor preparatoria de los informes de viabilidad técnica. Significativo ese reiterado interés en no liderar la operación al completo, como había solicitado el presidente Alkhanov y era el elemento clave para el éxito de la iniciativa. Se realizó la misión de los expertos, que redactaron un excelente informe dejando claros todos los requisitos necesarios para poner en marcha el laboratorio en Grozny como solicitaba el presidente Alkhanov y no en Moscú como intentaron en un momento dado las autoridades rusas. A partir de ese momento sólo quedaba dar el impulso político, asumir la responsabilidad de poner en marcha el laboratorio junto con los rusos y concretar "oficialmente" la financiación de la Unión Europea.

Cuando terminé mis funciones el último día de marzo de 2006, lo hice con el pleno convencimiento de que la operación estaba en marcha y sería una realidad, una vez superadas las reticencias rusas, concretado el apoyo económico de Bruselas y en el Consejo de Europa el del Comité de Delegados. Era un buen final de mandato que reforzaba las razones para su prolongación unos meses. Craso error por mi parte.

La situación era muy otra y la voluntad política dentro del Consejo de Europa también, solo que me fue cuidadosamente ocultada. ¿Con que objetivo? No se me ocurre otro que el de impedir que antes de mi cese de mandato pudiese interferir para evitar la decisión que aparentemente ya habían tomado tanto el director general jurídico, como el Secretario General.

Como no quiero fatigar al lector con detalles innecesarios, me limitare a reflejar que el 2 de marzo de 2006 el director jurídico del Consejo Sr. Guy De Vel, remite otro memorándum al Secretario General en el que después de relatar todas las gestiones realizadas por los expertos, los acuerdos alcanzados con las autoridades rusas y chechenas para poner en marcha el laboratorio en Grozni y la disponibilidad de los fondos aportados potr la unión Europea, deja caer sibilinamente que:

Considerando la situación actual, incluido el interés reciente de los medios de comunicación, el proyecto parece haber entrado en un terreno altamente político (la decisión de donde deben localizarse las instalaciones ya no es un problema técnico sino puramente político). Desde un punto de vista técnico la misión realizada por los expertos del Consejo de Europa ha concluido.

El Secretario General Terry Davis le contesta el mismo día en estos términos:

Gracias por su memorándum del 2 de marzo.
Tal como entiendo la situación, hemos completado nuestra contribución a este proyecto y entiendo que hemos transmitido los resultados a la Comisión Europea, la cual a partir de ahora es la responsable de su puesta en marcha.
Muchas gracias por confirmar mi interpretación.

Con estas dos comunicaciones concertadas se da carpetazo al proyecto y se entierran las esperanzas de tantas familias rusas y chechenas que por un momento habían alimentado la esperanza de poder encontrar a sus seres queridos y darles digna sepultura. Una posibilidad de sembrar esperanza de paz y reconciliación. Una posibilidad archivada de un plumazo con la frialdad administrativa de quien cierra un expediente de compra de mobiliario o material de escritorio.

El señor Secretario General sabía que la Unión Europea no podía poner en marcha el proyecto, sino solo financiarlo, pues la Federación Rusa exigía que fuese el Consejo de Europa quien pilotase esa experiencia, como ocurrió en momentos mucho más difíciles con la oficina Kalamanov. Y que esta posición de la Unión Europea estaba clara desde el primer momento.

Tampoco es cierto que la misión del Consejo se limitaba a realizar ese informe. Si el presidente Alkanov se lo pidió al Consejo a través de una carta que me dirigió el 21 de diciembre de 2004, fue precisamente porque sabía que no podía hacerlo la Unión Europea en territorio ruso y por el contrario el Consejo si, como estaba acordado con el gobierno ruso. Esta misma solicitud haciendo referencia a la carta que me envió, la reiteró ante el Comité de Delegados en su comparecencia del 26 de octubre de 2005, en la que todos reconocieron que la situación de seguridad en Chechenia había mejorado mucho y no era ya un problema determinante. Añádase a ello que el Secretario General en su respuesta "presupone" que se ha transmitido a la Unión Europea la opinión del Sr Guy de Vel, pero se libra muy mucho de ordenarlo expresamente y hacer un seguimiento de la cuestión. Tampoco sabemos si esto se hizo o no. Al menos yo no lo sé. Cabe preguntarse también porqué se decidió esperar más de tres meses desde que se recibió el informe de los expertos, hasta que manda el suyo Guy de Vel a Terry Davis y porque este despacha la respuesta de dos líneas, el mismo día que lo recibe. Otro interrogante sin resolver es por qué no se informa de esta decisión a la oficina del Comisario. No tengo las respuestas. En todo caso, el laboratorio no se hizo.

Años más tarde, mi participación como miembro del llamado "Comité de Escogencia" (a propuesta del TEDH) que habría de designar los componentes del llamado "Sistema Integral de Verdad, Justicia, Reparación y no repetición", previsto en los acuerdos de paz firmados en La Habana entre el gobierno Colombiano y la guerrilla de las FARC, me habría de ratificar en la importancia de hacer luz sobre los desaparecidos en un conflicto armado, si de verdad se quiere sentar los cimientos de una verdadera paz de futuro. En aquellos acuerdos, además de crear una jurisdicción especial para la paz (la JEP), una "Comisión para el Esclarecimiento de la Verdad, la Convivencia y la no Repetición", se decidió también crear una "Unidad Especial para la búsqueda de las personas dadas por desaparecidas en el contexto y en razón del conflicto armado", que se constituyó en una pieza clave para la credibilidad de todo el mecanismo de justicia transicional puesto en marcha en los acuerdos de paz. Lástima que Chechenia no tuvo esa oportunidad.

4.3. Adiós a Rusia y en especial a Chechenia

Pienso que, si el lector ha tenido la paciencia de llegar hasta este punto, debe estar ya un tanto fatigado con historias de guerra. Por tanto, me propongo poner punto y final a estos recuerdos sobre Rusia con dos últimas referencias.

La primera de ellas se corresponde con la realización del informe ordinario sobre el respeto de los derechos humanos en aquel país, como lo hice con otros muchos del Consejo de Europa. Guardo un extraordinario recuerdo de aquella experiencia, que me permitió conocer otra parte de Rusia hasta entonces desconocida para mí. La Rusia apartada de los centros de poder, la que nada tiene que ver con Moscú o San Petersburgo. El viaje dada su extensión lo hicimos en dos fases, la primera del 15 al 31 de julio de 2004 visitando Khabarovsk, Irkoutsk, Ekaterinbourg, Kazan, y Krasnodar, y la segunda del 19 al 29 de septiembre, durante la cual fuimos a Moscu, el Cáucaso Norte y la Siberia occidental. Visitamos varios distritos federales, además de volver a Ingusétia y Chechenia para participar en Grozny en el seminario al que me he referido. Recorrimos más de 20.000 kilómetros y tomamos quince vuelos distintos. En los veintiocho días dedicados a esta gira maratoniana, según mis notas visitamos treinta y nueve establecimientos públicos (hospitales, escuelas, residencias de ancianos, orfanatos y once establecimientos de detención) y tuve cuarenta y ocho encuentros con autoridades, ONGs, judicatura, cuerpos de seguridad y demás. Mi diálogo con algunos de los responsables políticos de las regiones, reveló cuán profundo era el desconocimiento de algunas reglas básicas del Estado de derecho y el funcionamiento de una democracia. Fue una experiencia extraordinaria.

Además de los miembros de nuestro equipo, me acompañaron en este viaje, al menos en una parte Vladimir Lukin en su condición de Ombudsman ruso y a quien he de agradecer su continuo apoyo. Fue una persona que en aquel momento no dudó en comprometerse en la defensa de los derechos humanos en Rusia y en especial en Chechenia, acompañándome en momentos muy comprometidos, sin dar un solo paso atrás. Recuerdo una anécdota que refleja su siempre buen humor. Cuando nos conocimos, una de las primeras cosas que me dijo fue: "me alegro mucho de conocerte, la verdad es que mi padre también fue comisario, pero de otro tipo". A lo largo de toda esta visita me acompaño Ella Pamfilova, que fue ministra del primer gobierno de Eltsine y en aquel momento era la presidenta de la Comisión presidencial de derechos Humanos. Fue un signo político interesante. En otras etapas pude disfrutar de la compañía de Pilar Bonet, la persona que sin duda mejor conoce Rusia, entonces corresponsal de EL PAIS. Creo que aun recordará las experiencias vividas en tierra de cosacos y los intentos de manipulación de su gobernador.

Lo cierto es que este viaje me dejó no pocos recuerdos y experiencias, como fue la llegada a Khabarovsk, en el extremo oriental de Siberia, relativamente cerca de la costa del Pacífico y frontera con China, de la que la separaba el rio Amur, majestuoso e impresionantemente y muy polucionado. Paso clandestino entonces de multitud de chinos que venían a trabajar la madera para llevarla a su país y con una frontera de cientos de kilómetros casi despoblados. O la visita a Irkuts también en Siberia en la orilla del Lago Baikal, donde tuvimos que abandonar un precioso hotel con unas vistas increíbles sobre el lago, porque al abrir el grifo para ducharnos salía barro en lugar de agua. Así que emigramos a otro mucho más modesto, en el centro de la ciudad, pero con agua en la ducha.

Tampoco podré olvidar la visita a la colonia penitenciaria 272/4 en Plishkino (Irkouts) que las autoridades habían preparado con tanto celo y pintura, que nos quedábamos pegados a ella al pasar algunas puertas y donde tuve una triste conversación con un joven interno enfermo de sida y al que no se le suministraban ningún tratamiento porque, me reconoció el director de la prisión, ni siquiera lo había para el resto de la población. También probé el rancho bajo la mirada estupefacta de Alexander porque justo es reconocerlo, el aspecto exterior de aquel plato no daba mucha confianza, pero no podía negarme con todas aquellas personas en la cocina mirando si daba o no el paso. Y no estaba tan mal.

Más agradable fue el paseo por el lago Baikal en el barco del gobernador que nos invitó al final de la visita y donde John tuvo la oportunidad y el valor de bañarse en sus heladas aguas, desafiado por otros jóvenes rusos que nos acompañaban. Salió triunfante de la prueba y de color azul, superado todo con un buen trago de vodka y la felicitación colectiva. Su estima subió muchos puntos entre la parte rusa de la delegación y el equipo del comisario se situó bien alto en el marcador. El paso por Kazán, capital de Tartaristán, con un alto grado de autonomía, a orillas del Volga y con un impresionante e histórico Kremlin fue sumamente interesante. Ciudad a la que volveríamos tiempo después para celebrar mi último seminario sobre diálogo interreligioso, al que más adelante me referiré. El presidente de Tatarstán, tan inteligente como astuto, había puesto en práctica una política de devolución a las distintas confesiones de sus templos confiscados por el régimen soviético. Pero lo curioso es que, a los judíos, protestantes, ortodoxos y naturalmente musulmanes se les había devuelto sus lugares de culto principales y emblemáticos, menos a la iglesia católica a la que solo le habían dado la capilla del cementerio, porque la catedral seguía siendo facultad de ingeniería.

Por cierto, en uno de los monasterios ortodoxos que visitamos y donde disfrutamos de una sesión de canto por un coro de monjes impresionante, conocí a uno interesantísimo muy culto y hablando varios idiomas, que resultó ser antiguo ingeniero atómico. Como llegó a terminar en aquel monasterio y porqué, no tuve tiempo de aclararlo.

En Krasnodar, tierra de cosacos pudimos comprobar la triste situación de la minoría "Turcs méskhétes" (unos quince mil) originarios de Georgia y cuyos padres fueron desplazados obligatoriamente al Asia central por Stalin y que ahora acampaban en la cercanía de su Georgia natal, esperando que las autoridades georgianas autorizasen su vuelta, lo que no estaban dispuestos a hacer. El miedo a permitir la vuelta de una minoría musulmana en un país mayoritariamente cristiano y el hecho de que sus casas originarias y sus tierras ya habían sido ocupadas por georgianos, dificultaba llegar a un acuerdo. Pude reunirme con ellos y otras minorías y comprobar la difícil situación en que se encontraban. Las autoridades no les reconocían la ciudadanía rusa ni les daban documentación alguna, lo que les situaba en una posición muy vulnerable y por otra parte la población cosaca les era hostil. Nos enseñaron un museo de la historia de los cosacos, en el que me impresionó encontrar una amplia simbología nazi. Fue la única región en que tuvimos un incidente con la televisión local que quiso censurar unas declaraciones mías pidiendo que cesase aquel acoso a la minoría meskhètes y se resolviese su situación, que se superó cuando al momento de tomar el avión de vuelta a Moscú donde pensaba denunciar este atropello, llegó corriendo un propio con la cinta de la grabación completa de la entrevista que acababan de pasar por el telediario local.

En fin, prometí no extenderme en este viaje y cumplo mi propósito, refiriéndome por último a nuestra visita al Okrug de Khanty-Mansiysk, en donde era todo poderosa la empresa de petróleo YUKOS y su oligarca propietario Mijail Jodorkovski que más tarde terminaría en la cárcel y su empresa destruida, al querer hacer oposición a Putin. Desde allí fuimos a visitar el pueblo de Kichik de no más de quinientos habitantes, pertenecientes a los pueblos del Norte, aferrados a su vida tradicional y al que solo se puede acceder por tierra en invierno y en verano por barco o helicóptero. En nuestro caso lo hicimos en helicóptero. Hablamos en su casa con una familia propietaria de un rebaño de renos que pastan en aquella inmensidad y aun así lo pasan mal para sobrevivir. También comprobamos las dificultades de convivencia de sus rebaños de renos, su forma tradicional de vida, con las exigencias de explotación petrolífera y la tela de araña de oleoductos que atravesaban las tierras donde pastaban sus rebaños. Tenían una especial protección cultural, como minoría y una presencia de representantes en la Duma regional. Funcionaba una universidad de estado, con facultad de música y una pequeña orquesta universitaria, que me produjo tanta admiración como envidia.

En total, visitamos seis de los siete distritos federales y el informe fue muy extenso, y en él solo me referí a lo que pude ver y oír personalmente, con datos contrastados y en el que formulé múltiples recomendaciones. En mayo de 2005 se lo presenté oficialmente al presidente Putin, que me recibió en el Kremlin con una especial solemnidad. Me reconoció que el Informe era duro, pero justo. Esas fueron sus palabras y esa fue también la última vez que lo vi siendo Comisario.

En todo caso, el 26 de febrero de 2006, hice mi última visita a la República de Chechenia como Comisario y pronuncié mi último discurso ante su parlamento recién elegido, deseándoles un gran futuro en paz. Me acompañó mi sucesor Thomas Hammarberg, a quien introduje en la realidad chechena y le transferí mis contactos. En ese acto también me entregaron la nueva ley del Ombudsman de Chechenia y asistí al nombramiento de su primer titular oficial. Al menos habíamos consolidado una institución con la misión de velar por el respeto de los derechos humanos.

Pero ha llegado también el momento de despedirme de Chechenia y lo quiero hacer recordando otra anécdota, que para algunos no lo era tanto. Me refiero a mi entrevista con Ramzan Kadyrov, hijo del asesinado presidente, justo cuando había estallado el escándalo en torno al libro de Salman Rushdie los "Versos Satánicos" y en Dinamarca le habían concedido el premio Andersen de literatura. En un ambiente muy enrarecido, el joven y sulfuroso presidente Kadyrov había decidido expulsar de Chechenia a los representantes de una importante ONG, el Consejo Danés de Ayuda, que distribuía alimentos y ayuda humanitaria en la república, lo que generó una cierta tensión diplomática y una delicada situación para los representantes de esa ONG en aquel territorio. Hablamos del asunto en Moscú y el Ministerio de Asuntos exteriores me reconoció que era un tema que les generaba un problema molesto, pero que Kadyrov se mostraba inflexible.

Ya en Grozny y en la entrevista en su residencia oficial el 26 de febrero hablamos de todos los problemas pendientes y aproveche para rogarle que dejase sin efecto su decisión de expulsar a los daneses, que nada tenían que ver con Salman Rushdie y ayudaban muy eficazmente a los chechenos más necesitados. Recuerdo que me miró fijamente desde el otro lado de la mesa y me dijo con toda tranquilidad que en otras circunstancias se habría opuesto a mi solicitud, pero que teniendo en cuenta mi amistad con su padre y el gran respeto que este sentía por mí, no podía negarse a lo que le pedía, así que suspendía la orden de expulsión. Un razonamiento profundamente checheno, pero que también le facilitaba una salida a su confrontación con Moscú. El diplomático ruso que nos acompañaba no daba crédito pues llevaban semanas con este tema. Le pedí al presidente si podía ratificar esta decisión ante la prensa internacional que nos esperaba a la puerta de su residencia oficial, y así lo hizo y se retransmitió por todos los noticieros. Ni Dinamarca, ni la ONG en cuestión se manifestaron posteriormente. Al menos que yo sepa.

Finalmente, dos palabras para otro recuerdo triste y doloroso, como fue mi visita a la escuela de Beslán que acababa de ser escenario de un terrible atentado terrorista seguido de una confrontación armada entre el ejército ruso y los terroristas que habían tomado como rehenes a un gran número de niños y maestras el día del inicio del curso, provocando una matanza escalofriante. Me costó superar la resistencia de los militares en Grozny que se negaban a facilitar los medios para este desplazamiento a Osetia del Norte y solo después de que intervino directamente y de forma fulminante el Kremlin, aparecieron los dos helicópteros que nos permitieron hacer esta visita apenas dos semanas después del atentado. Las paredes derruidas y ennegrecidas de aquella escuela aun olían a humo y pólvora, cascotes por todas partes y un cementerio con una ristra de pequeñas tumbas recién hechas, que dejaban un nudo en la garganta. Familias destrozadas que seguían llevando flores. La vuelta a Moscú la hicimos en un profundo silencio. Durante los minutos que duró el paseo entre las ruinas de la escuela, no podía olvidar la llamada que en su momento me hizo Lukin, entonces Defensor del Pueblo ruso, para preguntarme si estaría dispuesto a acompañarle a Beslan en una misión de intermediación con los terroristas para que liberasen a los niños, a lo que obviamente le dije que sí y que nunca fue aceptada.

Volvería años después a Grozni, invitado a un seminario organizado por el Consejo de Europa y quedé impresionado por el cambio ocurrido en aquella ciudad mártir. No se veía rastro de ruinas, grandes avenidas la atravesaban de parte a parte y una enorme mezquita nueva acogía esos días una reliquia donada por Arabia Saudita, creo recordar, y que fue acogida en la calle por miles de personas y el gobierno en pleno. Sin embargo, el ambiente no era distendido ni mucho menos, las mujeres que habían subido al avión en Moscú con el pelo al aire, todas se ponían un pañuelo antes de bajar en Grozni.

4.4. El presidente que conocí

Durante mi periodo de Comisario tuve la oportunidad de tratar con muchos políticos de primer orden, ministros y en especial con Igor Ivanov , fiscales, jueces, gobernadores, militares, y otras muchas personas de los más variados ámbitos además de los líderes parlamentarios que acudían a Estrasburgo, en muchas ocasiones en posiciones imposibles, y donde había de todos los colores, algunos nacionalistas autoritarios insoportables y otros verdaderos demócratas que, finalmente no encontraron su sitio en aquella deriva tan particular de la transición rusa. Me perdonará el lector que no me detenga en estos aspectos. Pero sí quiero hacer una última reflexión sobre el gobernante que, desde el primer momento, es decir desde mi elección como Comisario, tuvo en la mano la batuta de la orquesta global en la Federación de Rusia y no la ha vuelto a dejar. Me refiero al presidente Vladimir Putin, porque no tuve oportunidad de tratar con Yeltsin. Algo si tengo claro con respecto al personaje. El presidente Vladimir Putin que conocí y traté, no lo reconozco en el personaje que, tras una deriva hacia el más puro autoritarismo, se ha convertido en el cruel agresor de Ucrania, iniciando una guerra injustificable y destruyendo de paso las últimas libertades en su propio país. Es difícil en estos momentos, en que reviso este texto y estamos contemplando con estupefacción la deriva de esta guerra, intentar diseñar un perfil del personaje que no responda a los sentimientos de repulsa y condena que produce entre nosotros, al menos a mí, el responsable directo y último de esta guerra tan injusta y que está produciendo miles de víctimas, destrucción y población desplazada, además de los exilados de su propio país. Pero para ser objetivo con respecto al periodo que estoy analizando, debo situarme en aquel momento y juzgar por las disposiciones que adoptó y las que no adoptó o las situaciones que permitió, sin intervenir para cortarlas.

En primer lugar, me parece claro que era una persona que llegaba al poder supremo con el solo bagaje político de su paso por los servicios secretos (que da mucha experiencia para circular por los sótanos del poder ruso), ser segundo de abordo en la administración municipal de San Petersburgo, el apoyo de algún significado oligarca y sobre todo dé la familia Eltsine, necesitada de un pacto de salida que garantizase su tranquilidad económica e incluso física. Este proceso de acceso al poder aupándose en la decadencia física y mental de Eltsine y la codicia sin límites de la corte de oligarcas que querían perpetuar sus privilegiadas posiciones, lo ha descrito maravillosamente Juliano da Empoli en su libro *El mago del Kremlin.*

Su llegada a la presidencia efectiva se produce en un ambiente de transitoriedad que le sitúa ante la clase política y los observadores extranjeros, como el peón dócil de los intereses en juego en esos momentos que pensaban poder manipularlo como una marioneta. Pero al coincidir con el inicio de la guerra en Chechenia y el personaje ser muy distinto de lo que pensaban sus padrinos, la deriva no será precisamente la prevista por éstos. Putin utiliza esta circunstancia como instrumento no solo para afianzarse en el poder por méritos propios, sino también para asentar una popularidad personal imprescindible para gobernar en aquel país, donde el culto al líder fuerte es una de sus importantes características. Y también para poder sacudirse de encima la pretendida tutela de los oligarcas y compañeros de operación, a los que desprecia profundamente y a quienes sitúa muy rápidamente ante la disyuntiva de conmigo y ganando dinero o en contra y en la cárcel, el exilio o muerto. Quien haya pensado que el presidente Putin se podría volver a subir a un carro de combate para denunciar los ataques a la democracia, no tardaría mucho en descubrir que ese no era su talante, ni su mayor preocupación. Sabía muy bien que esa popularidad que necesitaba, solo podría alcanzarla ganando la guerra de Chechenia y rompiendo una racha de desastres en este terreno. Y para ganar la guerra es imprescindible dejar mano libre al ejército para que no solo utilice métodos de destrucción de ciudades, con bombardeos sin piedad de la población civil, sino de persecución implacable del adversario. Está claro que en su cabeza estaban presentes dos objetivos principales. Hay que ganar la guerra, pero también dar una lección a los chechenos que les retire de la cabeza la idea de volver algún día de nuevo a las andadas. Y los continuos ataques terroristas de los chechenos rebeldes en el resto de Rusia y en especial de Moscú facilitó esta labor. Y si bien hay dudas sobre la verdadera autoría de alguno de estos atentados en Moscú, lo cierto es que este clima sirvió de acicate al acrecentamiento en la población rusa del miedo a los "bárbaros" y del sentimiento xenófobo que siempre hubo hacia los caucásicos en general y chechenos en especial.

Por ello no hay verdaderas negociaciones de paz (solo para ganar tiempo cara a la galería) y se capta a los chechenos que puedan colaborar con los rusos, como es el caso de Kadyrov padre (que rechazaba el islamismo radical de Basayev) y luego su hijo, al que se deja las manos libres para gobernar con impunidad con respecto a los crímenes que puedan cometer sus hombres y para enriquecerse él y los suyos. Pero garantiza hasta ahora una Chechenia estable y sumisa al poder central, aunque islamizada como nunca lo había estado en su historia.

Las consecuencias de esta guerra ganada, es la adquisición de la lealtad absoluta del ejército, con el honor recuperado (a qué precio) y un pueblo que le admira por su firmeza, que se completa con la limpia de los oligarcas (odiados por el pueblo) que no le son leales, es decir que no respetan el pacto de no interferir en la política y limitarse a amasar fortunas inmensas, sobre la base del favor del Kremlin.

Añadiría un último elemento a este retrato tan simple del personaje que nos ocupa. El presidente Putin es un hombre de su tiempo, es decir criado bajo la propaganda soviética que siempre había enaltecido la grandeza de Rusia y su pueblo, una de cuyas últimas heroicidades había sido vencer a Hitler y en su imaginario salvar a Europa. Poco importaba a esa generación que la grandeza de la que se mostraban tan orgullosos se hubiese construido en el tiempo de la mano del autoritarismo de los zares y luego de la dictadura soviética, con sus millones de muertos de la época estaliniana. La propaganda oficial había construido otra historia y esa era la mayoritariamente aceptada y aún hoy lo sigue siendo, por desgracia.

Por ello contemplar cómo a la caída del régimen soviético, lo que viene a sustituirlo es una democracia estilo occidental que, pese a la preciosa libertad y respeto de los derechos humanos que en un primer momento imperan, también arrastra una serie de medidas económicas y sociales enmarcadas en el más puro liberalismo capitalista que pregonan los nuevos amigos "occidentales", irrita a muchos nostálgicos y posiblemente a él también. Medidas que en un primer momento generan un desastre social y económico muy importante y que producen un serio desencanto en las capas de la sociedad más desprotegidas, víctimas de este paso de la economía dirigida comunista a la capitalista, sin prácticamente filtros que aminorasen el desastre social.

Y algo más que también creo que tuvo su influencia sobre el carácter del nuevo gobernante. Desde su llegada al poder prácticamente todos los medios de comunicación occidentales e intelectuales analistas de la realidad rusa, se centraron en calificar a Putin como "el hombre del KGB", en el más peyorativo de los sentidos. Alexander Adler, fino analista de la realidad rusa, ya había dicho que este tipo de análisis sin más matices era erróneo, pues en Rusia los cuadros de la KGB eran la "inteligentia" soviética como, salvando todas las distancias, los formados en Francia en la ENA (Escuela Nacional de Administración) copan casi todos los puestos relevantes de gobierno y grandes empresas. Creo que este recelo, desconfianza o si se quiere rechazo a lo occidental por parte del presidente Putin pudiera derivar también de aquella etapa, de la historia de la truncada transición democrática de Rusia, de ese primer momento de su llegada al poder y del tratamiento que se le dio. Es un factor a no perder de vista, si se quiere entender al personaje y que en ningún caso justifica su deriva autoritaria y antidemocrática. Esto pudiera parecer claro con la perspectiva del tiempo pasado, pero entonces en aquel decisivo año 1999, todo se estaba cociendo. Todo era posible y nada estaba definitivamente escrito.

Puestos en aquel momento, el presidente Putin que yo traté, se mostró siempre cordial y abierto a escuchar. Tuvimos nuestro primer encuentro el 27 de mayo del 2004 en su "dacha" de las afueras de Moscú, donde le anuncié mi deseo de realizar una visita en profundidad a Rusia para poder confeccionar un informe, al igual que con los demás países, donde fuesen tratados los problemas reales de aquel periodo de transición democrática. No solo me animó a hacerlo, sino que me prometió total ayuda y apoyo por parte del gobierno, lo que así fue.

Este primer encuentro se producía después de más de tres años de manifestarme críticamente en todo lo referente a la guerra de Chechenia y un cierto "diálogo" llevado siempre por personajes interpuestos de su absoluta confianza. Este encuentro era también el resultado de una larga entrevista que habíamos tenido el año anterior con el jefe de la administración presidencial, Dimitri Medvèdev, que más tarde sería a su vez "presidente suplente" durante el interregno constitucional en el que no podía serlo el propio Putin, y al que había transmitido mi interés por informar directamente al presidente sobre mis impresiones de esos años de convivencia con el conflicto checheno.

Volviendo a esta primera entrevista con el presidente Putin, recuerdo que estaba concertada para una duración de veinte minutos, duró más de dos horas y casi pierdo el avión de vuelta a Paris, que salió con retraso por mi culpa. Empecé la conversación dejándole claro que no venía a darle ninguna lección, a decirle lo que tenía que hacer y cómo hacerlo, a lo que eran tan aficionados algunos políticos europeos que le visitaban y que yo sabía que le sacaba de quicio y dificultaba grandemente cualquier diálogo constructivo. Me limité a decirle que deseaba transmitirle mis experiencias vividas sobre el terreno, lo que yo había visto y oído y no lo que otros me hubiesen dicho y esta realidad me obligaba a informarle de la gravedad de las violaciones y brutalidades que se cometían en Chechenia y la necesidad acabar con aquella situación. Mi posición no era la de mero denunciante, sino que también había propuesto alternativas y mostrado mi disposición a ayudar en esta lucha contra la inseguridad y la impunidad, con iniciativas que él ya conocía. Me escuchó sin interrumpirme en ningún momento y acto seguido tuvo especial empeño en explicarme pormenorizadamente su visión del conflicto checheno y el porqué de la guerra. Y también su sentimiento de irritación hacia lo que él consideraba como una visión simplista de occidente sobre la guerra en Chechenia, sus causas y lo que globalmente estaba en juego, no solo para Rusia. También le parecía inaceptable el análisis occidental sistemático de los chechenos buenos y los rusos malos, que interpretaba claramente como un pretexto para debilitarle personalmente y también a Rusia en el ámbito internacional.

En todas las ocasiones en que nos vimos oficialmente, nunca me interrumpió para evitar que le dijese algo políticamente molesto o duro. Y cuando me dijo que tomaría determinadas decisiones, lo hizo. También lo es el que cuando se negaba a algo era igualmente claro, como fue el caso de su negativa a ratificar el protocolo sexto del Consejo de Europa que erradicaba la pena de muerte. Solo accedió a una moratoria en su aplicación.

Cierto igualmente que gracias a su intervención se superaron muchos obstáculos y barreras que continuamente levantaban ante nosotros los diferentes aparatos administrativos y de poder local, molestos con mi presencia y mis propuestas. Pero también es cierto que solo apartó al ejército de la acción represiva cuando el trabajo de brutal "limpieza" a que se refería el ministro de Defensa Ivanov ya estaba prácticamente terminado y la continuación de sus acciones criminales y la corrupción que conllevaba, le eran ya excesivamente gravosas en imagen exterior. Esta visión de un occidente deseoso de debilitar a Rusia e injusto en sus análisis y con doble rasero al valorar las situaciones, me lo recordaba siempre de forma más o menos sutil. Por ejemplo, en todas las ocasiones me hablaba sobre el tratamiento discriminatorio dado a las minorías de origen ruso en los países bálticos, incluso entrados en la Unión Europea. Y tenía razón.

La segunda ocasión en que nos vimos oficial y solemnemente ya fue en el Kremlin, casi un año más tarde, para presentarle el informe de mi larga visita al país y al que ya me he referido anteriormente.

Años más tarde volveríamos a encontramos en otras dos ocasiones. La primera de ellas en San Petersburgo con motivo de un encuentro hispano ruso de empresarios que presidió conjuntamente con SM El Rey y al que fui invitado como presidente de la Fundación Consejo España-Rusia. La segunda al hilo de una visita del presidente Rodríguez Zapatero a Sochi para encontrarse con el presidente Putin en el marco de unas conversaciones bilaterales. Pero no hubo ocasión de conversar distendidamente.

En aquellos años en que siendo Comisario traté al presidente Putin, nunca encontré en él un obstáculo para ejercer mis funciones en territorio ruso. Es más, en una ocasión se ocupó de que su guardia presidencial me diese protección en Chechenia en plena guerra, como ya he comentado y en otras su intervención levanto obstáculos que ningún ministro hubiese conseguido. Era la época del funcionamiento libre de las ONGs críticas con el gobierno; de la presencia en radio ECO de Moscú de los líderes occidentales, y en mi caso después de cada visita a aquel país. La época del libre funcionamiento de la Escuela de Estudios Políticos de Moscú, Memorial y otras organizaciones de derechos humanos. También el tiempo de los asesinatos de periodistas y políticos opositores, sin un verdadero esclarecimiento sobre sus autores o inductores. La deriva posterior hacia un autoritarismo sin fisuras empezó a manifestarse al final de mi mandato con las iniciativas para controlar la financiación exterior de las ONGs y organizaciones críticas. El manejo del espantajo del nacionalismo ruso y el discurso de la recuperación del pasado imperial perdido, hunden sus raíces en aquella experiencia chechena y el rechazo interno a aquel occidente que, según él, solo le criticaba y despreciaba. Aunque nunca me lo manifestó así de claro pude percibirlo y recuerdo habérselo comentado a algún responsable político europeo, poniéndoles en guardia contra aquella política de alimentar una imagen tan simplista y negativa del presidente Putin, cuando aún no había dado el paso definitivo que le apartaría del compromiso de compartir y respetar los valores de la democracia y los derechos humanos. Como definitivamente ha hecho abandonando el Consejo de Europa e implementando en su país una política represora de toda disidencia. Iniciando una invasión encubierta de Ucrania, alimentando los movimientos independentistas de las rozan de población mayoritariamente cercanas a Rusia o finalmente lanzando una guerra abierta y criminal contra este país.

Siempre pensé que en aquel momento era necesario dar otra imagen a los líderes rusos, y especialmente a mi interlocutor, entonces en el periodo de evolución, sobre lo que pensábamos de ellos. Pero obviamente fracasé y los medios siguieron día tras día, machacando a Putin con los excesos de la guerra de Chechenia, sin balancear las críticas con la condena de los cometidos por los chechenos rebeldes; y algunos países exsoviéticos encantados, aplaudiendo esta visión de las cosas. Hasta que llegó el atentado de las Torres Gemelas y entonces toda esta crítica se amortiguó, como por encanto. Pero creo que ya era tarde. El mal ya estaba hecho. En fin, que por aquel entonces yo solo viví la experiencia de un presidente que seguro ya alimentaba la semilla de su posterior deriva, pero que en ese momento mostraba aún un talante negociador y no sólo conmigo.

Efectivamente creo que no se puede culpar a Occidente de la evolución de Putin y de quienes servilmente le acompañan en la tarea de liquidar la poca democracia existente en el país e instaurar un régimen de poder personal, con tanto olor a naftalina soviética y bajo un caparazón hueco de instituciones constitucionales. Pero pudimos hacerlo mejor. Al menos intentarlo, en vez de venderles formulas y recetas económicas que condujeron al caos y la corrupción galopante. Tampoco se consiguió armar un entramado civil con identidad democrática y predicamento social. ¿Nos faltó tiempo? ¿Verdadero compromiso en la tarea? Todo ello es posible, también la ausencia de una educación cívica en los valores de una democracia. Democracia que no habían conocido en cientos de años y es difícil de conseguir en unas pocas decenas. En todo caso la historia nos ha demostrado que todo poder absoluto no llega a instaurarse sin una connivencia o indiferencia de la ciudadanía, al menos de una importante parte de ella.

Me produce mucha pena contemplar el desastre actual. Ver a mis amigos en el exilio, a tantos jóvenes huidos de su país para no ser llamados a filas y no participar en la guerra contra Ucrania o simplemente para escapar de la dictadura. Exilados rusos que además de soportar esta situación, no siempre encuentran en Europa el apoyo, la acogida y el reconocimiento que su digna resistencia al totalitarismo y su ejemplo representan para todos nosotros y sus conciudadanos.

CUARTA PARTE

EN LO COTIDIANO

1.- LA PROMOCIÓN DEL RESPETO EFECTIVO DE LOS DERECHOS HUMANOS EN LO ORDNARIO

Quisiera ahora referirme a aquellas actividades que pudiéramos llamar "programadas" por la oficina del Comisario, al margen y en más de las intervenciones extraordinarias o de urgencia, que ya he comentado.

Es decir, el cúmulo de iniciativas que poco a poco se fueron desgranando con el paso del tiempo, la experiencia y las posibilidades del equipo, para completar un programa de actividades regular y estable que procurase responder al conjunto de competencias atribuidas a la institución.

1.1. Hacia dónde y cómo

Para ello, empezaré por relatar algunas de aquellas experiencias adquiridas en las diferentes visitas que tuve que realizar a los países miembros del Consejo para comprobar in situ, hasta qué punto eran verdaderamente respetados los derechos humanos, la democracia y las garantías del Estado de derecho en cada uno de ellos. Para realizar estas visitas no existía ningún motivo concreto, ni excepcional que lo aconsejasen, sino solamente la necesidad de cumplir con el mandato recibido, tal y como yo lo entendía. Procurábamos diseñar un programa en base a criterios objetivos, pero en ocasiones algunas se adelantaron por razón de solicitudes expresas, como fue el caso de los países candidatos a la incorporación a la Unión Europea por encargo del Comisario para la ampliación.

Como ya hemos visto, la Resolución (99)50 abre el camino al Comisario para que pueda realizar esa labor de control o fiscalización (según como se la quiera llamar), pues le encomienda *la promoción del respeto efectivo y pleno goce de los derechos humanos en los Estados miembros*; y ya sabemos que velar por el respeto efectivo y pleno goce va más allá de la pura labor didáctica centrada en la organización de seminarios y conferencias sobre derechos humanos. El Comisario debe confrontar la teoría con la práctica, con la realidad de este respeto efectivo, no teórico, en cada uno de los Estados. Y eso solo se puede hacer visitándolos, yendo sobre el terreno, entrevistándose con los actores sociales, sean ONGs u otras entidades y desde luego con los gobernantes y responsables de las administraciones públicas. Entiendo que solo de esta forma lo que diga y como lo diga el Comisario, podrá granjearle el respeto y la credibilidad que deben tener todos sus informes y las recomendaciones que formule. Desde luego este tipo de actuaciones no supone renunciar a la labor de promover en los estados miembros la educación, y sensibilización en derechos humanos, como dispone el art. 3° a), sino todo lo contrario. El cumplimiento de este mandato específico daría lugar a todo otro bloque de actividades que son perfectamente complementarias de las anteriores y a las que me referiré en las páginas que siguen.

Aunque me hubiese gustado poder visitar todos los países, para respetar el principio de igualdad al máximo, lo cierto es que solo lo hice a un total de treinta y dos. Los que pude a lo largo de los seis largos años en los que estuve al frente de la institución, aunque el mayor número de visitas se produjo en los tres últimos, cuando pude disponer del personal mínimo necesario. Lo que quiere decir que, contando ya con equipos completos y bien formados, sería muy posible que en cada mandato el Comisario o Comisaria, pudiese realizar una de estas visitas de inspección a cada uno de los países miembros del Consejo de Europa. Una inspección cada seis años, no creo que sea excesivo. Pero obviamente las prioridades las ha de fijar cada titular al ocupar el puesto y las mías, encuadradas en un periodo muy concreto, no tienen por qué ser las adecuadas en otro diferente. El resultado de estas visitas era la elaboración de los llamados informes ordinarios, que reflejaban el grado de respeto a los derechos humanos en un determinado país y momento, sin pretender ser *"un análisis exhaustivo de todas las posibles violaciones de derechos humanos, sino solo de aquellas que son identificadas como las más importantes en el momento de la visita"*, como recordé al Comité de Ministros, en mi informe final de gestión. Y me parece importante dejar claro que esa función de control y vigilancia, se ejercía con un criterio de igualdad con respecto a todos los países miembros, grandes o pequeños, nuevas o tradicionales democracias. Tal vez con un plus de exigencia hacia las tradicionales e históricamente asentadas, lo que me parece absolutamente lógico. Como en la escuela, los maestros deben dar ejemplo a los nuevos alumnos, sobre todo si practican el deporte de darles consejos continuamente y criticar sus errores.

Finalmente, estos informes en la medida de lo posible, intentaban reflejar las verdaderas preocupaciones de los ciudadanos y estar escritos de forma tal que los pudiesen comprender sin dificultad al igual que los medios de comunicación, evitando utilizar en la medida de lo posible un lenguaje técnico o las fórmulas diplomáticas difusas, al uso en las organizaciones internacionales. Yo diría que se trataba de realizar una descripción objetiva y veraz de hechos y circunstancias en el marco de un "realismo informativo" sin grandes adornos diplomáticos, que justificase las recomendaciones a que hubiera lugar.

1.1.1. Criterios y campos de actuación

Partiendo de esta concepción global, el primer paso era definir los criterios a los que habrían de responder la preparación y ejecución de las visitas y por supuesto la redacción de los informes a que daban lugar. Ello es importante, por cuanto sin tener claras algunas ideas clave no se puede entender el método de trabajo que nos impusimos.

En primer lugar, es necesario tener muy presente que el Comisario no es un fiscal ni menos aún un juez. Su mandato por el contrario le obliga a trabajar con los Estados no contra los Estados, para ayudarles a resolver las anomalías y deficiencias que pueda constatar, tanto en el marco legal como en la práctica, con respecto a lo dispuesto en el Convenio Europeo de Derechos Humanos y todo el bloque de disposiciones contenidas en los diferentes protocolos, si es que están debidamente ratificados. Es un control por tanto del marco normativo que rige en un determinado país, así como de las conductas de los poderes públicos y funcionarios en la aplicación del mismo. Y esto solo se puede hacer sobre la base de la propia experiencia, de la constatación sobre el terreno de todas las informaciones recibidas con anterioridad, contrastándolas, en la medida de lo posible, con la realidad.

No era cuestión de realizar informes sobre la base de lo ya dicho por otras organizaciones nacionales o internacionales por muy importantes, serias y rigurosas que fuesen. Para trabajar de esa forma no se necesitaba un Comisario. Por otra parte, las ONGs que aportan una valiosísima información, tienen su propia dinámica que no tiene por qué coincidir con los métodos de trabajo del Comisario y sus objetivos. Otro tanto podría decirse de algunas organizaciones internacionales. Por ello, la única forma de realizar un informe lo más serio y riguroso posible pasaba por formar nuestro propio criterio en razón a la experiencia obtenida sobre el terreno y los cientos de entrevistas que a lo largo de aquellos años hicimos a organizaciones y personas en todos los países que visitamos. Me cabe la satisfacción de constatar que en relación con todos los informes elaborados y no fueron pocos, no escuché en el Comité de Delegados cuando los presentaba a su consideración, a ningún embajador que afirmase que algo de lo que allí se decía sobre la situación de su país fuese falso o incierto.

Otra cosa era la irritación que pudiesen desencadenar, que en algunos supuestos se hizo patente al poner negro sobre blanco lo que ya habían denunciado muchas organizaciones de la sociedad civil. La causa era que el informe lo hacía una institución del Consejo de Europa y ello tenía un valor añadido de crítica o reconocimiento, que los gobiernos se tomaban muy en serio. Y nosotros también a la hora de elaborar dichos informes. Cuántas veces no hemos podido incluir determinadas informaciones potencialmente críticas, porque simplemente no teníamos el pleno convencimiento o la prueba necesaria o el testimonio imprescindible para poder hacerlo. La credibilidad y el respeto que cosecharon nuestros informes se basaba precisamente en que nunca infringíamos esa regla. Si algo crítico decíamos, era porque teníamos la prueba o el pleno convencimiento de que así era. Y lo podíamos explicar.

En algunos casos, cuando los indicios en cuestión aconsejaban no ignorarlos totalmente, no dejaba de transmitir mi inquietud sobre su posible realidad y alcance en las conversaciones mantenidas con las autoridades durante la visita y muy especialmente al final. Eran los momentos en los que los ministros, en algunos casos, hablaban con cierta franqueza y exponían las dificultades internas, algunas muy serias a corto plazo que impedían tomar medidas inmediatas, pero si planearlas y realizarlas a medio plazo, a lo que se comprometían. Un compromiso político que condujo de hecho a muchas modificaciones legislativas y otras decisiones cuyo reflejo público en un informe del Comisario hubiese torpedeado o retrasado gravemente.

Desgraciadamente en otros casos imperaba la soberbia de no reconocer un fallo o el cinismo de no querer cambiar una situación. En esos supuestos, me encontraba con un muro negacionista. Pero tomábamos nota y ya no soltaríamos el bocado hasta comprobar la realidad de nuestras sospechas o lo incierto de las mismas. Los informes de seguimiento fueron un instrumento muy útil para ello.

1.1.2. El objetivo a alcanzar

Las recomendaciones, que acompañaban a los informes buscaban ser el instrumento corrector de las anomalías observadas. A ellas me refería también en mi informe final, en estos términos:

> *Las recomendaciones del Comisario pueden tener como objetivo, tanto la práctica como la legislación contraria a los derechos garantizados por la CEDH o que conllevan un riesgo de violación de derechos humanos. Pueden tratar tanto de actos como de omisiones; pueden sugerir la derogación de ciertas leyes, como la aprobación de nuevas. Pueden buscar prevenir violaciones de derechos humanos, poner fin a unas y remediar otras. Este ejercicio flexible de las funciones preventivas y reparadoras, constituye, en mi opinión, el aporte más significativo de la institución del Comisario al edificio internacional de los derechos humanos*

Obviamente, cuando observábamos buenas prácticas y situaciones positivas dignas de destacar, así lo hacíamos constar en los informes cumpliendo con el objetivo de la máxima objetividad y también de animar a las autoridades a seguir con ellas.

Eso no quiere decir que todas las visitas fuesen fáciles ni el ambiente excesivamente grato en cuanto al recibimiento por parte de algunos gobiernos. De hecho, pude constatar que el anuncio de una visita del Comisario a los países con larga tradición democrática, en unos casos producía sorpresa y en otros, irritación apenas disimulada. ¿Cómo era posible que el Comisario se atreviese a realizar una visita de inspección? ¿Ellos que siempre habían sido ejemplo de democracia y respeto a las reglas del Estado de Derecho? Pero así es la vida y el café es para todos. Pero casi nunca se opusieron frontalmente a esas visitas. De hecho, ningún país lo hizo, aunque algunos arrastraron los pies antes de poder cerrar las fechas y el programa de una visita. También es posible que algún gobierno a puerta cerrada no se manifestase con mucha generosidad sobre el Comisario de Estrasburgo. Algo me llegó. Pero no tiene la más mínima importancia, son gajes del oficio.

Para completar esta panoplia de instrumentos al alcance del Comisario (visitas, informes, recomendaciones), me referiré también a la elaboración de los llamados dictámenes del Comisario. Una faceta muy interesante por su alto contenido jurídico y porque en realidad la mayoría de ellos no se elaboraron por propia iniciativa, sino a incitación de los propios gobiernos, organizaciones oficiales de derechos humanos o el mismo Comité de Ministros. Todo ello se completó con la realización de diversos seminarios temáticos y otras iniciativas complementarias.

Pero vayamos por orden y abordemos primero las visitas y sus informes.

1.2. Las visitas y los informes

1.2.1. Los medios y el método

Durante mi mandato me dio tiempo a realizar un total de cuarenta y tres visitas de inspección y a formular otros tantos informes. Algunas visitas, once en total, se repitieron con respecto a algunos países, como Rusia, España o Turquía, debido a las circunstancias imperantes en cada momento. El equipo de asesores tuvo tiempo de realizar otras quince visitas de seguimiento y confeccionar los consiguientes informes.

El calendario de estas visitas respondía de una parte a los medios humanos y económicos disponibles y de otra al tratamiento prioritario de las distintas misiones de urgencia, que me obligaron a dedicarles mucho tiempo y esfuerzo. Solo después que estas se hubiesen realizado al menos en su primera fase, pudimos ir programando las vistas rutinarias o no urgentes. En todo caso, las cifras pueden ser ilustrativas. En los primeros tres meses de 1999, solo pude hacer el informe de la primera visita de urgencia a Rusia y Chechenia en guerra. En el 2000 además de volver a Rusia, pude hacer otros dos también de la mano de la urgencia y crisis como fueron las visitas a Georgia y Moldavia, y ya en 2001 le dimos un empujón al trabajo, llegando a nueve visitas y otros tantos informes. Entre 2002 y 2003 sacamos adelante 12 y ya en 2004 y 2005 culminamos ocho cada año. Si descartamos los periodos vacacionales inhábiles, prácticamente es un viaje por mes, a sumar a todas las demás actividades. Terminé en 2006, pudiendo presentar otros dos informes de visitas realizadas en los tres últimos meses del mandato.

Tal como he relatado al principio de este libro, en realidad no tuve unos mínimos medios económicos y personal operativo hasta el año 2001. Hasta entonces me tuvieron en el dique seco, del que solo salí cuando puse en marcha la operación "contribuciones voluntarias" con la colaboración de algunos gobiernos.

En todo caso, terminé mi mandato en marzo de 2006, con la friolera de cuatro agentes permanentes (incluido el director) y un pequeño grupo de colaboradores, fruto de aquellas contribuciones voluntarias. Pues bien, con estos mimbres hubo que confeccionar nuestro cesto de actividades, al que acabo de hacer referencia globalmente.

Dado el número de visitas realizadas y de informes emitidos, creo que lo más sencillo y menos fatigoso para el lector es realizar una selección de aquellos cuya realización y resultados me aportaron una experiencia más interesante. Obviamente es un criterio muy personal que no arbitrario, pues cada país tiene sus propias características y todos exigen una atención adecuada, lo que procurábamos hacer en la medida de nuestras posibilidades. La mecánica de preparación de estos viajes era siempre la misma y a ella ya me he referido tangencialmente en algún momento. Todo empezaba por una reunión del equipo en la que se decidía que países se iban a visitar ese año. Este calendario obviamente reservado, estaba sujeto a todo tipo de modificaciones en función de las urgencias que pudiesen surgir o las prioridades que las circunstancias impusiesen. Después, se contactaba con el gobierno para preparar la agenda y detalles de la misión. Por mi parte me reservaba el llamar al embajador del país en cuestión para anunciarle la visita y las fechas en las que estábamos pensando realizarla. Cada país, como dispone el estatuto del Comisario, le prestaba el servicio de desplazamientos y seguridad si fuere necesario, destacaba un funcionario del ministerio de exteriores que acompañaba a la delegación y fijaba ya de común acuerdo la agenda oficial, que podía ser alterada en cualquier momento, si las circunstancias lo aconsejaban. En ocasiones el embajador en Estrasburgo acompañaba a la delegación en la visita. El desplazamiento hasta el país en cuestión y retorno, así como el alojamiento del equipo, era un gasto responsabilidad de la oficina del Comisario.

La visita empezaba con una entrevista con el ministro de exteriores, si este lo deseaba o directamente procedíamos a cumplimentar la agenda de entrevistas, visitas y demás encuentros previstos. Procurábamos escuchar siempre a todas las ONGs locales más significativas e internacionales si tenían sede en el país, a los abogados, organizaciones de jueces, periodistas, asociaciones y organizaciones que habían pedido vernos y centros específicos que deseábamos visitar, en especial aquellos en los que se encontraban personas privadas de libertad, como comisarías, prisiones, hospitales psiquiátricos, orfanatos oficiales y otros centros similares. En algunos países era necesario entrevistarse con los diferentes responsables de las confesiones religiosas y en otros con los de las minorías existentes. Obviamente también con los parlamentarios de cada país. Solíamos arrancar a las 8 o 9 de la mañana y terminar a las 10 o 11 de la noche. Una seria paliza.

En todo caso, terminada la visita, casi siempre teníamos un nuevo encuentro con el ministro de exteriores para darle cuenta reservadamente de mis primeras impresiones y posteriormente una rueda de prensa. De vuelta a Estrasburgo se preparaba el informe, que era un trabajo laborioso y delicado pues ya he dicho que nunca incluíamos ninguna crítica para la que no dispusiésemos de datos y pruebas que la corroborasen. Una vez hecho este primer borrador y con mi visto bueno provisional se remitía al embajador en cuestión, para que este lo hiciese llegar a su gobierno y también para que, en un tiempo prudencial nos hiciesen saber si en el informe había errores probados o faltaba alguna información complementaria que siendo real fuese útil incorporar.

Nunca aceptábamos discutir nuestras valoraciones y demás extremos de los informes. Corregir errores si los hubiere de acuerdo, pero nada más. Hecho público el informe, el gobierno en cuestión a través de su embajador podía manifestar lo que considerase oportuno en el acto de presentación del mismo en el Comité de Ministros, y obviamente a través de los medios de comunicación. Nunca entrabamos en polémica posterior con ningún gobierno y la verdad es que tampoco hubo necesidad de ello. Aclarado el método de trabajo, permítanme que me detenga ahora en el recuerdo de alguno de aquellos viajes.

1.2.2. Recordando algún supuesto

Al abordar este apartado, necesariamente tengo que hacer una salvedad en cuanto a su contenido y ejemplos escogidos. Como comprenderá muy bien el lector no es posible referenciar en detalle todas las experiencias vividas a lo largo de seis largos años visitando tantos países diferentes del Consejo de Europa, pues me obligaría a escribir otro libro. Necesariamente he tenido que hacer una selección, sin que ello responda a ningún otro criterio que el de apuntar algunos problemas específicos y tal vez más interesantes, pues la mayor parte de los detectados en las diferentes visitas eran muy comunes a casi todos ellos. Los ejemplos citados tampoco responden necesariamente a un orden cronológico.

Para cumplir la agenda de visitas que planificábamos cada año era necesario encontrar el tiempo para ello, lo que suponía compartirlo entre atender a las crisis urgentes, la preparación y realización de los seminarios temáticos, las mesas redondas que nosotros mismos organizábamos, y estar presente en aquellas otras a las que era invitado. Añádase a la lista cumplir con los compromisos institucionales y diplomáticos (Estrasburgo era una ciudad con tantas embajadas como países miembros del Consejo); y si me quedaba un poco de tiempo, los fines de semana intentar disfrutar de lo que pudiera aproximarse a una vida familiar normal lo que no siempre era fácil de conseguir, pues no pocos viajes era necesario iniciarlos los domingos para estar operativos el lunes temprano en el país a visitar.

Pero lo cierto es que ello no impidió que aún hoy guarde un especial recuerdo de la preparación y realización de alguno de aquellos viajes.

Por ejemplo, en el año 2001 nos desplazamos a varios países, y algunos de ellos con misiones no precisamente fáciles, otros fueron más sencillos. Uno de los visitados fue Noruega, donde el grado de protección y respeto a los derechos humanos era alto sin duda alguna, pero donde no obstante se apreciaban algunos problemas que se resistían a resolver. Me refiero al planteado por la situación de las personas privadas de libertad en régimen de prisión preventiva, a las que se sometía a un régimen carcelario excesivamente estricto con carácter general, pues muy comúnmente eran privados del derecho a recibir visitas, cartas e incluso leer la prensa o ver la Tv, durante semanas. En la cárcel de Breckveit pude entretenerme con una mujer que llevaba ya más de seis semanas sin poder ver a sus hijos menores ni a su esposo sin que aparentemente la naturaleza de sus posibles delitos justificara plenamente tan duro régimen de aislamiento, que más parecía responder a una rutina aplicada judicialmente para "reblandecer" a los detenidos y convencerles de colaborar más activamente en la investigación, que una necesidad de seguridad.

Como el hecho de no querer prever y establecer un régimen de internamiento para los menores condenados diferenciado de los demás mayores, con lo que eso suponía de posible influencia de elementos criminales sobre estos jóvenes que deberían recibir un tratamiento adecuado para favorecer su reinserción. En suma, problemas que apreciaríamos en otros muchos países.

En el caso de Finlandia, se apreciaban otro tipo de problemas, sin por ello ignorar también el alto grado de respeto a los derechos humanos. Mostraron una gran disponibilidad y transparencia durante las visitas. Es más, recuerdo con especial cariño la acogida de la presidenta de este último país Tarja Halonen, que siempre me apoyó decididamente, incluso enviándome a la oficina a un funcionario de apoyo, Mika Boedeker, por la vía de las contribuciones voluntarias. Un magnífico jurista, proveniente de los servicios jurídicos del parlamento finlandés, y que me acompañó en mi primera visita a España. Mas tarde se uniría al equipo Satu Suikkari-Kleven, competentísima diplomática hoy embajadora en Lisboa.

Acostumbrado a la parafernalia con la que se desplazan algunos responsables políticos, cuando salen de sus despachos, me impresionó muy gratamente que al terminar la audiencia la presidenta decidiese invitarme a comer en un restaurante cercano a su residencia oficial para lo cual, ni corta ni perezosa me tomó por el brazo, bajamos las escaleras y charlando amigablemente nos fuimos andando por un amplio bulevar hasta el restaurante, devolviendo el saludo a las personas que se cruzaba. También recuerdo que le llevé de regalo una sencilla, pero muy bonita pieza de la Real Fábrica de Cristal de La Granja en un estuche elegante y muy bien envuelto, todo lo cual fue destripado por un implacable aduanero a la hora de subir al avión pues pensaba que podía ser una terrible arma destructora; y por mucho que le expliqué que era un regalo y su destinatario, no hubo nada que hacer. En contrapartida la presidenta me regaló otra pieza de cristal, una paloma de la paz, que guardo con cariño.

No obstante, hubo que poner de relieve en el correspondiente informe que perduraban serios problemas en cuanto al tratamiento de los derechos de las minorías. No tanto en cuanto a los Sami, que tenían un régimen protector importante, sino sobre todo con los gitanos, objeto claro de discriminación por parte de la población no gitana. En ocasiones se les impedía el acceso a locales públicos o a un puesto de trabajo cuando el empleador entablaba contacto directo con el candidato al puesto de trabajo, o en la misma prisión donde tenían que estar aislados por la violencia con que eran recibidos por otros detenidos.

La visita a Eslovaquia, que había llegado al Consejo de Europa en 1993 y estaba aún en pleno periodo de adaptación institucional y normativa a lo dispuesto en el Convenio, fue más compleja. Los problemas más serios afectaban a las minorías y en especial a la gitana, objeto de discriminación clara e incluso violencia por parte de las fuerzas policiales. En aquel país con un número importante de minorías, la gitana era muy numerosa, se calculaba que podría bascular entre cuatrocientas y quinientas mil personas y les afectaba la lacra del paro de forma muy significativa y la discriminación en las escuelas, como pude comprobar personalmente en Kosice, en el barrio gitano con la escuela Lunik IX. Añádase a ello todos los demás problemas que acompañan a una necesaria adaptación de otras instituciones, como la justicia o la policía, en el paso de una dictadura a la democracia.

Las visitas a Turquía y   España fueron un poco más complejas. La de Turquía en el 2003, la verdad es que se desarrolló sin incidentes dignos de reseñar. Solo tuve que imponerme de forma más firme cuando en Estambul un funcionario del Ministerio de Asuntos Exteriores quiso estar presente en la visita concertada con el patriarca ortodoxo Bartolomé I, a lo que me negué en redondo. El patriarca era una persona extraordinariamente inteligente y me relató todos los problemas que la iglesia ortodoxa tenía en Turquía, que no eran pocos. Desde el estatus de sus fieles, a la devolución de las iglesias incautadas y el acoso a un seminario en una isla cercana, entre otros. Los representantes de las otras confesiones no musulmanas, con los que me reuní igualmente, reiteraron los mismos problemas.

Ya en mi primer viaje a este país, en diciembre de 2001, los representantes de estas minorías no musulmanas, es decir judíos, armenios, y griegos ortodoxos de acuerdo con el Tratado de Lausanne de 1923, me habían advertido de las dificultades que encontraban en el día a día, pues a sus instituciones religiosas en cuanto tales no se les reconocía personalidad jurídica y en consecuencia tampoco se les reconocían propiedades privadas (los templos), ni podían abrir cuentas bancarias , ni recibir donaciones y otros extremos más, que generaban una evidente desigualdad y limitación grave del ejercicio de la libertad religiosa. Tengo la impresión que de aquella época al día de hoy, la situación no ha debido mejorar mucho. Mas bien lo contrario.

Aparte de las visitas oficiales, el problema más delicado en ese momento, como se puede suponer, era la situación de la ciudadanía kurda, puesto que en esas fechas aún no había empezado la deriva autoritaria e islamista del gobierno actual. En la preparación del viaje, había solicitado visitar la región del Kurdistán y después de algunos tira y afloja aceptaron las autoridades turcas facilitar el viaje. Así que allá nos fuimos para entrevistarnos con los representantes de la minoría kurda y escuchar directamente sus problemas y sus denuncias. En un momento dado de las entrevistas que manteníamos, nos dijeron que en determinado centro policial había personas detenidas ilegalmente y maltratadas. De inmediato pedí visitar ese centro y todo fueron dificultades durante unas horas, para luego resolverse de golpe y poder hacer la visita. Claro que cuando llegamos a aquella comisaría en cuestión, comprobamos que todo estaba en orden y limpia como una patena. Solo había un detenido y creo recordar qué era por un hurto ocurrido la noche anterior, que nos miraba asustado y con aire de no comprender nada. También recuerdo el calor insoportable de las cocinas de la prisión local, que dejaba mucho que desear, con aquellos fogones a toda potencia cocinando un guiso que probé y no comentaré.

Pero más complicado fue mi primer viaje a España y en concreto al País Vasco. Creo que merece un más detenido y reposado relato, pues las circunstancias que lo rodearon fueron muy difíciles. Después de intervenir en una situación tan crítica con respecto a la violación de derechos humanos como la ocurrida en la Federación de Rusia, no pocos ojos estaban puestos sobre la oficina del Comisario, para saber si tomaría alguna decisión sobre la situación en España, que estaba soportando una gravísima racha de atentados terroristas por parte de ETA. También me habían llegado comunicaciones y escritos rogándome que no olvidase lo que estaba pasando en el País Vasco y las consecuencias de la barbarie terrorista.

Al inicio del último trimestre de 2000 hablé con el embajador de España y le transmití mi deseo de visitar el País Vasco y Madrid, con el objetivo de realizar un informe específico sobre el terrorismo y la violación de derechos humanos que esa situación entrañaba para todos los españoles. Era presidente del gobierno José María Aznar y ministro del Interior Jaime Mayor Oreja. Empezó a pasar el tiempo y no llegaban más que insinuaciones de que no era el momento para esa visita, ni se consideraba oportuna. Que al gobierno no le gustaba la idea. Mientras los atentados y asesinatos se sucedían día tras día. Y ya llegando a su fin el año 2000 le dije al embajador que no aceptaba estar esperando respuesta oficial más tiempo y que mi decisión, con o sin la colaboración del gobierno español, era hacer el viaje al País Vasco en los primeros meses del año 2001. Ante ese mensaje reaccionaron y fijamos las fechas para la visita en los primeros días de febrero de 2001.

No voy a detenerme en los detalles, pues lo esencial de lo visto y oído cualquier español lo sabía de antemano, pero corroborarlo con testimonios irrefutables fue otra cosa. Por ejemplo, el responsable del sindicato mayoritario de la Ertzaintza (policía autonómica vasca) declaró que recibían órdenes de sus superiores de no actuar con firmeza ante los movimientos de *"kale borroca"*, es decir de violencia callejera de los grupos extremistas independentistas. Y escuchamos otros muchos testimonios, que dejaron claro el desgarro que vivía aquella región de España, el terror a que estaban sometidos todos los no independentistas y el enorme peligro que aquella situación de terrorismo criminal suponía para la democracia en mi país.

Permítanme un solo dato esclarecedor de la gravedad de la situación. Solo en aquel año 2001 tuvieron lugar cuarenta y tres atentados en España provocados por ETA, muchos con coches bomba que dejaron multitud de heridos, y se produjeron 12 asesinatos, siendo víctimas miembros de las fuerzas de seguridad del Estado, y autonómicas, políticos, abogados, y profesores de universidad, entre otros. ¿El Comisario para los derechos humanos debía ignorar esta realidad y mirar para otro lado, como parecía ser el criterio de los gobernantes de entonces en España? Yo no estaba dispuesto a ello.

En los escasos cuatro días que duró la visita oficial tuve un total de 32 entrevistas individuales o de grupo y una visita a la prisión de Basauri. Como anécdota les diré que, en la entrevista con el obispo de San Sebastián, en pleno repaso a la posición de la iglesia en relación con lo que estaba pasando, como consecuencia de una tormenta muy fuerte se fue la luz y seguimos hablando en plena oscuridad hasta que volvió. Oscuro sobre oscuro.

En Madrid la conversación inicial de la visita con Jaime Mayor Oreja ministro del interior en ese momento, fue absolutamente sorprendente. Fue amable en las formas, pero se negó a facilitarme ningún dato sustancial sobre la situación, limitándose a decirme que fuese al País Vasco e hiciese lo que lo que tuviese que hacer. Su irritación por el viaje era evidente y su deseo de no colaborar meridiano. De hecho, ningún representante del Estado en el País Vasco quiso entrevistarse conmigo, al contrario que las autonómicas, locales y representantes de toda la sociedad civil e instituciones. Solo hubo una excepción que agradecí enormemente. Fue la del subdelegado del gobierno, creo recordar, un hombre joven que cumplía funciones de puro protocolo y que, en un momento dado esperando en Vitoria el avión a Madrid me contó que él estaba amenazado, que a su familia le pintaban las vacas de verde en el caserío y que tenía que ver a su novia fuera del País Vasco, por la seguridad de ella. Es difícil reflejar mejor aquellos tiempos de plomo y terror. Ello no fue obstáculo para que pudiese hablar con diputados, miembros de partidos políticos no nacionalistas, y electos municipales que me informaron con mucha claridad del infierno de inseguridad en el que vivían y en ocasiones en conversaciones de espalda a la pared y mirando la puerta, por si acaso.

Con organizaciones de víctimas y madres de hijos con padres asesinados por ETA y que de vuelta al colegio no recibían el más mínimo afecto o saludo de los profesores y compañeros, y eran tratados como apestados. O con el rector de la Universidad que se lamentaba del abandono de la policía vasca cuando pedía ayuda ante situaciones de violencia o amenazas.El propio Javier Arzayuz, presidente entonces del Partido Nacionalista Vasco, me reconoció en una entrevista en el Hotel Ercilla de Bilbao, que la situación no era fácil y que ellos estaban en conversaciones con ETA y me entregó cierta documentación. Contactos que oficialmente se negaban.

Obviamente también me entrevisté con Ibarreche, en ese momento Lehendakari del Gobierno y con el consejero de Interior Javier Balza, que sabían muy bien el alcance y naturaleza de toda la información obtenida. Una cena en privado con el ex Lehendakari José Antonio Ardanza en San Sebastián me permitió ponerle al día de mi enorme angustia por todo lo oído y visto en aquel viaje. Le conocía de la época de Defensor del Pueblo y siempre fue una persona muy preparada y extraordinariamente honesta en el terreno político y creo que comprendió perfectamente el alcance de mi preocupación y la naturaleza del informe que se avecinaba. Se ofreció para aclararme cualquier duda de futuro y se lo agradecí sinceramente pero no fue necesario, ni creo que tampoco hubiese sido oportuno.

Leyendo tiempo después el magnífico libro *Patria* de Fernando Aramburu, vi reflejado con meridiana claridad aquel ambiente social malsano que pude constatar con toda claridad durante aquella visita.

Pude entrevistarme con el resto de los presidentes de las instituciones nacionales y autonómicas, y representantes de los partidos políticos nacionales y autonómicos, todos los cuales colaboraron plenamente. La conversación con el presidente de las Cortes fue muy interesante. El Defensor del Pueblo Enrique Múgica, a quien la ETA había asesinado un hermano muy querido, estaba en plena sintonía con el gobierno y criticó pública y virulentamente la oportunidad e intención de la visita del Comisario. Obviamente tampoco me entrevisté con él.

Por el contrario, el encuentro con el Secretario General del Partido Socialista, José Luis Rodríguez Zapatero, fue muy interesante. No me entrevisté con José María Aznar, que no estaba dispuesto a recibirme.

Pero estos no fueron todos los problemas. Una vez terminado el borrador del informe y siguiendo la práctica establecida para con todos los Estados, se mandó al gobierno español a través del embajador en Estrasburgo, para que antes de hacerlo público con el envío al Comité de Delegados me hiciesen llegar sus observaciones, por si hubiere errores u otra cuestión de forma que corregir. No habían transcurrido cuarenta y ocho horas que recibo una llamada de Bonifacio de la Cuadra, periodista de EL PAIS, diciéndome que tiene en su mano una copia del informe y me pide unas declaraciones al respecto. Quedo estupefacto, le digo que solo es un borrador y que no puedo declarar nada. Como buen periodista me dice que muy bien, pero que ellos no pierden esta exclusiva y lo van a publicar al día siguiente. A penas tengo tiempo de ver al presidente del Comité de Delegados, explicarle la situación y pedirle que por favor acepte registrar ese mismo día el informe como entregado oficialmente y así evitar el escándalo de que se haga público un informe que ellos aún no conocen oficialmente. Muy amablemente accedió a mi solicitud y salvamos la situación. Aún estoy esperando una explicación oficial o llamada del ministro de Asuntos Exteriores o alguien en nombre del gobierno, para darme razón de semejante comportamiento. Afortunadamente en todos los años que fui Comisario, fue el único gobierno que no cumplió con las normas de reserva y cortesía establecidas para estos casos. Las excusas llegaron tiempo después informalmente de la mano de Iñigo Méndez de Vigo por aquel entonces eurodiputado del PP, en una amable conversación paseando por Estrasburgo. Le agradezco el gesto de amigo, pero el bochorno del comportamiento del gobierno español será difícil olvidarlo en los anales del Consejo de Europa.

Termino este breve comentario recordando que el indicado informe levantó una polvareda mediática enorme. Se acercaban las elecciones autonómicas y el gobierno que me había boicoteado porque creía que haría un informe favorable al gobierno vasco (o vaya usted a pensar lo que pensaba, si pensaba algo), lo utilizaba ahora sin escrúpulo alguno en la campaña electoral. No les sirvió de nada porque las perdieron.

A mí me valió criticas acerbas del gobierno vasco, del PNV y desde luego de los independentistas radicales; aunque meses después pidió verme oficialmente en Estrasburgo el consejero de interior, Javier Balza, para entregarme un informe en el que se decía que la *Kale Borroca* había sido desmantelada y habían tomado medidas para garantizar la seguridad y la lucha contra la violencia, muy firmes. Se lo agradecí porque me consta que estaba plenamente comprometido con la lucha contra el terrorismo y lo hice público. Pero ya se sabe, que en casa del herrero cuchillo de palo.

Pasados algunos años, volvería en marzo del 2005 a mi país para realizar la visita ordinaria, como a todos los demás, que transcurrió sin problemas. Visité Madrid, Barcelona, Vitoria, Sevilla y Algeciras y el equipo volvería más tarde para completar la información necesaria visitando las Islas Canarias. La verdad es que, en esta ocasión, el clima fue muy diferente, distendido y plenamente colaborador. Las entrevistas con diversos ministros del gobierno aportaron información útil, así como las que pude tener con los presidentes del Congreso y el Senado, la presidenta del Tribunal Constitucional, los presidentes de las comunidades autónomas de Cataluña, País Vasco y Andalucía, entre otras muchas autoridades, además de las inspecciones sobre el terreno. Terminó el largo periplo con una audiencia con SM el Rey.

A lo largo de aquellos años también tuve la oportunidad de hacer visitas mucho más relajadas como fue el caso del Principado de Andorra y cumplir con el ritual de inspección a que estaba obligado, y que afectaba tanto a los grandes países, como a los pequeños.

Y la verdad es que la visita respondió a las expectativas, y solo tuve que recomendar el cierre de la prisión local, vetusta y situada en el interior de una cueva en el lateral de la montaña si mal no recuerdo, a la que se accedía por unas empinadas escaleras de piedra talladas en la roca y que me recordaba las aventuras del Conde de Montecristo. Como ya estaban construyendo una nueva, resolver ese problema fue muy fácil.

Portugal, mi tierra natal, fue otro de los países que visité, pues tenía algunos problemas importantes para cuya resolución un informe del Comisario podía convertirse en un instrumento útil en manos del gobierno para superar las reticencias de la oposición a las necesarias reformas legislativas a realizar. Se trataba de abordar la resolución de serias carencias en el sistema penitenciario, la adaptación del código penal y la integración y no discriminación de la minoría gitana. Lo cierto es que trabajamos muy seria y positivamente con el gobierno, la magistratura y el colegio de abogados de Lisboa para potenciar las reformas necesarias, pero problemas políticos posteriores impidieron llegar a buen puerto.

Las dificultades en relación con las minorías gitanas, eran aún más evidentes y serias en países como Hungría o Bulgaria, donde podía apreciarse aires de discriminación hacia la población gitana, que constituía un grupo social de especial relevancia.

En Hungría pude observar que la comunidad gitana estaba más organizada desde el punto de vista político, con diputados gitanos en los principales partidos y claras reivindicaciones en cuanto a la enseñanza, la falta de trabajo (al momento de la visita el 60% estaba en paro) y la discriminación en el acceso al mismo, así como en el alojamiento, con viviendas en pésimo estado, como pude observar en el distrito VIII de Budapest.

La discriminación en el ámbito de la educación podía apreciarse claramente en el funcionamiento de las escuelas llamadas "C", exclusivamente para niños de medios sociales desfavorecidos, con hándicap social y por tanto con menor nivel escolar. Sobre todo, niños gitanos a los que esta "segregación" de la escolarización con el resto de niños, les conducía a una peor preparación y por tanto menores oportunidades de futuro. La queja de los representantes de la comunidad gitana y ONGs de derechos humanos era unánime. A ello se añadía otro problema de envergadura como era la violencia en el seno de las familias, de lo que era muy consciente el gobierno, la falta de formación adecuada de la policía y la sobrepoblación en los centros penitenciarios.

Por el contrario, me encontré con una muy grata experiencia en relación con el trato dado a niños enfermos mentales en un centro cercano a Budapest (en Göd), con 220 niños de 1 a 18 años, tratados con mucho cariño y esfuerzos pedagógicos por el equipo a su cargo, pese a las deficiencias del edificio.

En el caso de Bulgaria los problemas en cuanto a la comunidad gitana eran muy similares. Pude visitar el barrio de Fakulteta en Sofia, entonces con 17.000 habitantes, prácticamente todos gitanos, viviendo en casas, más bien cabañas hechas de cartón, plásticos y otros materiales, mayoritariamente sin agua potable, electricidad o canalización de residuos. La escuela atendía a 1200 escolares de todas las edades y su estado era muy lamentable. El director me dijo que ese día apenas habían podido distribuir setecientas meriendas a los más pequeños y que en adelante ya no habría más reparto, pues la ONG que se ocupaba ya no tenía fondos y ellos aún menos. Así que si no daban de comer a los niños las familias muy probablemente los retirarían para mandarlos a trabajar o mendigar.

Pero entre todos estos problemas lo que tal vez me golpeó con más dureza fue comprobar el estado en el estaban los enfermos mentales recluidos en el centro de Podgumer, cerca de Sofia, donde el Dr. Lulchev luchaba con todas sus fuerzas por facilitar un trato adecuado e incluso comida a aquella población de infelices, amontonados en unas naves imposible de describir, donde faltaba de todo. No era el único centro de este tipo en semejante situación, pero si el único que tenía a su lado una edificación nueva, prevista para el traslado de los enfermos, a la que no podían ir porque no había medios económicos para amueblarlo y terminarlo.

Pude hablar de estas cuestiones con el presidente de la República, el Sr. Gueorgui Parvanov que se comprometió a buscar esos medios económicos imprescindibles, incluso acudiendo a la solicitud de un préstamo del Banco de Desarrollo del Consejo de Europa, como me permití aconsejarle. Se que la situación de Podgumer mejoró, no me consta que la del barrio de Faculteta también.

Otras visitas, como la realizada a Dinamarca, me dejó el sabor agridulce de constatar el inicio de una política de discriminación hacia los extranjeros y demandantes de asilo, sobre todo en cuanto a la reagrupación familiar, especialmente sorprendente en un país hasta entonces tan sensible en materia de derechos humanos. Me costó la especial irritación del ministro de exteriores, que creo recordar que era del ala que podría considerarse como cercana a la vieja democracia cristiana y que pensaba que sería comprensivo en mi informe e intentó reiteradamente presionarme cuando conoció el borrador y tuve que dar orden de que no me pasaran sus llamadas. Lo cierto es que esa deriva se ha confirmado con el tiempo y hoy Dinamarca está a la cabeza de los países con legislación más restrictiva hacia los extranjeros solicitantes de asilo o simples emigrantes. La legislación de 2018 para poner fin a las llamadas sociedades paralelas en Dinamarca, ha sido completada con la que obliga a reducir en ciertas zonas del país la proporción de población "no occidental", es decir musulmana, a menos del 30%, lo que lleva a definir "zonas en transformación" y el traslado obligatorio de esta población a otras zonas, expulsándoles de sus viviendas. Esta política ha sido condenada por el Consejo de Europa y los diferentes relatores de Naciones Unidas. Desgraciadamente no me equivoqué en su día al denunciar el inicio de una peligrosa deriva racista y xenófoba, en la que hoy coinciden derecha e izquierda en aquel país.

La visita a Grecia resultó también compleja y no carente de tensión. Diversas cuestiones se agolpaban en nuestra agenda. En primer lugar, el problema de la inmigración irregular y su tratamiento por las autoridades, en especial el internamiento de extranjeros irregulares en algunos centros no precisamente ejemplares en cuanto a las condiciones de alojamiento, en pleno casco urbano de Atenas.

Se añadían las dificultades suscitadas por la posición adoptada por la iglesia ortodoxa con respecto a dos puntos muy concretos. De una parte, su negativa a que se retirase de los documentos de identidad de los ciudadanos la referencia a su religión, lo que obviamente no se adecuaba la normativa de la Unión Europea en la materia y menos aún al necesario respeto del derecho de toda persona a no declarar públicamente y menos en un documento oficial obligatorio, sus creencias o no creencias religiosas. En este punto nuestra recomendación fue tajante y esa cuestión se resolvió adecuadamente un tiempo después.

Pero también chocamos con una oposición cerrada a aceptar que el gobierno permitiese a la comunidad musulmana contar con una mezquita en Atenas y menos aún a que se reabriese el viejo cementerio musulmán cerrado desde hacía muchos años. Ello obligaba a las familias musulmanas a trasladar a sus fallecidos al norte del país donde si había cementerios adecuados para ello. Esta actitud era especialmente incomprensible si tenemos en cuenta que obligaba a los fieles musulmanes a acudir a mezquitas provisionalmente abiertas en garajes o locales de ocasión, con un clero no controlado ni censado y con plegarias en la calle dado la escasez de los locales. Al terminar la visita hablé largamente con los responsables del gobierno y llegamos a la conclusión de que abrirían el cementerio en cuestión, buscarían terreno para uno nuevo y darían la autorización para construir una mezquita en la carretera del aeropuerto, con la condición de que el minarete no fuese más alto que cualquier campanario. Creo que la cercanía de la celebración de los juegos olímpicos ayudó a encauzar la resolución de estos problemas.

El paso por el Principado de Liechtenstein me permitió saludar al Príncipe, persona extraordinariamente amable, y también poder contemplar su valiosa colección de obras de arte, guardadas en espacios subterráneos perfectamente preparados para ello. Como curiosidad, las personas condenadas a penas privativas de libertad significativas no cumplían sus condenas en el principado que carecía de prisión adecuada, sino en Austria si mal no recuerdo. Otro tanto pasaba también con Andorra y España. Una interesante cooperación entre Estados.

Como es natural la solicitud del Comisario para la ampliación, me obligó a visitar también los países bálticos, en dos de los cuales el problema principal era la situación de la minoría de origen ruso, al que ya me he referido. No era el caso de Lituania que visité en noviembre de 2003, donde este conflicto no se producía. Por cierto, qué visitando su prisión, nos encontramos y hablamos con un conocido cantante francés, detenido por el asesinato de su esposa y también muy conocida actriz de cine. Lo cierto es que a medida que íbamos realizando las diferentes visitas, pudimos comprobar que era fácilmente detectable un cierto número de problemas, comunes a todos los países.

En Islandia, por ejemplo, el régimen aplicado a los trabajadores extranjeros resultaba sorprendente y no recuerdo haberlo escuchado en ningún otro país. Lo cierto es que el permiso de trabajo se daba al empleador, no al empleado y si este quería cambiar de trabajo tenía que contar con el acuerdo de su patrón, lo que obviamente creaba una situación de dependencia inadmisible. La queja tenía su fundamento.

O los derivados de la interpretación y aplicación de la ley de 1998 sobre bases de datos en el sistema nacional de salud, que permitía la obtención de datos sensibles sin autorización del paciente o interesado, para crear una base de datos por una empresa privada. Datos que podrían ser cruzados con los ya almacenados sobre otros genealógicos y genéticos. Situación muy polémica.

Por lo demás, otros problemas eran más comunes, como el que la policía pudiese declarar el aislamiento en el periodo de detención provisional, cuando debiera hacerlo siempre un juez. Sistema que también se aplicaba a los mayores de quince años, que se mandaban a los mismos establecimientos que los mayores, sin separarlos.

En la visita a Suiza, además de tratar todos los temas referentes a la inmigración, tuve la ocasión de escuchar los argumentos oficiales a favor de la introducción de la pena de cadena perpetua, especialmente para violadores, revisable al cabo de unos años, pero previo un informe de médicos psiquiatras que garantizasen que el sujeto estaba curado y no había peligro de reincidencia. Me quedó la duda con respecto a qué médico estaría dispuesto a certificar esa curación. Así se lo dije al equipo del ministerio de justicia y no pudieron darme una respuesta.

En el mediterráneo, el problema más acuciante que se les presentaba a algunos países, como ya hemos visto en el caso de Italia o España, era la llegada masiva de inmigrantes irregulares. Pero sin duda el régimen más duro que se les aplicaba por aquellas fechas era tanto el de Malta como Chipre, donde eran privados de inmediato de libertad e internados en campos especiales por tiempo considerable. Recuerdo que, en la visita a este último país pudimos negociar el paso a la zona norte para conocer la situación de la población greco chipriota, minoritaria después de la ocupación turca y en concreto la región de Karpas, donde subsistían unas pocas familias y muchos ancianos que sufrían serias limitaciones en el ejercicio de sus derechos fundamentales a la libertad de religión, educación o propiedad.

Este trabajo sobre el terreno a lo largo y ancho de toda Europa, me permitió obtener un conocimiento bastante aproximado del abanico de problemas fundamentales que afectaban al goce efectivo de los derechos humanos, como proclamaba el Estatuto del Comisario y le encargaba comprobar y promover. Fueron muchos años de trabajar con la patología de los derechos humanos.

Pero aun cuando no quiero seguir con un relato pormenorizado de todas las visitas realizadas, no quisiera dar por concluso este punto sin antes comentar un par de ellas que revisten cierto interés. Me refiero a las realizadas al Reino Unido y a la República Francesa. Tanto Francia país continental, como Reino Unido insular, son dos grandes potencias en todos los órdenes que a lo largo de su historia han conocido movimientos revolucionarios con bandera en la libertad y los derechos humanos, si bien en uno de ellos haya supuesto la definitiva desaparición de la monarquía como expresión de un régimen autoritario y su sustitución por una república democrática y en el otro la permanencia de una monarquía parlamentaria sin facultades de gobierno.

En todo caso, ambos han hecho de la democracia y el respeto del Estado de Derecho la base de su sistema político y por ello mismo han sido y siguen siendo, un referente de largo alcance.

1.2.3. El desembarco en la isla. El gobierno británico se pone tenso

Por orden cronológico, la primera visita a comentar sería la realizada al Reino Unido, a finales del año 2005, perfectamente preparada por John Dalhuisen, en coordinación con los servicios del Foreing Office y que, para mi sorpresa, produjo algunos roces incomprensibles en un país con tan larga tradición democrática. Era evidente que al gobierno británico le producía cierta incomodidad recibir aquella visita pues, sin decirlo nunca abiertamente, pensaba que en realidad la presencia del Comisario donde hacía realmente falta era en los países con conflictos armados o donde se estaban construyendo nuevas democracias a la salida de largos regímenes autoritarios. Considerándose una democracia plenamente consolidada, lo que nadie dudaba, no tenía mucho sentido que los escasos medios de que disponía el Comisario se malgastasen en certificar la evidencia. Además, también le incomodaba que mirar de cerca la situación de las personas a las que se aplicaba la legislación antiterrorista y posiblemente también el que pretendiese visitar el Ulster.

Vistas las cosas desde esta óptica y atendiendo a las políticas de consumo interno y la imagen internacional, efectivamente la decisión política del Comisario de no visitar algunos países, en realidad podía entenderse como un certificado indirecto de democracia acreditada y Estado de derecho plenamente respetado, frente a la sospecha flotante en otros casos, a mirar más de cerca. Pero ese planteamiento conlleva varias contradicciones de fondo. La primera, supone que el Comisario acepte que en el seno del Consejo de Europa hay países de primera y otros de segunda en cuanto al respeto efectivo de los derechos humanos, lo que obviamente rompe la regla a la que debe someterse de aplicar igual criterio de observación a unos y otros, respetando el principio de igualdad de trato; incluso en la seguridad de que fuesen Estados ejemplares, en lo que al respeto de los derechos humanos se refiere. Lo contrario sería inaceptable. Pero es que además no resulta ser cierto, pues no existe la democracia perfecta, ni el estado de derecho funcionando sin tacha. Todos sabemos que la democracia es un sistema por el que hay que luchar todos los días y que las quiebras del estado de derecho son mucho más frecuentes de lo que desearíamos. Y en aquellos años, de lucha internacional y nacional muy intensa contra el terrorismo, nuestros valores y principios democráticos fueron puestos a dura prueba y precisamente a causa de la conducta de democracias hasta entonces aparentemente intachables. Y estos peligros siguen estando presentes.

El mundo que estamos viviendo hoy nos lo demuestra con brutal claridad. ¿Quién podría pensar hace unos años que, en un país como los Estados Unidos, un presidente saliente encabezase la resistencia a aceptar unos resultados electorales, hasta el punto de bendecir y casi dirigir un asalto al Capitolio? Y lo que es aún peor, que siga agitando las masas republicanas contra la credibilidad del sistema democrático y que una parte significativa del partido republicano y sus dirigentes le sigan y apoyen, e incluso lleguen a paralizar el Congreso, despedazándose entre ellos. ¿No está justificado que el presidente Biden advierta que la democracia está en peligro en Estados Unidos? ¿Y que todos debemos estar siempre alerta por lo que se nos puede venir encima si no somo capaces de defender cada día los cimientos de nuestra libertad?

Pero volviendo al Reino Unido, desde el primer día tuve claro que el Comisario no podía actuar de forma distinta a como lo hicimos. Sin favoritismos, sin excepciones por muy desagradables que fuesen, como lo fue para mi mirar de frente el terrorismo de ETA en mi país y la catástrofe que ello suponía para el respeto de los derechos humanos. Y soportar las consecuencias de aquella decisión.

Teniendo en cuenta estos factores, la tensión que rodeó la visita al Reino Unido tenía su cierta lógica, pues desde hacía dos años ya venía advirtiéndose por organizaciones de derechos humanos, que la legislación antiterrorista vigente en el país estaba permitiendo una grave violación de los derechos humanos, con la complicidad de las fuerzas políticas y aparentemente de algunos jueces y tribunales. Así que la visita era inevitable. La realicé el año 2004 y estaba precedida por el Dictamen (Avis) que, basado en un excelente trabajo de John Dalhuisen, emití el año 2002 a solicitud del *Joint Committee on Human Rights* del Parlamento británico, pronunciándome sobre la situación creada a raíz de la suspensión del art. 5 del Convenio Europeo de Derechos Humanos en Reino Unido (y teniendo en cuenta lo dispuesto en la ley de 1998 por la que se incorporaban al derecho interno británico los reconocidos en el Convenio Europeo de Derechos Humanos) y al tiempo sobre la Ántiterrorism, Crime and Security Act de 2001, que en su artículo IV permitía la detención sin límite de tiempo de cualquier extranjero sospechoso de terrorismo, incluida su incomunicación y la negativa a informarle de las posibles pruebas que contra él hubiere, incluso a su abogado. Esta situación de privación de libertad indefinida en el tiempo, unida a la ausencia de enjuiciamiento ante un tribunal, generaron una extraordinaria polémica en los medios jurídicos y la oposición frontal de las organizaciones de derechos humanos. Además, flotaba la sospecha de que tales detenciones se basasen en algunas pruebas o confesiones obtenidas utilizando la tortura, en centros de detención secretos de los Estados Unidos. En dicho dictamen dejé clara mi opinión de que era necesario terminar con semejante normativa y su aplicación. Incluso tuve un encuentro con dicho Comité parlamentario y éste en dos de sus resoluciones críticas con dicha legislación se hizo eco de mi opinión y dictamen, lo cual era algo bastante inusual hasta ese momento.

Por aquellas fechas también conversé con el director de los servicios de seguridad, el coloquialmente llamado M15, en su sede de Thames House y al tiempo que cambiamos impresiones sobre el proceso de la guerra en Chechenia, tuve la oportunidad de escuchar, en versión no oficial, el método aplicado en Reino Unido a la lucha antiterrorista y aun cuando fue extremadamente prudente en sus manifestaciones, no pude evitar la impresión de que las razones por las que no se ponía a disposición de los tribunales los extranjeros detenidos bajo la acusación de terrorismo, era simplemente porque cabía el riesgo de que fuesen puestos inmediatamente en libertad, dado el origen de las pruebas y el método utilizado para obtenerlas en origen.

En todo caso, cuando inicié el viaje al Reino Unido el gobierno no había cambiado su postura, ni derogado la normativa en cuestión. Es más, había encontrado un sorprendente apoyo judicial que colaboraba a mantener esta situación. Aunque en 2002 un tribunal calificó la citada norma de "discriminatoria y desproporcionada", lo cierto es que en 2004 un tribunal de apelación de Londres llegó a decir que para tomar esta decisión de detención sine die ni juicio, el ministro del interior puede basarse en pruebas *"que hayan sido obtenidas o pueden serlo a través de la tortura por agentes de otros Estados, sobre los que no tenga ninguna autoridad"* y ello porque *"el Reino Unido no ha cometido la tortura ni ha sido un cómplice"*. No se puede ser más cínico. Es decir, en su alineamiento ciego con los Estados Unidos en la lucha contra el terrorismo después del atentado de las Torres Gemelas, la justicia británica y su gobierno, se diga lo que se diga, aparentemente estaban bendiciendo y legitimando la política de tortura practicada en Guantánamo y Abu Ghraib, por solo citar dos centros de detención donde sabemos que se practicaron tales procedimientos.

Se añade a esta difícil circunstancia, el hecho de que al gobierno británico no le gustó nada mi solicitud de visitar Irlanda del Norte y desde el primer momento insistió en limitar la visita solo a Escocia y Londres. Hubo que recordarles que era el Comisario quien diseñaba su agenda y que la obligación del gobierno era facilitarle el trabajo de forma cooperadora y transparente. Tras este tira y afloja la agenda se cerró con la visita a Edimburgo, Belfast y Londres y para ser justos, a partir de ese momento con una cooperación estimable del Ministerio de Asuntos Exteriores y demás organismos con los que pedimos entrevistarnos. Con algunas excepciones, como veremos.

Sin ánimo de dar paso a un relato pormenorizado, sí puedo decir que constatamos en aquella visita problemas serios, como por ejemplo en cuanto a la política de represión de las llamadas conductas antisociales de los menores (especialmente en Escocia), enviados a prisión a edades tan tempranas que a todas luces era una barbaridad; o el hacinamiento en las cárceles por falta de establecimientos adecuados, entre otras cuestiones menores. Recuerdo qué visitando un centro penitenciario para mujeres, vimos en una celda a una mujer sentada en una silla y prácticamente sin ropa. Al preguntar cómo era posible que esa persona estuviese en tal situación chocante y vejatoria, el director realmente preocupado me dijo que era a causa de sus distintos intentos de suicidio con la ropa y en el baño. Que era una verdadera enferma mental, que necesitaba estar en un centro especializado pero que por mucho que lo había pedido nunca la habían trasladado, porque no había centros penitenciarios hospitalarios con disponibilidad, y la administración aparentemente no pensaba construir más.

En Belfast, donde pudimos constatar la amplitud y profundidad del conflicto, pude hablar con prácticamente todo el espectro político, así como con el ministro de Estado para los derechos humanos de Irlanda del norte, o el Lord Chief Justice. Con parlamentarios locales y los responsables de la policía, siempre acusados de brutalidades y que me explicaron las reformas implementadas después del *Good Friday Agreement,* así como de los esfuerzos que estaban haciendo para llegar a una composición del cuerpo policial más acorde con la diversidad política, social y religiosa del país.

Obviamente también lo hice con los responsables de las distintas confesiones religiosas, aparentemente más abiertos a una convivencia pacífica. Y también con las diferentes ONGs regionales, con representantes de los distintos grupos de víctimas de tantos años de violencia armada y en especial con la Comisión de derechos Humanos de Irlanda del Norte, abordando entre otros temas la situación en la que se encontraba la elaboración del *Bill of Rights for Northern Ireland,* y la posible colaboración con el Comisario del Consejo de Europa. Fue una visita muy intensa y seguida con especial atención por unos y otros y donde la más mínima palabra era analizada con lupa, sobre todo en Londres. Pero para mí supuso una primera aproximación, aunque fuese superficial, a la realidad de aquella región adquirida directamente y de primera mano, sin intermediarios interesados.

Terminamos la visita en Londres, donde se repitieron los contactos con las ONGs, y las autoridades responsables en diversas materias. Tuve que realizar una nueva visita al Joint Committee on Human Rights en la Cámara de los Lores, y a diversos centros de privación de libertad. A este respecto merece una especial mención mi visita al centro de internamiento de las personas sometidas a la legislación antiterrorista de excepción, aprobada después de la suspensión del art. 5 del Convenio Europeo de Derechos Humanos, objeto de tanta polémica en los medios jurídicos y de derechos humanos del Reino Unido. Rusia con motivo de la guerra de Chechenia no lo hizo. En un primer momento, el ministro del interior era absolutamente contrario a permitir aquella visita, pero mi insistencia en la insoslayable necesidad de hacerla y la advertencia de que una negativa me obligaría a hacer pública mi discrepancia y protesta, llevó a un cambio de criterio y finalmente a facilitar la misma. En realidad, se trataba de entrevistarnos con el puñado de detenidos sometidos a este régimen extraordinario, cumpliendo el "gentleman agreement" con el ministro, de no avisar a la prensa antes de ir y no hacer declaraciones al salir.

Lo que nos encontramos al llegar a la prisión de Belmarsh, fue un grupo de personas, con las que nos reunimos y que se lamentaban de no saber desde hacía meses, años, de qué les acusaban, ni si había pruebas o no pues ni siquiera a los abogados defensores la autoridad judicial les dejaba verlas, si es que existían. Los órganos judiciales que conocían de estos asuntos, cada cierto tiempo renovaban la orden de detención sin motivarla ni dar mayor explicación a los abogados defensores. Tampoco podían ver a las familias regularmente, situación que les creaba un desequilibrio psicológico muy serio, que consideraban que era una forma indirecta de tortura. De hecho, al comprobar que en la reunión faltaba un miembro del grupo, pedimos verlo y me dijeron que estaba indispuesto. Insistí en verlo y cuando llegamos a su celda, nos encontramos con un ser humano tirado en el suelo, desvariando y sin reconocer a nadie. Un enfermo grave dejado de la mano de cualquier atención psiquiátrica especializada, como con toda evidencia necesitaba. Y en ese momento es cuando se produjo una situación de tensión, pues con toda cortesía le solicité al director del centro que ordenase el traslado del preso a un centro psiquiátrico, pues continuar en aquella situación era evidente que podía llegar a ser causa de que atentase contra su propia vida. Además, estábamos ante un trato degradante e inhumano y no estaba dispuesto a mirar para otro lado. El director contesto que él no podía hacer nada, que necesitaba instrucciones. Le dije que las pidiese y que nosotros no nos moveríamos de allí hasta saber qué decisión tomaban y si fuese negativa, que transmitiese al señor ministro del interior que desde ese momento me consideraba libre de formular mis apreciaciones, de inmediato, a la prensa. Pasaron más o menos tres cuartos de hora y llegó la resolución oficial de que ya habían mandado una ambulancia para trasladar al enfermo. Como es obvio, resuelto este tema, mantuve mi palabra de no hacer referencia a ello durante la visita.

Y finalmente recuerdo qué en el último momento, el ministro de exteriores anuló la entrevista programada para transmitirle mis primeras impresiones, pretextando un impedimento de última hora, pero ofreciéndome la posibilidad de acompañarle un poco más tarde, en el acto de presentación a la prensa del informe anual sobre derechos humanos en el mundo que elabora el Foreing Office todos los años. Comprenderá el lector que declinase tan interesante invitación, no solo porque me parecía chocante que el ministro no encontrase tiempo para escuchar mis impresiones finales del viaje (aunque tuviera que atender a la situación creada por el secuestro de un ciudadano británico en un tercer país), pero sí para un acto publicitario con la prensa al que me invitaba a participar como su acompañante; sino también porque el motivo fuese la presentación de un documento con apreciaciones del gobierno británico sobre el respeto de los derechos humanos en otros países.

Mi presencia en ese acto podría interpretarse, obviamente, como que compartía esas opiniones y las avalaba. No me parecía muy acorde con el respeto a la independencia del Comisario. Así que finalmente me reuní con Jack Straw, entonces Secretario de Estado de exteriores al que transmití mis impresiones antes de salir camino de Estrasburgo. Pero aquellas últimas horas pasadas en Londres dejarían una triste experiencia, resultado de un incidente sin importancia, mal digerido por los funcionarios de exteriores.

El hecho fue que las autoridades británicas no quedaron muy satisfechas de la visita del Comisario y muy en especial del encontronazo con el ministro del interior y el rechazo a la improcedente invitación del ministro de asuntos exteriores. Lejos de hacer gala de la flema de la que tanto presumen, decidieron volcar su irritación en el joven John, el cual no pudo disimular su desencanto cuando anunciaron que se anulaba la entrevista con el ministro y posiblemente así se lo hizo saber al funcionario que nos acompañaba. Razón tenía por lo mucho y bien que había trabajado en la preparación de aquel viaje. Este incidente nimio y sin interés hizo que, no obstante Londres enviara a verme a su embajador en Estrasburgo, con la misión de trasladarme su irritación. Una actitud incomprensible, casi infantil. Cuando el embajador me pidió audiencia para cumplir la encomienda recibida, le dije claramente que esa actitud no tenía fundamento y que aun cuando no podía impedirle que hablase con John, esa actitud sonaba a coacción, por lo que ya le adelantaba que no solo no pensaba retirarle de la redacción del informe, sino que yo mismo le prestaría especial atención. Fue una conversación tensa en la que el embajador estaba visiblemente incómodo. El informe que redactó John fue riguroso y ecuánime, un ejemplo de integridad y honestidad al relatar la realidad sin ocultar nada, dejando claros todos los problemas que habíamos visto.

Pero me quedó el mal sabor de boca de esa actitud hacia un miembro del equipo, sobre el que pretendían ejercer indisimuladamente una inaceptable presión. También me quedó la insatisfacción de no haber transmitido una queja formal por esa forma de proceder, pensando evitar males mayores si algún día decidiese lanzarse a la carrera diplomática, para la que sin duda tenía unos dotes sin discusión y brillantez de sobra.

Estas reflexiones no eran para ser reflejadas en el informe oficial de la visita, pero ya ven los lectores como en ocasiones las viejas democracias también guardan en los armarios polvorientos "cadáveres" incomodos de sacar a la luz. Así como demonios atrabiliarios que solo conducen a sembrar un considerable caos en la vida política y social de un gran país. Vivir en el pasado, no es garantía de acierto de futuro.

1.2.4. La visita a la dulce Francia

La realicé en septiembre de 2005, y también fue movida en algunos momentos, pero sobre todo generadora de una considerable tormenta mediática y de opinión al hacerse público el informe. La verdad es que no hubo problemas en la confección de la agenda del viaje, larga y densa, realizada en dos fases distintas y que nos ocupó globalmente del 5 al 21 de septiembre, abarcando visitas a prisiones, centros de menores, de retención de extranjeros, hospitales psiquiátricos, reuniones con minorías, ONGs, autoridades, y demás organizaciones que siempre incluíamos en todas las visitas. En cuanto a los problemas planteados por el control de la inmigración irregular, en esta visita ya teníamos presente las conversaciones que sostuve el año anterior con el ministro Perben el cual, al igual que Dominique de Villepin entonces del Interior, eran opuestos a la propuesta del ministro alemán Otto Schilg de crear "centros de control de tránsito". Esa toma de posición daba cierta tranquilidad en este terreno tan delicado, aun cuando sí hubo que tratar algunos problemas suscitados en los centros de retención de extranjeros de algún aeropuerto que visitamos.

Para mi esta visita tenía una especial relevancia. No solo porque era el país anfitrión del Consejo de Europa y por tanto del Comisario, sino porque desde muy joven he tenido especiales lazos de amistad con muchos amigos en tan extraordinario país, lo que supuso en mis años de estudiante universitario el descubrimiento de lo que era una verdadera democracia. La vivencia del movimiento de mayo 68, el aire de libertad que se respiraba en aquel país cuando nosotros estábamos ahogados por el ambiente represivo y putrefacto de la dictadura. Así como otros vínculos muy significativos, de entre los que destacaban los lazos familiares. He sido y sigo siendo profundamente francófono. No era pues una visita fácil si quería guardar mi neutralidad institucional.

Trabajamos con mucho cuidado el programa y el dossier de la visita. Según la información transmitida por las diferentes ONGs consultadas y otras fuentes institucionales fiables, eran varias las cuestiones que necesariamente debían ocupar la atención del Comisario en esta gira oficial de inspección, y de forma muy destacada aquellas que afectaban a los derechos y la dignidad de las personas privadas de libertad.

En torno al funcionamiento de la justicia se presentaban las primeras cuestiones a tratar. De una parte, comprobamos que los jueces y magistrados se quejaban de la falta de medios para poder trabajar bien (nada nuevo por otra parte, al ser común en casi toda Europa) y también de la inseguridad y los ataques que sufrían. Por otra los abogados se quejaban seriamente de las condiciones en que tenían que cumplir con su deber de defensa en el caso de las personas en detención policial, la llamada "garde à vue". Acostumbrado a que en España la asistencia al detenido debía prestarse por un abogado de la elección del detenido o de oficio desde el momento de su detención y que cualquier interrogatorio y declaración sin su presencia fuera nulo, la situación en Francia era chocante. Para empezar, en aquel entonces había 18 regímenes diferentes de detención preventiva, pero lo más inquietante era que en el régimen general de detención en comisaria, el abogado solo se le reconocía un papel de asesoramiento reducido a media hora en el momento de la detención y luego nada. Incluso legalmente el detenido podía "renunciar" a la asistencia letrada. En los casos de narcotráfico, crimen organizado y terrorismo, la presencia de abogado solo era contemplada a las 72 horas de la detención. Obviamente en mi informe tuve que criticar este sistema muy apreciado por la policía en ese momento, pero en nada garantista de los derechos fundamentales de los detenidos. Propuse por tanto que se cambiase este sistema y se reconociese en todo caso la presencia de un abogado desde el primer momento de la detención, de oficio si las circunstancias lo exigiesen, especialmente en los casos de terrorismo o crimen organizado. Meses después el sistema cambió en la dirección indicada.

De otra parte, la visita a algunas comisarias dejó en evidencia el mal estado de estas, de sus celdas y de las condiciones en que debían permanecer los detenidos, situación reconocida por los propios policías trabajando en aquellos centros.

La situación penitenciaria era objeto de continuas denuncias por parte de las organizaciones no gubernamentales, colegios de abogados y demás organizaciones defensoras de derechos humanos. No es que el caso de Francia entrañase una situación excepcional dentro de Europa. Por desgracia varios otros países mantenían una situación muy deficiente en cuanto a sus centros penitenciarios. La diferencia estaba en que gran parte de esos países estaban en plena transformación desde regímenes dictatoriales a la democracia y la situación de las prisiones no era para ellos una prioridad. Pero Francia era una democracia asentada y no se justificaba una situación como la reiteradamente denunciada.

Por ello mismo decidí ampliar la visita a varios centros y pudimos comprobar la situación de siete, desde la prisión de Baumettes en Marsella, a La Santé en París, o Fleury-Merogis, o Casabianca en Córcega, entre otras. Desde luego pude comprobar por mí mismo el estado de abandono de algunos centros, el hacinamiento y el trato de dudosa legalidad que aplicaban a los penados de larga duración especialmente en el caso de los llamados conflictivos, amparándose en los reglamentos de funcionamiento interno. Por ejemplo, a los presos especialmente rebeldes e incomodos les aplicaban unos castigos de aislamiento excesivamente prolongados sin garantías de defensa y recursos en su aplicación o un sistema de rotación de centros sistemático, con lo que no llegaba a tener arraigo en ninguno, método especialmente grave en condenas largas.

En otros centros, llegué a ver el paso triunfante de ratas por un pasillo y lo que es peor, escuchar la queja de los funcionarios de que, por falta de sitio con mucha frecuencia estaban mezclados jóvenes con mayores e incluso preventivos con penados. A ello se añadía el que como no había sitio en los hospitales psiquiátricos ni construían ninguno, los presos con problemas mentales y de agresividad en ocasiones, convivían con los otros produciéndose situaciones violentas y agresiones incluso a los propios funcionarios. Claro que un médico de uno de esos centros me reconoció en un aparte que en el suyo lo resolvían distribuyendo generosamente tranquilizantes.

Sin embargo, el centro especializado de tratamiento de menores que visitamos me pareció magnifico en su método de trabajo y el equipo muy profesional y competente y así se lo dije luego al ministro de justicia. Justo es decir que todas estas visitas se realizaron con total transparencia y colaboración de las autoridades.

Los problemas surgieron cuando en Paris quise visitar el centro de retención de extranjeros situado en la Isla San Luis, en el depósito del Palacio de Justicia, el cual había sido denunciado ya en varias ocasiones por todas las organizaciones de derechos humanos. Era impensable que diese carpetazo a este tema solo con la visita organizada a las oficinas de la prefectura donde se atendía administrativamente a los extranjeros, como pretendían los funcionarios del Ministerio del Interior que me acompañaban. Como las dificultades y resistencias se multiplicaban para facilitar el acceso a aquel centro, le dije al prefecto con toda claridad que, si aquella visita no se hacía después de todo lo que había oído y leído sobre ese lugar, no me quedaría más remedio que denunciar la falta de cooperación y mis temores de lo peor con respecto a unos locales que no me dejaban ver y donde se encontraban seres humanos retenidos. Al cabo de media hora o más de tira y afloja, finalmente llegó la luz verde. Siempre recordaré esa visita. Sobrepasaba todo lo que había oído sobre este lugar y lo visto en tantos centros de retención. Sórdido, en dos pisos de un sótano del Palacio de Justicia sin prácticamente luz ni aire renovado, con un patio minúsculo como única entrada de luz a aquellos espacios donde se hacinaban docenas de hombres fumando y esperando ser expulsados. Era un lugar inhumano y degradante, tanto para los detenidos como para los funcionarios que allí trabajaban, los cuales aprovecharon para decírmelo con toda claridad. Los locales asignados a las mujeres eran más dignos. Pedí su inmediato cierre, que se produjo unos meses después.

También descubrí las dificultades que tenían que soportar los gitanos del grupo conocido como "Gens du Voyage", sometidos a una normativa administrativa en cuanto a documentación de identidad y residencia, claramente discriminatoria con respecto a todos los demás ciudadanos, circunstancia que me era absolutamente desconocida y a la que me costaba dar crédito. En fin, recorrimos Francia de arriba abajo y creo que no quedó grupo por ver, autoridad por escuchar y situación crítica que constatar.

En el programa de la visita estaba prevista un encuentro con el ministro del interior señor Sarkozy. No obstante, llegado el día en que tenía que celebrarse, su gabinete la anuló ofreciéndome en su lugar una entrevista con su director de gabinete. A través del bueno de Alexander que llevaba aquellas gestiones, les transmitimos que el Comisario agradecía sobremanera la buena disposición del director de Gabinete pero que lo que tenía que decir esperaba poder transmitírselo al propio ministro. Entonces respondieron que podían preparar otra entrevista con el secretario de estado, creo recordar, y ya entonces les hicimos llegar una respuesta muy clara: lo que el Comisario tenía que decir, se lo diría solo al ministro. Y como era el último día de la visita, pues nos quedamos sin la entrevista.

Pero he aquí, casualidades de la vida, que antes de salir de París tenía concertada una entrevista con una periodista de *Le Monde* para cambiar impresiones sobre la visita. Nos encontramos en un café cerca de la rue Vaugirard y en un momento de la conversación la periodista me preguntó qué tal había ido la entrevista con el ministro Sarcozy. Le contesté la verdad, que no podía aclararle este punto, por la sencilla razón de que no se había producido tal entrevista, dado que el señor ministro tenía asuntos más importantes y urgentes que reunirse con el Comisario para hablar de derechos humanos. Y Le Monde lo publicó tal cual en la edición de esa misma tarde. El efecto fue fulminante. Al final de la mañana siguiente, en la oficina se recibió una llamada del gabinete del ministro diciendo que todo se debía a un error desafortunado y que el ministro estaba deseando poder hablar conmigo para lo cual me pedía que de mutuo acuerdo, fijásemos fecha para esa entrevista. La cual tuvo lugar una semana después en un ambiente muy cordial y abierto, aunque en cuyo despacho hacía un calor sofocante. Era septiembre las ventanas que daban al jardín estaban abiertas y él en mangas de camisa y la chimenea encendida con un hermoso fuego de leña. Nosotros con chaqueta y corbata. En esa entrevista me anunció que definitivamente pensaba cerrar el centro de retención de emigrantes del Palacio de Justicia.

Reconozco que en el informe fui duro, porque realmente era indignante que en un país como Francia aún hubiese sitios como aquellos y porque reiteradamente habían anunciado su cierre o mejora, sin que esta nunca llegase. Pero tampoco descubrí más de lo que ya habían denunciado reiteradamente las organizaciones de derechos humanos y los colegios de abogados, entre otras instituciones. Cuando finalmente se hizo público, la prensa lo recogió muy ampliamente, destacando todo lo crítico del mismo. *Libération* publicó a toda plana un comentario que había hecho durante la entrevista que tuvimos en su sede de París, en la que equiparaba el estado de algunos centros penitenciarios visitados con los que había visto en Moldavia. Un comentario un poco exagerado tal vez, pero no tanto. Al menos produjo el aplauso de todas las organizaciones de derechos humanos, y colegios de abogados y supongo que un cierto resentimiento en las filas de una administración muy poco dispuesta a reconocer y combatir sus carencias y en especial el ministro de justicia.

También he de reconocer, para ser justos con mis anfitriones de entonces, que muchas de las recomendaciones formuladas fueron aceptadas y más tarde puestas en práctica y que tampoco fue obstáculo para que en determinados momentos, el propio ministro Sarkozy me invitase a algún acto que organizaba en relación con temas tratados en el informe.

1.2.5. Un caso aparte: Bielorrusia

No quisiera cerrar este rápido recordar de los países visitados, sin hacer mención a uno que nunca llegue a visitar oficialmente, aunque sus autoridades hicieron todo lo posible para que accediera a ello. Me refiero a Bielorrusia, que como es sabido no forma parte del Consejo de Europa, ni tampoco en aquel entonces, por ser una dura dictadura sin paliativos. No obstante, periódicamente circulaba por los pasillos del Consejo un representante de aquel gobierno, encargado de hacer "loby" a favor del dictador. Y entre sus objetivos siempre incluyo a la oficina del Comisario, a donde acudía cada año religiosamente, siempre con la misma propuesta de que aceptase una invitación para acudir a Minsk y entrevistarme con el presidente Lukashenko.

En contrapartida siempre obtenía la misma respuesta: el Comisario estudiará dicha posibilidad si el presidente Lukashenko acepta que durante dicha visita se anuncie oficialmente la derogación de la pena de muerte. Naturalmente nunca acepto dicha propuesta y en consecuencia nunca se planteó la posibilidad de considerar seriamente una visita a aquel país, sometido a una cruel dictadura y hoy comparsa del presidente Putin en la guerra de Ucrania.

Con el relato de estas experiencias pasaré a recopilar mis últimos recuerdos sobre el resto de actividades de la oficina del Comisario. No tema el lector, que procuraré no ser muy engorroso. Pero tampoco quiero dejar en el olvido aquellos esfuerzos y a quienes los impulsaron con mucho trabajo.

2.- RECOMENDACIONES Y DICTÁMENES

Sin duda esta fue una parte muy minoritaria de la actividad que desplegamos durante aquellos años, pero desde el punto de vista puramente jurídico, constituyó una experiencia muy interesante. Efectivamente, el art. 8.1 de la resolución (99)50 dice de forma lacónica, sin añadir ninguna otra precisión: «*El o la Comisaria puede emitir recomendaciones, dictámenes e informes*». El ejercicio de esa posibilidad se entiende que debe corresponderse con una actividad o iniciativa previa, que lo justifique.

Ya hemos visto que la fórmula de los informes era la utilizada para valorar después de cada visita o viaje oficial, el desarrollo y resultados de la misma. En ellos se incluían recomendaciones concretas dirigidas a las autoridades del país visitado y su alcance se circunscribía a ellas de forma específica. Se trataba de corregir prácticas contrarias al respeto de los derechos humanos o modificar unas normas que estaban dando lugar a que existiesen esas prácticas condenables. Pero, sin duda, esa era una visión reducida de la utilización posible de estos instrumentos jurídicos. Era necesario desplegar todo su potencial, completar el alcance y contenido de la referencia a las "*recomendaciones*". Ello me llevó a distinguir entre aquellas que se formulaban "ad hoc" y que acabo de comentar, de aquellas otras de carácter más general que se formulaban al conjunto de los países miembros, justificadas y basadas en una determinada patología observada repetidamente en el común de ellos.

En realidad, la experiencia fue muy limitada y solo la ejercité en tres ocasiones. Una con motivo de los problemas observados en los procesos de expulsión de extranjeros y el respeto a sus derechos fundamentales, que envié al Comité de Ministros y a la Asamblea Parlamentaria. Corría el año 2001, y aún no se habían agudizado los problemas que acompañaron al fenómeno migratorio en toda Europa.

En esa Recomendación recordaba que no se puede producir la devolución en caliente, a pie de avión, puerto o frontera por tierra, sin dar oportunidad a las personas a formular una petición de asilo si lo solicitasen, y obtener un asesoramiento jurídico para ello. Advertía de la necesidad de realizar las expulsiones que fuesen procedentes respetando siempre la dignidad de las personas, (sin atarlas, ni narcotizarlas como había ocurrido en algún caso). Y para el supuesto en que debieran permanecer un tiempo privadas de libertad, dicha retención debería hacerse con las garantías judiciales procedentes, en locales dignos y adecuadamente tratados. En fin, todas ellas cuestiones recurrentes en muchos países miembros del Consejo de Europa y que no han hecho más que agravarse con el tiempo. Hoy asistimos a los proyectos de algunos países, como Reino Unido y Dinamarca de enviar los solicitantes de asilo fuera del país mientras se tramita su solicitud, lo que es poner en práctica un indisimulado sistema de desprotección jurídica y no sabemos hasta qué punto física de los solicitantes. Una propuesta que hace bien poco tiempo hubiera sonrojado a cualquier demócrata, pero que incluso ya ha sido avalada por algún tribunal, como creo que ha ocurrido en el caso de Dinamarca, sin hablar de la medida en estudio en el Reino Unido de enviar a Uganda los demandantes de asilo mientras se tramita su expediente.

Pero lo cierto es que, si bien la Asamblea nunca me convocó para comentarla o debatirla en alguna comisión o pleno no obstante si hizo referencia a esta recomendación en diversas ocasiones. Por el contrario, el Comité de Ministros nunca se pronunció al respecto ni se convocó una reunión con el Comisario para debatirla. Posiblemente porque no había un procedimiento específico para tratar estas iniciativas y tampoco quisieron establecerlo, dado que el contenido no era precisamente cómodo, teniendo en cuenta las políticas que se aplicaban por aquel entonces y las que se pusieron en marcha posteriormente en materia de extranjería. Las otras dos ocasiones en que acudí a esta fórmula, su causa fue la necesidad de dar un tratamiento más específico y en profundidad a un problema grave observado en una inspección en un país determinado, pero que sobrepasaba los estrechos límites de un informe de visita.

Me refiero a la emitida en 2002 con respecto a los derechos de las personas detenidas en Chechenia con motivo de las llamadas limpiezas de terroristas y otra en 2003, para analizar los problemas surgidos con motivo de la esterilización forzada de mujeres gitanas en República Eslovaca. Ambas eran consecuencia de las experiencias reiteradas observadas en Federación de Rusia en un caso y en la República Eslovaca de otra, pero que exigía un enfoque más detallado y unas propuestas más elaboradas, que las surgidas en el contexto de la inmediatez de un informe concreto de inspección. Fue una experiencia que tuvo sus efectos positivos, pero que había que utilizar con moderación y solo en casos muy graves como los descritos.

De otra parte, y en lo que respecta a la emisión de dictámenes (*avis* en francés y *opinion* en inglés), la experiencia fue especialmente enriquecedora. Este tipo de documentos conllevaban un trabajo riguroso de análisis de la situación sobre la que se pedía nuestra opinión y sobre todo de la normativa que se estaba aplicando por un determinado país y sobre la que se cernían nubarrones de violación de lo dispuesto en el CEDH.

Ya he comentado antes, que uno de ellos, muy significativo por quien lo pidió y los efectos que tuvo a medio plazo al aconsejar la derogación de la norma en cuestión, fue el realizado sobre la suspensión en el Reino Unido del art. 5 del CEDH y la posterior aprobación y aplicación de la ley que permitía la detención sine die de los extranjeros acusados de terrorismo. Lo solicitó el Joint Committee on Human Rights en la Cámara de los Comunes y ello en sí mismo ya era significativo y un mensaje claro del respeto que se tenía por la institución del Comisario.

Defendí dicho informe ante la propia Comisión y en dos ocasiones concretas la Cámara de los Lores lo citó en sus resoluciones, incluida aquella en la que, actuando como tribunal de justicia anuló la indicada ley. Pero también otra comisión parlamentaria, en este caso finlandesa, me pidió que emitiese mi opinión sobre un proyecto de ley de extranjería que estaban elaborando y sobre la que tenían dudas en razón de algunas de las propuestas del gobierno. Más en concreto, sobre su compatibilidad con el CEDH. Se elaboró en 2003 y dicha comisión aceptó varias de nuestras recomendaciones y matizaciones al texto original propuesto por el gobierno.

Respondiendo a la solicitud del Comité de Ministros del Consejo de Europa, me pronuncié también sobre el proyecto de Convenio para la prevención del terrorismo en febrero de 2005, cuestión que desde el primer momento nos había preocupado al equipo y obligado a pronunciarnos ya en diversas ocasiones sobre supuestos concretos. Sobre la creación y competencias de instituciones de derechos humanos, también tuve que pronunciarme en varias ocasiones, como fue el caso del ombudsman de Irlanda del Norte, iniciativa surgida después de mi visita a Belfast o la creación en Polonia de una institución nacional de lucha contra la discriminación.

En todos estos casos la solicitud para que me pronunciase venia de fuera de la institución. Solo hubo un caso en que decidí actuar "ex oficio", pero con el acuerdo y la colaboración plena de las autoridades nacionales. Fue en 2004 y con ocasión de mi visita a Portugal y los problemas que pude observar en cuanto a las autorizaciones judiciales de detención provisional y sus garantías, que exigía a mi parecer un tratamiento más en profundidad que la sencilla recomendación de un informe final de visita.

Colaboró muy intensamente el propio Ministerio de justicia portugués, pero desgraciadamente el proyecto de ley para la reforma de determinados apartados del Código de procedimiento penal, que iba a ser el resultado de aquella cooperación no llegó a presentarse en el Parlamento por tensiones políticas internas. Fue una iniciativa muy positiva y necesaria, víctima de las circunstancias propias a la vida política nacional. La realidad es que esta parte de las competencias del Comisario procuré desarrollarla con mucha prudencia, no solo porque realmente pienso que su puesta en práctica debe responder más a la iniciativa externa, es decir a la solicitud de gobiernos u otras instituciones, que a la propia (que puede desarrollarse a través de las recomendaciones generales si fuese necesario), sino también porque este tipo de trabajos ya lo realizaba y magníficamente la Comisión de Venecia.

3.- LA PROMOCIÓN DE LA EDUCACIÓN Y LA SENSIBILIZACIÓN EN MATERIA DE DERECHOS HUMANOS

Esta última faceta de la actividad de la oficina del Comisario, era la que más nos acercaba al trabajo ordinario, a las iniciativas y programas desarrollados por las diferentes direcciones generales del Consejo. Por ello creía indispensable no duplicar iniciativas ni programas, sino centrar nuestra actividad en aquellas que realmente pudiesen aportar un plus o estuviesen más en la línea de trabajo del Comisario, entroncadas con la experiencia derivada de las intervenciones de campo. En todo caso coordinando nuestras iniciativas con las del resto del Consejo. Duplicar actividades no tenía sentido.

Lo cierto es que rápidamente nos dimos cuenta que los temas a abordar en aquel tipo de encuentros, los seminarios, casi surgían espontáneamente como consecuencia de las diferentes experiencias que íbamos obteniendo a lo largo y ancho de Europa en todas y cada una de las visitas de inspección que realizábamos.

Los podríamos clasificar en dos bloques:

En uno de ellos incluiría los que respondían a la necesidad política derivada de una situación de urgencia como consecuencia de conflictos armados, y en general *«en búsqueda de soluciones prácticas a los retos surgidos en materia de derechos humanos ocasionados por las situaciones de crisis y conflicto»*, como yo mismo recordaba en mi informe final de mandato.

A los que podría incluir en este bloque ya me he referido, como es el caso de los que organizamos en Vladikavkaz, Grozny y Estrasburgo, como consecuencia de la guerra en Chechenia. O en Georgia, en el conflicto con Afjasia. Pero quisiera recordar que su objetivo no era impulsar un análisis académico, teórico, sobre las consecuencias de la violencia armada. Para eso solo era necesario mirar en derredor de uno mismo cuando visitaba aquellas regiones. El objetivo era doble. En el caso de Chechenia impulsar los trabajos de reconstrucción institucional y entre ellos la elaboración de una constitución, poner en funcionamiento los tribunales, preparar y realizar las elecciones para la constitución de un parlamento, potenciar las medidas de control de la arbitrariedad en las detenciones, o denunciar y perseguir las torturas y desapariciones Para ayudar a alcanzar este último objetivo, poner en marcha un Ombudsman de urgencia, de "guerra", como he dicho en tantas ocasiones. Y aunque esta descripción pudiera parecer que se refiere a actividades "académicas" o teóricas, lo cierto es que se trataba simple y llanamente de salvar vidas. Levantando barreras a la barbarie.

Pero también había otro objetivo, como era el facilitar el diálogo en la propia sociedad chechena tan dividida y de esta con la rusa, para procurar ir cerrando, o al menos mitigando, heridas tan antiguas, y tan profundas. Era un paso esencial para la paz. Para la verdadera paz, la cual exigía también garantizar la seguridad de las personas y luchar contra la impunidad de los criminales. De ahí, la importancia del seminario de Grozny, de sentar en la misma mesa a los vencedores y las organizaciones cercanas a los vencidos. De ahí la importancia de atender a la solicitud del presidente checheno de poner en marcha un servicio de búsqueda de desaparecidos y un laboratorio forense de identificación de los cuerpos hallados, para después entregárselos a las familias de uno y otro bando. Eso era trabajar por la paz, la verdadera paz. Lo que propusimos y en lo que aceptaron colaborar ambas partes.

Y qué decir del seminario de Estrasburgo donde bajo un título inocuo, todas las partes sabían y el gobierno ruso el primero, que de lo que se trataba era de empezar a verse las caras. Los vencedores y los representantes en el exterior de los combatientes, bajo el manto de las ONGs locales y las internacionales.

Un diálogo que impulsé discretamente en cuantas ocasiones tuve la oportunidad de hacerlo, aun sabiendo que la parte rusa en ese momento solo le interesaba el triunfo total, aplastante y que los intentos tímidos de diálogo oficial y amnistías sucesivas solo eran cortinas de humo, gestos para el exterior. Pero con todo, había que seguir intentándolo. Aún recuerdo con toda nitidez cuántas veces mi domicilio de Estrasburgo sirvió para discretos encuentros con el equipo del presidente checheno, con el mismo presidente, diputados de la Duma, diplomáticos rusos …y otros más.

En esta misma línea, pero sin la presión de lo inmediato, estaría el seminario organizado en Pitsunda, en la república separatista de Afjasia, bajo el manto y el operativo de Naciones Unidas y el saber y la experiencia de la Comisión de Venecia, buscando establecer puentes entre las partes enfrentadas, víctimas de una cruenta guerra que los separó y al que ya me he referido. Pero si este grupo de seminarios cumplieron su misión en circunstancias no siempre fáciles otros procuraban responder a necesidades no tan urgentes.

Fueron los llamados seminarios especializados o temáticos, porque con ellos queríamos abordar una determinada temática y buscar su análisis trabajando con expertos. Por ejemplo, en esta línea estarían el que celebramos sobre la protección de los derechos humanos y la situación específica de las personas viviendo en residencias para personas mayores o en otras instituciones similares, que tuvo lugar en Neuchachâtel (Suiza) en el 2001 y que dio lugar a un tan interesante como delicado debate. Sobre todo, si tenemos en cuenta que estábamos iniciando nuestras actividades.

Efectivamente, el seminario tenía una agenda de trabajo amplia que abarcaba muchos puntos sobre las dificultades de protección de las personas en situación de dependencia por razón de su edad. Pero uno de los expertos que intervino, lo hizo para defender la necesidad de que tuviésemos en cuenta la importancia de reconocer con carácter universal el derecho a la eutanasia. Lo defendía desde la experiencia que el mismo tenía como médico acreditado para la aplicación del método establecido en Suiza a quienes lo solicitasen; y el gran número de extranjeros que acudían a esta vía en aquel país, por no poder hacerlo en la suya.

Debo reconocer que el debate y la exposición de los detalles del procedimiento y metodología para aplicarlo, me resultaron profundamente incómodos y aun cuando guardo todo mi respeto para quienes deseen acudir a esta vía para terminar con su vida cumpliendo todos los requisitos médicos y legales, no me parecía en ese momento, que fuese una prioridad para el Comisario el lanzarse a defenderla y formular recomendaciones al respecto. Con cierta decepción por parte de algún miembro de mi equipo.

Para tratar el papel de la sociedad civil en la sociedad moderna, nos reunimos en Ankara en mayo de 2002 y para abordar la delicada situación y derechos de los extranjeros en retención previa a su expulsión y las garantías de ambos procedimientos en los países miembros del Consejo de Europa, nos habíamos reunido el año anterior en Estrasburgo.

En esta misma línea impulsamos otros dos seminarios, en un caso en Tirana (2004) sobre la trata de niños en Europa con el objetivo de reforzar la lucha contra ella. Fue un encuentro coorganizado con el Chair of the Stability Pact Task Force on Trafficking in Human Beings, y la presencia de representantes de la OSCE, UE, UNHCR, UNICEF, COE y 23 países, hasta un total de 154 personas. En el caso de Albania, su ministro de justicia ya me había comentado que estaba muy preocupado por la erradicación de una costumbre ancestral y bárbara. La cuestión era que, debido a la práctica de la venganza por muertes entre familias, ocurría que los niños cuando llegaban a la edad de 14 años, creo recordar, ya podían ser objeto de la ejecución de la venganza por parte de la familia ofendida si no hubiese otro miembro varón mayor en la familia oficialmente ofensora. Ello hacía que estos niños o huían de sus poblados o tenían que vivir encerrados en sus casas para poder sobrevivir a la irracionalidad criminal del entorno. Tengo mis dudas que el problema se haya resuelto totalmente.

El otro, realizado en febrero de 2003 en Copenhague, fue sobre la protección de los derechos humanos de las personas afectadas por problemas de salud mental. Nos acompañó el escritor Paulo Coelho. Todas estas experiencias daban lugar a grandes debates durante varios días y posteriormente a unas conclusiones que hacíamos públicas, enviándolas también al Comité de Delegados y a la Asamblea.

Especialmente interesante para mí fue poder llevar adelante la iniciativa de convocar unos seminarios específicamente dedicados a analizar el respeto de los derechos humanos y los valores que son propios de una democracia, en el seno de las fuerzas armadas. Desde luego estaba y sigo estándolo, especialmente impresionado por el vacío que pude observar en cuanto al conocimiento y menos aún del respeto a los valores y principios democráticos en el seno del ejército ruso, totalmente ajeno a ellos tal y como pude comprobar no solo con motivo de la guerra, sino incluso en tiempos normales y en territorios no conflictivos. En mi informe sobre Rusia, ya abordé este tema al denunciar la práctica frecuente por parte de los oficiales de ganarse un dinero extra alquilando los soldados como mano de obra en determinadas industrias. Era lo que la organización "madres de Soldados", llamaba la esclavitud de los soldados. De hecho, tuve que defender a un oficial que había sido juzgado y sancionado por denunciarlo y obtener su reposición en activo.

Pues bien, con estos antecedentes, escogimos Moscú (2002) para el primer seminario, al que acudieron militares profesionales de diferentes fuerzas armadas europeas, así como expertos en defensa. Un segundo tuvo lugar en Madrid en el Centro Superior de Estudios de la Defensa Nacional (CESEDEN) en el 2003, con similar asistencia y en esta ocasión acudió a su inauguración el ministro de Defensa, a la sazón Federico Trillo. Desgraciadamente no pude seguir impulsando esta iniciativa, porque me quedé sin medios económicos suficientes, al decidir dedicar la mayoría de los pocos que tenía al trabajo de campo.

Pero, de entre todos ellos, de los que guardo un muy especial recuerdo son aquella serie de seminarios que dedicamos a un tema tan abierto como es la relación entre derechos humanos y religiones. Fueron cinco seminarios celebrados con periodicidad anual y cuyo objetivo era un diálogo y reflexión abierta sobre temas como el papel de las religiones en los conflictos armados, las siempre difíciles relaciones entre Iglesia y Estado, especialmente en aquellos en donde eran tratadas como religiones de Estado, y la importancia de la lucha contra la ignorancia a través de la enseñanza del hecho y las tradiciones religiosas en las escuelas públicas. Una ignorancia que bien manipulada, podía convertirse muy fácilmente en intolerancia hacia otras creencias diferentes y de allí convertirse en políticas y dar paso a conductas violentas. Y cada día teníamos ejemplos vivos de estos efectos nefastos sobre el respeto de los derechos humanos.

No fue fácil poner en marcha esta iniciativa porque si algo es difícil, es poner de acuerdo a los representantes de las iglesias para debatir entre ellas y sobre ellas, pues exige superar antagonismos centenarios, suspicacias e incomprensiones enquistadas. Pero si a algo merecía la pena dedicar los esfuerzos que fueren necesario, me parecía que este era un terreno prioritario. Cuantos millones de víctimas del desencuentro religioso y el fanatismo irracional había sufrido ya la humanidad; y algo mucho más cercano y con lo que me topaba en muchas de mis visitas, las tensiones entre confesiones religiosas en el día a día de no pocos países del Consejo de Europa. No olvidemos, que aún hoy el Estado Vaticano no es miembro del Consejo de Europa, solo es observador. Y que el patriarca de Moscú no ha dudado en bendecir una guerra ilegal contra Ucrania y enfrentarse a la iglesia ortodoxa ucraniana simplemente porque ya no está bajo su autoridad, pues el patriarca de Constantinopla le reconoció su autonomía.

Pero me gustaría detenerme un poco en lo que fueron los inicios y especialmente en el final de aquella serie de encuentros. El primero de ellos lo convocamos en diciembre de 2000, en Siracusa (Sicilia), aprovechando que el director tenía buenos contactos con el entonces llamado *Instituto Superiori Internazionale di Science Criminali (ISISC)*, hoy conocido como Instituto Internacional de Justicia Penal y Derechos Humanos de Siracusa. Conseguimos que fuesen representantes de las diferentes iglesias monoteístas, con un rango considerable, entre otros el Gran Rabino de París y el de Ginebra, una persona extraordinaria de una sencillez y modestia envidiables y una inteligencia y sentido común fuera de lo normal. Por cierto, que tanto él como la delegación judía que se había desplazado a Siracusa, fueron víctimas de un malentendido culinario que no dejaba de tener cierta gracia y que el rabino resolvió con gran sentido del humor y delicadeza.

Como era natural, en la preparación del seminario, nos habíamos preocupado de que se respetasen las diferentes particularidades culinarias de los asistentes, según sus confesiones y en especial habíamos solicitado del hotel que hubiese comida kosher, lo que nos habían garantizado. Pero a la hora de servir la primera cena, el rabino, hombre prudente y bregado ya en estos menesteres, al ver el pollo del primer plato le preguntó al camarero si la comida era kosher, a lo que este respondió con todo orgullo que naturalmente, pues aquel pollo lo habían sacrificado ellos mismos. Se hizo un espeso silencio en la mesa y con una gran delicadeza el rabino dijo que personalmente prefería comer una ensalada esa noche pues estaba fatigado del viaje. Alexander desolado, movió Roma con Santiago como decimos nosotros y finalmente, dado que en toda Sicilia no había en aquellas fechas donde encontrar comida kosher, consiguió que Alitalia trajese desde Milán o Roma, ya no me acuerdo, cada día unas bandejas adecuadas con lo que el incidente quedó superado.

El tema que se debatió en aquel primer seminario fue, *"el papel de las religiones monoteístas ante los conflictos armados"*. Las conclusiones fueron interesantes, con la característica que desde entonces la redacción de todas ellas se presentaron siempre como conclusiones del Comisario, para dar un mayor margen de libertad a los representantes de las iglesias y se sintiesen cómodos para hablar y debatir, aunque obviamente tales conclusiones eran consensuadas entre todos los asistentes.

A partir de entonces todos los años, hasta el último celebrado en Kazan, nos reunimos para abordar diferentes temas, tales como el ejercicio del derecho a la libertad religiosa (Estrasburgo 2001) así como el delicado asunto de la enseñanza de las religiones en el mundo de la educación, en especial la pública, para lo que dimos el primer paso en 2002, debatiendo sobre *"Derechos humanos, cultura y religión: ¿convergencia divergencia? Dogmas, normas, y enseñanzas"*. Lo celebramos en la Universidad nueva de Lovaina y hubo ciertas tensiones al intervenir como experto invitado el escritor e ideólogo islamista de nacionalidad suiza Tariq Ramadán, aunque pudieron superarse no sin evitar un diálogo tenso.

Por cierto, que una de las características que también acompañaban a estos encuentros, era que garantizábamos la reserva y contenido de las intervenciones, que no se grababan ni se hacían públicas las opiniones sostenidas por cada parte asistente. Solo eran públicas las conclusiones del Comisario.

Al avanzar por este terreno minado de la enseñanza, y para garantizar el que siguiese el diálogo con rigor y altura, hice esfuerzos por limar ciertas asperezas. Era necesario dejar claro que no se trataba de introducir la enseñanza de las religiones en la escuela pública, pues en ese punto defendíamos y defendemos el principio de la laicidad. Se trataba de que los alumnos que se formaban en la escuela pública y si fuese posible en la privada, tuviesen la oportunidad de recibir una información neutral y objetiva sobre los rasgos característicos y fundamentales de las distintas confesiones religiosas, para que pudiesen formar su propio criterio al respecto y evitar en la medida de lo posible que fuesen intoxicados por movimientos radicales e intolerantes.

Así dicho parece lógico e incluso ideal, pero su realización se enfrenta a un mar de obstáculos, muchos de ellos llevados de posiciones intolerantes hacia la enseñanza del hecho religioso en las escuelas y la defensa de un laicismo a ultranza. Esta fue la posición que me encontré cuando me entrevisté con Regis Debray, que estaba trabajando sobre esta materia y me interesaba mucho conocer su opinión. Le expuse la idea sobre la que llevábamos trabajando desde el año 2000 y le pedí su colaboración. Muy amablemente se negó a aceptar una intervención en los seminarios pues su radical laicismo se lo impedía, además de ser contrario a la iniciativa según me dijo. Fue muy interesante, pero reconozco que también frustrante. De todas maneras, me alegré que en 2003, fuese nombrado por el gobierno francés, presidente del *Instituto Europeo de Ciencias de las Religiones, para la enseñanza del hecho religioso (IESR)"*.

En el polo opuesto, se encontraban los recelos de alguna confesión de importancia, que a lo largo de los últimos seminarios pudimos observar manifestaba ciertas reticencias y reservas sobre el proyecto. Me pareció intuir que éstas eran especialmente agudas en el caso de la iglesia católica, que sistemáticamente enviaba a los seminarios un representante de rango muy inferior al de los demás asistentes. Así que me tocó negociar a través del embajador del Vaticano en Estrasburgo, una entrevista en Roma con los responsables de exteriores y educación para aclarar cualquier duda sobre el verdadero y único objetivo de estos encuentros, sobre todo porque se acercaba el último de ellos y allí quería sacar adelante algunas resoluciones de especial interés para el futuro.

Recuerdo aquella visita al Vaticano con cierta nostalgia, pues tanto en la espera previa a la entrevista como durante el paso por aquellos pasillos y salas magníficas, mis ojos no podían despegarse de la magnificencia y belleza de los frescos que por doquier me encontraba. Pero superada esta primera y extraordinaria experiencia, pude aclarar a mis interlocutores que no se trataba de invadir la esfera de libertad de la enseñanza en el ámbito privado, sino solo trabajar para que la religión no fuese un instrumento de fanatismo y destrucción, sino de paz y respeto de los derechos humanos; y que eso debería ser un compromiso de todos los demócratas. Y el paso por la escuela en cualquiera de sus manifestaciones es una oportunidad para formar ciudadanos informados sobre el hecho religioso y además de tolerantes respetuosos de la verdad del otro. Creo que quedaron satisfechos con la conversación y me prometieron que, en el próximo seminario de Kazán, la representación de la iglesia católica estaría a la altura de las cuestiones a tratar.

Previamente, ya habíamos celebrado una sesión en La Valeta, Malta (2004), sobre *religión y educación: la posibilidad de desarrollar la tolerancia a través de la enseñanza del hecho religioso*, donde avanzamos sobre el consenso de los temas a plantear en el próximo encuentro de Kazan y la necesidad de hacer públicas ante el Consejo de Europa algunas propuestas concretas.

Este encuentro en Malta despertó una cierta inquietud en el seno de la Iglesia Católica. La Santa Sede mando un enviado especial a verme en Estrasburgo para aclarar algunos puntos que les preocupaban. Nos vimos en mi despacho el 15 de octubre 2004 y aunque el solo hecho de que solicitasen tener esta entrevista ya era un signo positivo, también era cierto que de ella dependía si rompíamos o no el distanciamiento con el que hasta entonces la Iglesia Católica había contemplado esta iniciativa.

Monseñor Vito Rallo quería aclarar tres puntos concretos. Primero saber si nuestra intención era la de tratar a todas las confesiones monoteístas en igualdad, a lo que obviamente conteste que sí. En segundo lugar y en relación con el concepto de tolerancia religiosa quería saber si se trataba de fomentar una mayor tolerancia en relación con la Iglesia Católica en su relación con las demás confesiones. Obviamente le aclaré que ese no era el objetivo que se buscaba con estos encuentros.

Finalmente quería saber si la iniciativa de crear un Instituto europeo para el estudio de las religiones, era un intento de reemplazar la enseñanza confesional en las escuelas. Obviamente le dije que no. Solo se trataba de formar personas capaces de dar una enseñanza del fenómeno religioso con objetividad en aquellas escuelas que tenían una carencia total de enseñanza en la materia y obviamente cuando los países lo solicitasen. Personas capaces de dar un curso de cultura religiosa, no de doctrina religiosa. Un centro de formación de formadores. Quedo satisfecho y ello ayudo a que más tarde pudiese concretarse la visita al Vaticano que ya he comentado y la participación activa y a alto nivel de la Iglesia Católica en el seminario de Kazán.

Y con ese ánimo y camino recorrido, preparamos el encuentro, que se celebraría en febrero de 2006, ya en la recta final de mi mandato prorrogado y que iba a tratar sobre *"la acción concertada entre el Consejo de Europa y las comunidades religiosas"*. Tuvo lugar en Kazán, capital de la Republica de Tartaristán en Rusia, y fue el último de los seminarios que convoqué sobre el diálogo interreligioso y el respeto de los derechos humanos.

En las conclusiones creo que quedó claro el por qué y el para qué de nuestros esfuerzos. Se trataba de buscar poder transmitir ‹‹*una enseñanza sobre las religiones incluyendo sus propias representaciones y las de otros, así como las relaciones humanas que inducen*›› , para lo que propusimos la creación de un Instituto Europeo en el ámbito del Consejo de Europa, ‹‹*que pudiese contribuir al desarrollo de los programas, metodologías y materiales pedagógicos en los Estados miembros*››, y para ello actuar ‹‹*en sinergia con las instituciones, establecimientos de enseñanza superior y organizaciones internacionales, ya comprometidas en este trabajo*››. Tuve la satisfacción de ver como este texto y estas propuestas se aprobaban por todas las confesiones presentes y que la del Vaticano era de rango muy importante.

Conscientemente enfocamos este encuentro en colaboración con el secretariado del Consejo de Europa, dirección de derechos humanos, el nuevo comisario electo y las diferentes confesiones religiosas, y asistieron al mismo un total de ochenta personas. Se trataba de involucrar ya directamente al conjunto del Consejo en un objetivo que no le era totalmente ajeno.

En las conclusiones finales consta que todos los asistentes apoyaron la propuesta de crear en el marco del Consejo de Europa, un Instituto europeo para la promoción de la tolerancia religiosa y el respeto mutuo a través de la educación. Esta iniciativa se completó con la de proponer crear un organismo consultivo ante el Consejo de Europa en el que estuviesen representadas las religiones tradicionalmente presentes en el continente europeo. Mi idea era que, aunque fuese de forma consultativa y desde fuera, las confesiones religiosas se fuesen vinculando más intensamente al compromiso con la defensa de los derechos humanos.

Ya solo me queda abordar el último espacio de actividad en materia de promoción y formación en derechos humanos, y lo hice a través del diálogo con las distintas instituciones nacionales e internacionales especializadas en dicha tarea (Ombudsman, Médiateur, Defensor del Pueblo, Comisiones Nacionales, etc.) y promover también su expansión en aquellos países que aún no las tuviesen.

La verdad es que estas instituciones cumplieron un papel muy importante al facilitarme una gran cantidad de información sobre los problemas que en cada país eran más acuciantes en materia de derechos humanos. Era una información rigurosa y de calidad, normalmente al margen de intereses que no fuesen los propios de resolver situaciones intolerables, que ellos mismos habían denunciado ya ante la pasividad de las autoridades responsables de resolverlos. Un apoyo del exterior, de un organismo intergubernamental como el Consejo de Europa, normalmente era muy bien venido. Solo recuerdo un caso en que ese apoyo se rechazó secamente, y fue durante mi visita oficial a Polonia cuando le pregunté al Ombudsman si podía ayudarle en algo aprovechando las entrevistas que iba a tener con los miembros del gobierno, y me contestó que él no necesitaba ninguna ayuda. Yo pensaba lo contrario, pero no iba a ser más papista que el Papa, y me abstuve al respecto. Mantuve mesas redondas con los Ombudsman nacionales y comisiones nacionales de derechos humanos de Europa, y dejé constituido un sistema de reuniones periódicas e intercambio de información con el Consejo de Europa, que ya en su momento había trabajado mucho en este campo.

Con fondos de la Unión Europea lanzamos un programa de creación de nuevos Ombudsman en la Federación de Rusia, pasando de 18 a 33 cuando terminé el mandato y favoreciendo reuniones periódicas entre ellos y con el Consejo de Europa para obtener formación e información. Por último, se impulsó un programa bajo el nombre de JOIN con el objetivo de coordinar las actividades del Grupo Europeo de Instituciones Nacionales de Derechos Humanos, la Oficina del Alto Comisario de Naciones Unidas y mi propia oficina. En este terreno el trabajo de Markus Jaeger fue importante, llegando a tejer una sólida red de relaciones entre ombudsman que afortunadamente pudo continuar después de mi salida.

4.- EL EQUIPO, LA IMAGEN Y LA COMUNICACIÓN

4.1. El equipo

Al iniciar este último apartado siento una especial nostalgia, al tiempo que un cierto orgullo por la calidad, dedicación y entrega del reducidísimo grupo de colaboradores que me acompañó, aconsejó y sostuvo durante aquellos movidos años.

Desde luego, no volveré sobre las dificultades que surgieron a la hora de buscar el apoyo financiero y humano que yo creía imprescindible para desarrollar el trabajo de la oficina del Comisario. Me habían concedido el honor de elegirme para pilotar este proyecto institucional del Consejo de Europa y una responsabilidad de tal envergadura no se afronta solo con buenas palabras, ni menos con lamentaciones sobre las dificultades estructurales o las dudosas intenciones de quienes deberían ayudar al recién llegado. La política no funciona así. Cada uno debe resolver sus problemas como mejor pueda o sepa, porque a partir de un cierto tiempo llegarán inevitablemente las exigencias de la presentación de proyectos y obviamente de la obtención de resultados. Había que responder a las dudas de los escépticos y los abiertamente críticos frente a la razón de ser de la institución del Comisario para los Derechos Humanos. Intentar demostrar que no había sido una frivolidad o una mera operación de imagen para festejar un importante aniversario.

Y también es necesario reconocer que, por muy buenas ideas que se tengan, si es que se tienen y ganas de llevarlas a cabo, si no hay equipo toda buena intención es vana. Y si algo he tenido claro siempre que he ejercido un cargo público, es que nada de lo que intentes tendrá verdadera posibilidad de llegar a buen puerto si no eres capaz de liderar un equipo que trabaje como tal y en el que procures incorporar los mejores, que en muchas ocasiones pueden llegar a ser mucho más brillantes y desde luego mejor conocedores de una realidad concreta. Y reconocérselo. Y quiero dejar claro aquí que ese equipo se constituyó y funcionó como pocos y aún hoy me pregunto cómo fue posible que hiciéramos tantas cosas siendo tan pocos. Lo dieron todo. Y cuando digo todo, quiero dejar claro que no escatimaron tiempo, esfuerzo, entrega y múltiples desplazamientos por toda Europa sacrificando en muchas ocasiones la vida familiar. Me gustaría dejar constancia de mi agradecimiento a todos ellos y aun cuando no es cuestión de pormenorizar, si creo de justicia resaltar algunos supuestos.

Muller Rapart, pese a su accidentado aterrizaje en la institución, fue un director que demostró tener una gran profesionalidad, y lo hizo a la hora de confeccionar sus informes y aconsejarme sobre cómo superar las dificultades de personal una vez que se dio cuenta y lo hizo muy pronto, que los proyectos en marcha eran interesantes.

Le sucedió Christos Giakoumopoulos con quien ya me unía una larga amistad desde que trabajamos juntos en los proyectos de la Comisión de Venecia para implantar la figura del Ombudsman por los países de los Balcanes. Desde el primer momento me ayudó a moverme por aquel complejo mundo del Consejo de Europa y su opinión siempre fue acertada. Había pensado en él como mi primer director, pero desgraciadamente no pudo ser así por las razones que ya conocemos. Pero cuando Muller Rapart, después de un desafortunado accidente campestre que lo tuvo alejado de la oficina unos meses decidió jubilarse, ocupó su puesto Christos en esta ocasión por decisión mía inapelable.

Cuando Christos me anunció su deseo de optar a un puesto de responsabilidad en el Banco de Desarrollo del Consejo de Europa, tuve la suerte de poder nombrar a Manuel Lecertua como tercer y último director. A ambos, les debo también un apoyo extraordinario y el que hiciesen posible que en la última etapa del mandato pudiese recuperar en parte la agenda que debiera haberse cumplido desde el primer día. Como director adjunto ofició Markus Jaeger, impulsor de un extraordinario trabajo con los Ombudsman.

Completé el equipo por la vía de las contribuciones especiales y tanto España, como Bélgica, Luxemburgo, Reino Unido, Finlandia, Suiza y Francia, pusieron a mi disposición personas muy valiosas que impulsaron incansablemente el trabajo común. Quiero recordar muy especialmente a Mika Boedeker, Fernando Mora y Aragón, Gregory Mathieu, Satu Suikkari, Julien Attuil, Ignacio Perez Caldentey joven diplomático que continuaría más tarde su carrera en Bruselas y como no, a Mamed Madaev mi representante especial para Chechenia. La preparación de seminarios y mesas redondas, o acompañarme en los viajes a los países, preparar los informes de las visitas y posteriormente los de seguimiento, eran algunas de las tareas que no les dejaban respirar mucho.

Quiero dejar constancia de mi especial reconocimiento a Alexandre Guessel, joven abogado de origen ruso y con nacionalidad francesa, que siguió mis peripecias y me aguantó casi desde el primer momento. Funcionario de carrera del Consejo por concurso que ganó brillantemente, actuaba con un conocimiento del terreno, competencia, diplomacia y lealtad extraordinarias. Si no hubiera sido por él, creo sinceramente que mi actividad en Rusia hubiese sido un fiasco y otro tanto puedo decir con respecto a los seminarios sobre el diálogo interreligioso. Cuando veo su brillante trayectoria profesional a lo largo de estos años y el ejercicio de las altas responsabilidades a las que ha tenido que hacer frente en el Consejo de Europa y en un ambiente no siempre fácil, me siento muy orgulloso.

Pero también me resulta muy doloroso comprobar que hoy en día, después de tantos años de dedicación y esfuerzo leal al servicio del Consejo de Europa, la envidia y sobre todo el acoso anti ruso de los representantes de algunos países ex soviéticos, no hayan parado hasta apartarle de toda responsabilidad orgánica y ello como *vendetta* irracional por la guerra de Ucrania. Persecución que parece ser que en el seno del Consejo se quiere hacer extensiva a todo el personal de origen ruso, aunque ya tengan la nacionalidad francesa u otra comunitaria, al objeto de expulsarlos de la organización. Cuando me lo cuentan no puedo dar crédito a que sea posible que se llegue a cometer tal atropello con funcionarios del Consejo de Europa, ciudadanos europeos, por el solo hecho de ser de origen ruso. Si ello es cierto y de ser así se consume la operación, no puedo concebir mayor violación de los principios básicos sobre los que se fundamenta la existencia del propio Consejo de Europa.

En todo caso, junto con John Dalhuisen hicieron un tándem fantástico y dedicaron todas las horas del mundo a que aquella oficina funcionase a toda máquina.

Con respecto a este último, recuerdo perfectamente cómo fue su entrada en el esquelético equipo. Entre las posibilidades de reforzarlo, estaba la de incorporar a las personas propuestas por los Estados que estaban dispuestos a ayudarnos con contribuciones voluntarias, en este caso en forma de propuestas de candidatos para dotar un puesto en nuestra oficina. Tenía en mi mesa las candidaturas de los propuestos por el Reino Unido y repasándolas, me fijé en una de un joven con un curriculum realmente interesante, pues había estudiado en una muy importante universidad británica y hablaba varios idiomas, entre otros el francés y un poco de español.

Como quería dejar claro que era el Comisario quien, en última instancia, decidía sobre los miembros de su equipo y no solo el director como responsable de personal, agarré el teléfono y le llamé directamente. Hablé con un joven sorprendido de que el Comisario le telefonease en persona y quedamos en vernos en Estrasburgo. Después de la entrevista me quedó muy claro que había que incorporarlo. Así lo hicimos, y fue un apoyo muy importante, de una aguda inteligencia, trabajador infatigable y con una lealtad a prueba de bomba, que incluso le costó el incidente que ya conocemos con su propio gobierno. Tiempo después John sería nombrado director para Europa Central de Amnisty International, Alexandre Guessel entraría en el gabinete del Secretario General del Consejo de Europa y después asumiría la dirección de Asuntos políticos y relaciones exteriores. Christos Giakoumopoulos lo es de la de Derechos Humanos y Estado de derecho, y Manuel Lecertúa es Ararteko, es decir Defensor del Pueblo del País Vasco. No creo que sea necesario añadir más comentarios sobre la calidad de este equipo, y en general de todos los que me acompañaron en aquel periodo.

Pero sería injusto que cerrase este capítulo sin especial agradecimiento a Christine Gigant, mi secretaria personal y que desde el primer día hizo todo lo posible para sacar adelante la oficina. Igualmente quiero dejar constancia de mi reconocimiento a Muriel Dabiri la entregada y leal documentalista.

4.2. Imagen y comunicación

En nuestros días y sumergidos como estamos en el mundo de la comunicación global, el transmitir a la sociedad una imagen y una información asequible es un objetivo y una tarea esencial. Sin comunicación, no existes en la opinión pública y para evitarlo es necesario que los medios de comunicación y sobre todo las redes sociales tengan información directa, continua y veraz sobre lo que se hace y como se hace. Pero no fue una tarea fácil, porque lo que hoy parece que es algo indiscutible y prioritario para cualquier institución, empresa o entidad como es la comunicación, entonces no lo era tanto en el Consejo de Europa, sumido en los métodos tradicionales que ya he descrito de considerar un gran número de asuntos como confidenciales e informar de sus actividades a través de comunicados de prensa a los que los medios hacían muy poco por no decir nada de caso, por cómo estaban redactados, en lenguaje super diplomático e institucional. El mayor interés de la prensa estaba en las sesiones parlamentarias por el contenido político de las mismas, los actores y la confrontación con Rusia con motivo de la guerra de Chechenia. En todo caso la oficina tuvo que comunicar por las vías oficiales del propio Consejo, pero no es menos cierto que yo tampoco puse excesivo interés en obtener fondos y personal para esta tarea, pues me parecía que teníamos prioridades y esta no era una de ellas, aun a costa de no dar a conocer muchas de las cosas que hicimos. También en este terreno de la imagen me pareció necesario buscar un logo que identificase a la institución y que tuviese una especial relación con derechos humanos, lejos de los clásicos de Naciones Unidas.

Así qué a través de un amigo común, el neurólogo Alberto Portera, contacte con Eduardo Chillida para pedirle que me dejase usar uno de sus grabados como logo e identificación de la institución del Comisario. Recuerdo haber hablado de esta posibilidad personalmente con él y haber obtenido todo su apoyo de inmediato. Escogimos uno que tenía precisamente por título los derechos humanos y la libertad y con él empezamos a presentarnos.

Pero en aquella época Eduardo Chillida, aunque ya tenía una hermosa escultura ante el parlamento alemán en Berlín, nadie de aquel entorno entendía bien su obra ni porque quería utilizarla. Era inútil intentar explicarlo. Apenas me marché mi sucesor lo sustituyo por el clásico de la llamita, tan propio de los organismos de Naciones Unidas. La rebeldía tenía un límite. Una pena.
En todo caso quiero dejar constancia de mi agradecimiento a Chillida, su familia y la Fundación que siempre cooperaron con nosotros. Para mí fue un honor contar con este símbolo de la libertad obra de este gran artista.

5.- UN FINAL DE JORNADA

Se aproximaba el final de mi mandato que vencía el 15 de octubre del 2005, y faltaban por rematar muchas cosas, algunas de las cuales ya he descrito en las páginas precedentes, así como realizar otras visitas de inspección a países miembros del Consejo, cuya única explicación para no haberlas hecho estaba en el tiempo que me hicieron perder, un año entero sin medios y personal. Me parecía una situación muy lamentable y así se lo dije a algunos embajadores y parlamentarios cuando, en aquellos meses finales de 2004, me preguntaban amablemente si estaba satisfecho con lo realizado. De lo realizado si, desde luego, difícilmente se podría haber hecho más con menos. Mejor es muy posible, pero no soy yo quien para autocalificarme. En el terreno de la política siempre minado, todas las valoraciones son posibles. Que sean justas o injustas es una cuestión secundaria y siempre dependiente de los intereses en juego. Y puedo asegurar que ya por aquel entonces, sí que había intereses en juego y expectativas de posibles candidatos a sucederme que no lo ocultaban.

La institución que en su momento hacía reír a tantos que la consideraron un lujo innecesario, se había convertido en un referente de denuncia de las violaciones de derechos humanos, un actor diplomático discreto en situaciones delicadas que exigían una mediación sin alharacas y había obtenido el respeto de los gobiernos europeos y de la propia Unión Europea. El testimonio del llamado Informe Juncker (2006) me parece que dejó claro este punto. Comprenderá el lector que los candidatos a sucederme no faltaron, algunos con un ansia indisimulada. Para mi sorpresa aquel comentario a los embajadores más cercanos no cayó en el vacío, sino que provocó una serie de debates entre los representantes de varios países que finalmente dio lugar a una iniciativa sorprendente para mí, pero que no oculto que me satisfizo mucho por lo que significaba en si misma de reconocimiento al esfuerzo hecho por todo el equipo durante aquellos años. A ella me referí en mi informe de fin de mandato, (29 marzo 2006) en estos términos:

> *Hacia el final del año 2004 los Representantes Permanentes de un grupo de Estados miembros tomaron la iniciativa de solicitar la inscripción en el orden del día del Comité de Ministros de un punto sobre la posible prolongación, limitada en el tiempo, del mandato del primer Comisario para los Derechos Humanos. Este fue debatido en varias ocasiones a lo largo del año 2005, no solo por los delegados de los Ministros, sino también por la Mesa de la Asamblea parlamentaria, así como en el seno del Comité Mixto. En respuesta a una pregunta cuando la cuestión fue suscitada por primera vez en el Comité de Delegados (diciembre de 2004), respondí que me sentía muy honrado por tal iniciativa. A partir de ese día, no he participado jamás en ese debate, incluso concerniéndome personalmente. No he recibido ninguna invitación para dar mi opinión sobre la cuestión. Ni cuando los Delegados la han examinado, a la luz de los informes solicitados, ni cuando la Asamblea lo ha debatido.*

Pero como ya he dicho, había muchos intereses en juego y el debate fue intenso y en algunos casos los ataques a mi persona y en mi ausencia, por la orientación política dada a la institución, fueron duros. Tengo in mente algún comentario de algún diputado húngaro y "liberal" por más señas, vertido en una de aquellas reuniones de parlamentarios a las que no me invitaban, realmente infame y que me hubiese encantado responderle públicamente. Pero insisto en que decidí no entrar a ningún trapo. Que quien tuviese que decidir, decidiese.

La política es así y no la cambiaremos. Son una inmensa mayoría los políticos decentes, responsables y entregados a su labor con toda dignidad y por ello merecen total respeto, aunque no coincidamos con sus posiciones ideológicas. Pero también he conocido en mi largo discurrir por Europa, e incluso en la propia Asamblea Parlamentaria, a algunos ejemplares que es mejor olvidar. También a algún candidato, que luego no fue elegido y pienso que podía haberlo sido de no ser tan impaciente, pues movió Roma con Santiago para boicotear esa posibilidad y su embajador, creo que entonces era presidente del Comité de Delegados, tampoco escatimó esfuerzos para contrarrestar la propuesta de prolongación de mandato.

En la Asamblea se movieron también todas las fuerzas necesarias para dificultar ese cambio, sobre todo por los sectores más ferozmente anti rusos. Además, había otros candidatos parlamentarios en la lista de espera. Se reunieron varias veces los miembros de la Mesa, para tratar ese tema y nunca me citaron para preguntarme qué opinaba yo de esa iniciativa. También se acercaban las elecciones a puestos relevantes de la Asamblea y cada cual jugaba sus cartas, sin querer quemarse. Y desde luego, más de uno estaba deseando que se abriese el proceso de elección del nuevo Comisario cuanto antes para poder competir por un puesto en ese momento políticamente relevante y codiciado.

En su momento también corrió por los ámbitos de las cancillerías la idea de proceder a un cambio en el Estatuto de Comisario para posibilitar su reelección, pero lo cierto es que con buen criterio se debió valorar el gran coste que esta iniciativa podría conllevar, dadas las expectativas ya levantadas y la reticencia de la Asamblea a iniciativas de esta naturaleza. Así que finalmente lo esencial del debate interno giraba sobre si era posible o no prolongar temporalmente el mandato del Comisario. Y como es obvio las posiciones estaban encontradas, según los intereses en juego.

Pero lo cierto era que el artículo 11 del Estatuto se limita a disponer que *"el o la Comisaria se elige para un mandato no renovable de seis años"*. Nada dice sobre la posibilidad de prolongación o extensión temporal del mandato. Así lo entendieron los diferentes informes que estudió el Comité de Ministros, en el sentido de que, si algo no está expresamente prohibido, debe entenderse que es posible, salvo que alterase la naturaleza del mandato de la norma. Es decir, si se hubiese aprobado una prolongación sine die.

El Comité de Delegados decidió cortar por lo sano el debate de intereses suscitado desde la Asamblea y en su reunión del 30 de marzo de 2005 acordó autorizar la prolongación del mandato, ordenando que la *"transmisión de poderes debería tener lugar, lo más tarde, el 16 de abril de 2006"*. No fue necesario esperar tanto tiempo, porque me puse de acuerdo con mi sucesor, Thomas Hammarberg, para que entrase en funciones el 1º de abril. Durante ese periodo se convocó el proceso de elección del nuevo Comisario y me gustaría recalcar la elegancia y buen hacer de Suecia y su candidato Hammamberg, que apoyaron la fórmula de prolongación de mandato y Thomas jamás mostró la más mínima duda ni inquietud a este respecto. Creo que fue un acierto su elección, no solo por su talante personal sino muy especialmente por su gran experiencia en materia de derechos humanos. Los hechos me darían la razón.

En todo caso, esta decisión del Comité de Ministros siempre he pensado que ya anunciaba el nuevo rumbo que este órgano decisivo de gobierno del Consejo de Europa iba a implementar en el futuro en otros supuestos en los que la Asamblea intentase imponerle un criterio. Y lo demostró más adelante con motivo de la elección del siguiente Secretario General.

También me parece de justicia reconocer aquí el gran papel que hizo Estanislao De Grandes durante su permanencia en Estrasburgo como embajador de España ante el Consejo de Europa. No escatimó esfuerzos en ayudarme en aquellos delicados momentos de final de mandato y fue extraordinariamente apreciado y respetado en el seno del Comité de Delegados.

Esta prolongación de mandato de seis meses, permitió realizar al equipo un esfuerzo último, elaborando once informes de seguimiento, una importante recomendación sobre el respeto de los derechos humanos de los *Roms, Sintis et Gens du voyage*, la preparación y realización del seminario de Kazán sobre el trabajo en común entre el Consejo de Europa y las comunidades religiosas y todas las propuestas que de él surgieron; y visitar una última vez Rusia y en especial Chechenia para celebrar el seminario de Grozny al que ya me he referido y presentar a las autoridades rusas y chechenas a mí sucesor Thomas Hammarberg, que me acompañó en esta visita y en el seminario de Kazán. Desde luego no perdimos el tiempo y además tuve la satisfacción de poder hacer una sucesión correcta y facilitar al máximo la labor de quien tomaba el testigo para seguir la carrera.

¿Pudimos hacer más, pudimos hacerlo mejor? El lector juzgara si en aquel momento y con aquellos mimbres se hubiera podido hacer un mejor cesto. El Secretario General tuvo la gentileza de organizar un acto de despedida, en el que se dijeron bonitos discursos y me entregaron la medalla del Consejo de Europa.

Cuando apenas faltaban unos días para terminar definitivamente mi mandato, se desplazó a Estrasburgo el ministro de Asuntos exteriores de Rusia para imponerme en su embajada la Orden de la Amistad. Cuando el gobierno ruso hizo unas discretas consultas sobre si aceptaría o no esa condecoración, respondí que solo al momento de marcharme. En 2005 el gobierno de España tuvo a bien concederme la Gran Cruz de la Orden de Isabel la Católica. Los amigos que habíamos compartido todos aquellos años de trabajo en la oficina del Comisario nos reunimos en una "última cena" en un restaurante de Estrasburgo, donde me regalaron una litografía de la Catedral que guardo con cariño y Thomas una colección completa de las obras de Mozart que sigo escuchando desde entonces, incluidos los días dedicados a este libro.

Cuando finalmente, cerré la puerta de casa por última vez y tomé el tren camino de Paris, sentí un enorme descanso. Misión cumplida. Se cerraba una etapa frenética y se abría otra de apacible actividad académica. O eso creía.

ANEXO

RELACIÓN DE ACTIVIDADES DE LA OFICINA DEL COMISARIO DURANTE EL PERIODO 16/10/1999 a 30/4/2006

Al objeto de evitar las notas a pie de texto, he preferido elaborar esta relación de documentos, con las correspondientes referencias para su localización en origen, que creo facilitara a quienes decidan profundizar en la materia, conocer en su literalidad las resoluciones, informes y demás documentos que se remitieron al Comité de Ministros, Asamblea Parlamentaria y demás organismos. Ellos son el testimonio de la paulatina elaboración de los criterios de interpretación del Estatuto del Comisario y al tiempo, de la elaboración de una incipiente "doctrina institucional" propia.

I.- INFORMES DE VISITAS DE INSPECCIÓN

1.-Año 1999

- Federación de Rusia (Chechenia, Daguestan e Ingusetia) /CommDH(1999)1

2.- Año 2000

- Federación de Rusia (Chechenia) /CommDH(2000)1
- Georgia /CommDH(2000)3
- Moldavia / CommDH(2000)4

3.- Año 2001

- Principado de Andorra /CommDH(2001)1
- España (País Vasco) / CommDH(2001)2
- Federación de Rusia (Chechenia e Ingusetia) / CommDH(2001)3
- Noruega / CommDH(2001)4
- República Eslovaca / CommDH(2001)5
- Finlandia / CommDH(2001)7
- Bulgaria /CommDH(2002)1
- Turquía /CommDH(2001)14
- Moscú (Chechenia) /CommDH(2001)11

4.- Año 2002

- Grecia / CommDH(2002)5
- Hungría / CommDH(2002)6
- Serbia y Montenegro (Kosovo) / CommDH(2002)11
- Rumanía / CommDH(2002)13

5.- Año 2003

- Federación de Rusia (Chechenia e Ingusetia) / CommDH(2003)5
- Polonia / CommDH(2003)4
- Republica Checa / CommDH(2003)10
- Eslovenia / CommDH(2003)11
- Portugal / CommDH(2003)14
- Turquía / CommDH(2003)15
- Chipre / CommDH(2004)2
- Lituania / CommDH(2004)6
- Letonia /CommDH(2004)3
- Estonia /CommDH(2004)5
- Malta / CommDH(2004)4

6.- Año 2004

- Luxemburgo /CommDH(2004)11
- Georgia (Adjaria) /
- Moldavia (Transnestria)
- Dinamarca / CommDH(2004)12
- Suecia /CommDH(2004)13
- Federación de Rusia (dos visitas) / CommDH(2005)2
- Croacia /CommDH(2005)3
- Liechtenstein /Comm(2005)5
- Suiza / CommDH(2005)7
- Reino Unido /CommDH(2005)6

7.- Año 2005

- España /CommdH(2005)8
- Italia/CommDH(2005)9
- Islandia / CommDH(2005)10

8.- Año 2006

- Francia / CommDH(2006)2
- Federación de Rusia (Chechenia y Moscú) /CommDH(2006)4

II.- INFORMES DE VISITAS DE SEGUIMIENTO

- Todos ellos se realizaron en el año 2005 y los informes se presentaron al Comité de Ministros en 2006. A saber: República de Eslovaquia /CommDH(2006)29; Bulgaria/CommDH(2006)6;Rumanía/CommDH(2006)7;Eslovenia/CommDH(2006)8;Finlandia/CommDH(2006)9;Noruega/CommDH(2006)10;Hungría/CommDH(2006)11; Chipre/CommDH/2006)12;Grecia/CommDH(2006)13;Malta/CommDH(2006)14;Republica Checa/ CommDH(2006)15

III.- INFORMES ANUALES

- Periodo 1999-2001 /CommDH(2001)9
- Periodo 2001 /CommDH(2002)2
- Periodo 2002 /CommDH(2003)7
- Periodo 2003 /CommDH(2004)10
- Periodo 2004-2006 / CommDH(16
- Informe fin de mandato 1999-2006 /CommDH(2006)17

IV.- SEMINARIOS

1.- Con Ombudsman Nacionales

Las conclusiones de cada uno de los seminarios se enviaron al Comité de Ministros y a la Asamblea parlamentaria.

1.1.- Año 2000

- I Encuentro con Ombudsman de Europa Central y Oriental (Budapest junio) /CommDH(2000)2
- Encuentro con Ombudsman de Europa Occidental (París octubre)/ CommDH(2000)1

1.2.- Año 2001

- II Encuentro Ombudsman de Europa Central y Oriental (Varsovia mayo)/ CommDH(2001)6
- III Encuentro Ombudsman Centro Europa y Comunidades Room (Estrasburgo noviembre) / CommDH(2001)17
- Encuentro Ombudsman Europeos (Zurich noviembre)/ CommDH(2001)18

1.3.- Año 2002

- II Encuentro Ombudsman europeos (Vilnius abril)/ CommDH(2002)3
- Creación Ombudsman en Azerbaijan (Baku septiembre)/ CommDH(2002)12

1.4.- Año 2003

- Encuentro con Ombudsman regionales de la Federación de Rusia (Kaliningrado marzo)
- Instituciones nacionales de derechos Humanos y ONGs (Estrasburgo febrero)
- VIII Mesa redonda con ombudsman nacionales (Oslo noviembre)/ CommDH(2003)24

1.5.- Año 2004

- II Encuentro con Ombudsman regionales de Federación de Rusia (Estrasburgo marzo)
- Iª Mesa redonda Ombudsman regionales europeos (Barcelona julio) /CommDH(2004)6 y 14
- Papel de los Ombudsman en los Estados sometidos al "rule of law" (Capadocia mayo) /CommDH(2004)16

1.6.- Año 2005

- IX Mesa redonda Ombudsman europeos nacionales (Copenhague marzo/abril)/ CommDH(2005)4
- III Mesa redonda con instituciones nacionales de derechos humanos (Berlin no-viembre) /CommDH(2004)2

2.- Diálogo interreligioso y respeto de derechos humanos

- El papel de las confesiones monoteístas en los conflictos armados (Siracusa octubre 2000) /CommDH(2000)6
- Relaciones Iglesia-Estado en relación con el ejercicio el derecho a la libertad reli-giosa (Estrasburgo diciembre 2001) CommDH(2001)4
- Derechos humanos, cultura y religión: ¿convergencia o divergencia? Dogmas,nor-mas y enseñanza (Lovaina la Nueva, diciembre 2002) /CommDH(2002)24
- Religión y educación: posibilidades de desarrollar la tolerancia a través de la ense-ñanza del hecho religioso (Malta mayo)/ CommDH(2004)9
- Documento de reflexión sobre "Religión y Educación"Malta mayo) / CommDH (2004)18
- La acción concertada entre el Consejo de Europa y las confesiones religiosas (Ka-zan, febrero 2006) / CommDH(2006)3

3.- Otros seminarios e informes temáticos

- Democrácia, Estado de derecho y derechos humanos (Vladikavkaz, mayo 2000)(*)
- El papel de las ONGs en el trabajo del Comisario (París,octubre 2000)(*)
- La protección de los derechos humanos y la situación especial de las personas ma-yores en residencias u otras instituciones (Neuchâtel octubre 2001)/ Com-mDH(2001)12 y 16
- Respeto y protección de los derechos humanos como base de la reconstrucción de-mocrática de la República de Chechenia: no hay país sin justicia. (Estrasburgo no-viembre 2001) CommDH/2001)13
- Aspectos jurídico-estatales de la resolución del conflicto entre Georgia y Abjasia (Pitsunda,febrero 2001)(*)
- El papel de la sociedad civil en la consolidación de una democracia moderna) An-kara, mayo2002 / CommDH(2002)4
- Respeto de los derechos humanos aplicables a la retención de los extranjeros que desean entrar en el territorio de un Estado miembro del Consejo de Europa (Estras-burgo, junio) /CommDH(2001)8
- Derechos humanos y fuerzas armadas (Moscú diciembre) /CommDH(2002)6 y21
- Protección y promoción de los derechos humanos de las personas con problemas de salud mental (Copenhagen, febrero) / CommDH(2003)1
- Derechos Humanos y fuerzas armadas (Madrid, septiembre 2003) /Com-mDH(2003)9
- Conclusiones de la plataforma para la lucha contra la trata de menores en Europa (Tirana, enero) /CommDH(2004)1

- Informe final del Comisario sobre el respeto en Europa a los derechos humanos de la población Romm, Sintis y Gens du voyage. / CommDH(2006)1
- Derechos Humanos e inmigración (Atenas, abril 2003)(*)

V.- DICTÁMENES

Remitidos al país o entidad solicitante

- Sobre ciertos aspectos de la derogación del artículo 5, parrafo1º del Convenio europeo de derechos Humanos, acordada por el Reino Unido en 2001. /CommDH(2002)7
- Sobre determinados aspectos del proyecto de ley sobre extranjería, del gobierno finlandés. / CommDH(2003)13
- Sobre la creación en Polonia de una Institución Nacional para la lucha contra la discriminación. /CommDH(2004)7
- Sobre las garantías procesales con respecto a la autorización de la detención provisional en Portugal. /CommDH(2004)8
- Sobre el proyecto de Convenio europeo de prevención del terrorismo. CommDH(2005)1
- Sobre la creación de una Comisión de Derechos Humanos en Irlanda del Norte(*).

VI.- RECOMENDACIONES DE CARÁCTER GENERAL

Remitidas al Comité de Ministros y a la Asamblea parlamentaria.

- Sobre los derechos de los extranjeros que desean entrar en el territorio de los Estados miembros del Consejo de Europa y la ejecución de los acuerdos de expulsión. /CommDH(2001)19
- Sobre los derechos que han de ser garantizados al momento de la detención y durante el periodo de la misma, con ocasión de las operaciones llamadas de "limpieza" en la República de Chechenia en la Federación de Rusia. /CommDH/2002)17
- Sobre determinados aspectos legales y de la práctica de la esterilización de las mujeres en la República de Eslovaquia/ CommDH(2003)12

(*) No ha sido posible disponer de la referencia de archivo.

ÍNDICE ALFABÉTICO